SAMMLUNG TUSCULUM

AETHERIA / EGERIA

REISE INS HEILIGE LAND

Lateinisch-deutsch

Herausgegeben und übersetzt
von Kai Brodersen

DE GRUYTER

ISBN 978-3-11-051615-9
e-ISBN (PDF) 978-3-11-051811-5

Library of Congress Cataloging-in-Publication Data
A CIP catalog record for this book has been applied for
at the Library of Congress.

Bibliografische Information der Deutschen Nationalbibliothek
Die Deutsche Nationalbibliothek verzeichnet diese Publikation in der
Deutschen Nationalbibliografie; detaillierte bibliografische Daten sind
im Internet über http://dnb.dnb.de abrufbar.

© 2016 Walter de Gruyter GmbH, Berlin/Boston

Für Einbandgestaltung verwendete Abbildungen:
Cologny (Genève), Fondation Martin Bodmer, Cod. Bodmer 52: 6v/7r
(www.e-codices.unifr.ch)

Satz: Kai Brodersen, Erfurt
Druck und Bindung: Hubert & Co. GmbH & Co. KG, Göttingen

♾ Gedruckt auf säurefreiem Papier
Printed in Germany

www.degruyter.com

INHALT

EINFÜHRUNG

Helena und Eutropia im Heiligen Land

In der Spätantike wuchs mit der immer größer werdenden
Bedeutung des Christentums auch das Interesse an den Stätten, die in der Bibel genannt sind. Die zu jener Zeit sicher
prominenteste Frau, die sich auf den Weg nach Jerusalem
gemacht hatte, war um 326 n. Chr. die bereits hochbetag-
te Helena, die Mutter Konstantins I. (des Großen, Kaiser
306–337 n. Chr.). Einer später belegten Legende zufolge soll
sie auf ihrer Reise sogar das Kreuz gefunden haben, an dem
Jesus Christus gestorben war. Gesichert ist hingegen, dass
ihr Sohn den Bau einer Kirche am Ort der Geburt Christi
in Bethlehem veranlasste und finanzierte, ebenso in Jerusalem u. a. auf dem Ölberg, an der Stätte der Kreuzigung, des
Begräbnisses und der Auferstehung Jesu Christi, und dass
Helena diese Bauten oder Baustellen im Auftrag ihres Sohnes aufsuchte. Wie der Kirchenvater Eusebios von Caesarea
(um 260/265–339/340 n. Chr.) in seiner *Kirchengeschichte*
(III 51–53) berichtet, reiste wenig später auch Konstantins
Schwiegermutter Eutropia ins Heilige Land, wo sie den
Bau einer Kirche in Mamre bei Hebron inspizierte.

Reise von Bordeaux

Die Reisen Helenas und Eutropias sind allein durch Nach-
richten anderer belegt. Der erste Selbstbericht über eine

Reise zu den biblischen Stätten ist freilich nur ein paar Jahre jünger.

Wer schrieb diesen Bericht? Um es gleich zu sagen: Wir wissen es nicht und können nicht einmal sicher sagen, ob er von einer Frau oder einem Mann verfasst wurde. Während bei Helenas und Eutropias Reisen und ebenso bei dem nächstältesten Bericht der Aetheria, den wir gleich kennenlernen werden, jeweils eine Frau als Reisende gesichert ist, macht der knappe Text von Bordeaux keine Aussagen zu seiner Urheberschaft. Zwischen Helena und Aetheria wäre jedoch die Reise einer Frau ins Heilige Land alles andere als unwahrscheinlich. Auch die wiederholte Auswahl von sonst eher wenig beachteten Stätten, an denen der Bibel zufolge eine Frau agierte oder an denen man Heilungen von Frauen in Erinnerung rief und zu denen nun die Reise führt, macht die These zwar nicht sicher, aber doch recht plausibel, dass auch der Bericht von Bordeaux von einer Frau stammt.

Wo entstand der Bericht? Der Ausgangspunkt der Reise ist Bordeaux (I 1), so dass man in dieser Stadt oder ihrer Umgebung auch die Heimat der oder des Reisenden suchen darf.

Wann fand die Reise statt? Der Text (II 1) selbst belegt dies klar: »Und so sind wir gereist (*ambulavimus*) im Konsulat des Dalmatius und des Zenophilus, haben Chalkedon am 30. Mai verlassen und sind am 25. Dezember in demselben Konsulat nach Konstantinopel zurückgekehrt.« Dalmatius und Zenophilus waren im Jahr 333 n. Chr. Konsuln.

Was bietet der Bericht? Beschrieben wird eine Reise von Bordeaux ins Heilige Land in vier Etappen: (I) von Bordeaux über Mailand in die von Kaiser Konstantin angelegte östliche Reichshauptstadt Konstantinopel (heute İstanbul), (II) von dort über Land durch Kleinasien nach Jerusalem, (III) vom Heiligen Land ab Caesarea (Qaisariye) wohl zu Schiff nach Herakleia (Ereğli) am Marmarameer, von dort

über Land quer durch Makedonien nach Aulon (Vlorë) im
heutigen Albanien, mit dem Schiff nach Otranto in Italien
und über Land nach Rom, (IV) von Rom nach Mailand.

Verzeichnet sind für alle Etappen mehrere Abschnitte sowie sämtliche Stationen der Reise, und zwar so exakt,
dass es in der Neuzeit gelang, die Route genau nachzuvollziehen. Die Stationen, deren Entfernungen voneinander in
römischen Meilen – nur am Anfang der Reise in Gallien in
den dort üblichen Leugen – angegeben werden (zu den Entfernungsangaben s. u. S. 22), sind jeweils als *civitas* (Stadt),
mansio (Halt, Herberge) oder *mutatio* (Wechsel, Pferdewech-
selstation) gekennzeichnet. Nach jedem Reiseabschnitt werden in dem Bericht Summen gebildet, außerdem nach den
vier Etappen jeweils die Totale; allerdings stimmen die Zah-
lenangaben nicht immer mit den zuvor genannten Distanzen
überein, was freilich auf Versehen der Kopisten zurückgehen
mag. Mit den Summen und Totalen ist der erhaltene Text
deutlich gegliedert. Dies wird in der vorliegenden Übersetzung auch durch moderne Zwischenüberschriften verdeut-
licht, hinter denen zudem jeweils die in der Forschung zur
Angabe von Belegstellen genutzten Seiten- und Zeilenzahlen
der Ausgabe von Peter Wesseling (1735) angegeben sind.

Als Pilgerfahrt (*peregrinatio*) wird die Reise übrigens
nicht bezeichnet, auch wenn sie heute meistens so aufge-
fasst wird. Vielmehr versteht sich der Text als *itinerarium*,
Wegbeschreibung. Unterwegs werden immer wieder nachgerade touristische Hinweise gegeben, etwa zu einem Ort,
von dem aus man einen Berg besteigen kann (I 2), oder zu
dem Betrieb des berühmten Pferdezüchters Pammatus (II
3). Die Reise führt insbesondere auch zu Stätten, die für
die antike Geschichte und Kultur von Bedeutung waren,
etwa zum Geburtsort Alexanders d. Gr. (356–323 v. Chr.; III
1) oder zu den Orten, an denen der klassische Tragödien-

dichter Euripides (480–406 v. Chr.; III 1) oder der karthagische Feldherr Hannibal (247–183/181 v. Chr.; II 1) bestattet waren (letzterer ist freilich mit Hannibalianus verwechselt, der 335/336–337 n. Chr. oströmischer Kaiser war). Auch der Platz, an dem Kaiser Diokletian 295 n. Chr. seinen Kontrahenten Carinus besiegte (I 5) und dieser getötet wurde, wird genannt (wobei die Ereignisse verkürzt dargestellt sind). Der Geburtsort des heidnischen Magiers Apollonius von Tyana (um 40–um 120 n. Chr.; II 3) schließlich ist ebenso eine Erwähnung (und offenbar einen Besuch) wert wie der des Apostels Paulus (vor 10–nach 60 n. Chr.; II 3).

Vor allem jedoch werden Stätten genannt, die im Alten, aber auch im Neuen Testament belegt sind. Das Kreuz Christi ist dabei noch nicht unter den Sehenswürdigkeiten; seine »Auffindung« durch die Kaisermutter Helena (s. o. S. 7) war offenbar seinerzeit noch nicht Teil der Tradition (als Reliquie wird es erst von Aetheria XXXVI 5 erwähnt). Die Auswahl der genannten biblischen Stätten mit ihrem Schwerpunkt auf alttestamentlichen Orten und die Nennung eines durchlöcherten Steins, »zu dem die Juden jedes Jahr kommen und ihn salben, mit Klagen beweinen und ihre Kleidung zerreißen und dann wieder weggehen« (II 8; wohl ein Vorläufer der Klagemauer), haben zu der Vermutung geführt, dass die oder der Reisende aus Kreisen der zu »unserem Herrn Jesus Christus« (II 7) konvertierten Juden in Bordeaux stammte. Die Nennung einiger Orte von besonderer Bedeutung für Frauen (s. o. S. 8) unterstützt die Annahme, dass der Bericht von einer Frau geschrieben sein könnte. Sicherheit ist zu diesen beiden Thesen freilich nicht zu erlangen.

Wie ist der Text überliefert? Der vollständige Bericht findet sich in einer mittelalterlichen Abschrift aus dem 9. Jahrhundert n. Chr., die heute als *Codex Parisinus* 4808 in der französischen Nationalbibliothek bewahrt wird (als *Codex*

bezeichnet man zu einem Buch gebundene Pergamentblätter). Fast ein Jahrhundert älter ist der *Codex Veronensis* LII (50) in Verona, der den Text aber nicht vollständig überliefert. Ferner gibt es jüngere Exzerpte im *Codex Sangallensis* 732 in St. Gallen aus dem 9. und im *Codex Matritensis* Arch. Hist. Nac. 1279 in Madrid aus dem 10. Jahrhundert. Der Text des Berichts von Bordeaux ist so insgesamt gut bezeugt.

Brief des Valerius

Der nächste erhaltene Selbstbericht stammt, wie bereits erwähnt, sicher von einer Frau. Sie gibt etwa an, sie müsse Gott für all die zahlreichen und großen Dinge Dank sagen, »mit denen er mich unwürdige und verdienstlose Frau zu überhäufen geruhte, so dass ich durch alle die Orte wandeln konnte, die zu sehen ich nicht verdient hatte« (V 12).

Wie hieß die Autorin? Der Bericht ist in der »Ich«-Form geschrieben, doch belegen die erhaltenen Partien den Namen der Autorin nicht. Den Text schrieb man nach seiner Entdeckung zunächst einer asketisch lebenden Frau namens Silvia zu, die um 420 n. Chr. der Kirchenvater Palladios von Helenopolis in seinem als *Historia Lausiaca* (LV 1) bekannten Werk erwähnt. Doch bemerkte 1903 ein Gelehrter, dass im 7. Jahrhundert ein Mönch namens Valerius aus Bierzo bei Astorga in Galizien (Nordwestspanien) sich in einem erhaltenen Brief an seine Brüder gewandt hatte, in dem er ihnen die Reise der Frau, welche »die Straßen der ganzen Welt nicht müde gemacht haben«, als leuchtendes Vorbild für Mut und Unerschrockenheit vorstellt (*Patrologia Latina* 87, 421–426). Valerius nennt diese Frau, der an den »himmlischen Reichen« (*aetheria regna*, Brief 5) gelegen ist, nach Ausweis einiger Abschriften *Aetheria* (die »Himmlische«), in anderen erscheinen

aber u. a. auch die Formen *E(u)cheria* (die »Anmutige«) und *Egeria*. Mit der letztgenannten Form geben diese Abschriften einen Namen wieder, den in der mythischen Frühgeschichte der Stadt Rom eine Nymphe trug, die Gefährtin und Beraterin des zweiten Königs von Rom war. Manche Gelehrte nehmen nun an, dass die Kopisten statt des korrekten Namens *Aetheria* im Blick auf jene ihnen aus anderen Schreibarbeiten wohlbekannte mythische Gestalt versehentlich die Form *Egeria* eintrugen, da ihnen deren Name vertrauter schien als *Aetheria*. Umgekehrt meinen andere Gelehrte, die Abschreiber hätten den eigentlichen Namen *Egeria* im Blick auf die »himmlisch« fromme Reisende in *Aetheria* geändert. Je nachdem, welcher Meinung man zuneigt, nimmt man als Namen der Autorin des Berichts *Aetheria* oder *Egeria* an. Der Name *Egeria* scheint freilich später den Vorzug bekommen zu haben: Er findet sich etwa in einem Glossar aus dem 8. Jahrhundert, einer späteren Notiz in einem Bibliothekskatalog aus Limoges und einer (freilich verlorenen) Urkunde aus der Abtei Celanova. Im Folgenden soll mit der älteren Tradition die Namensform *Aetheria* verwendet werden.

Reise der Aetheria

Woher aber stammt die Autorin und wo sind die »Damen« und »Schwestern«, denen sie ihren Bericht schickt, zu Hause? Einmal vergleicht Aetheria den Euphrat mit dem Rhône-Fluss (XVIII 2), der also den Empfängerinnen ihres Berichts bekannt gewesen sein muss; auch mag sich der Begriff *tumba* (XIII 3) auf den Mont Saint-Michel in der Normandie beziehen. Daher haben manche Gelehrte die Heimat der Autorin in Gallien, dem heutigen Frankreich vermutet. Andererseits mag das Zeugnis des Valerius nahe-

legen, dass wie jener auch Aetheria in Galizien im heutigen Spanien zu Hause war. Sicherheit ist nicht zu gewinnen.

Wann war die Autorin unterwegs? Im erhaltenen Teil des Reiseberichts werden zwar mehrere Jahreswechsel genannt, doch fehlt – anders als beim Bericht aus Bordeaux – eine konkrete Jahresangabe. Indirekte Hinweise ermöglichen aber eine Näherung: So erwähnt die Autorin, dass die Römer nach Nisibis [Nusaybin] »keinen Zutritt« haben, denn »ganz beherrschen es die Perser« (XX 12); dies war seit dem Jahr 363 n. Chr. der Fall. Die Stadt Antiochia [Antakya] wiederum, die Aetheria besuchte, wurde 540 n. Chr. zerstört. Da zudem die von Aetheria (III 3) beschriebene Kirche auf dem Sinai von Justinian (Kaiser 527–565 n. Chr.) umgestaltet wurde und dann nicht mehr so klein, wie Aetheria sie schildert, nimmt man (mit Paul Devos 1967; s. u. Literaturhinweise S. 251) als Zeitraum für die Reise der Aetheria üblicherweise das späte 4. Jahrhundert n. Chr. an.

Was bietet der Bericht? Die erhaltenen Partien von Aetherias Bericht lassen sich in zwei Teile gliedern. Zunächst beschreibt sie Stätten, die sie von Jerusalem aus besucht hat: den Berg Sinai (I–IX), den Berg Nebo (X–XII), das Grabmal des Hiob (XIII–XVI) und schließlich Mesopotamien (XVII–XXI), von wo aus sie ihre Rückreise nach Konstantinopel (XXII–XXIII) antreten will. Der zweite Teil behandelt die von Aetheria beobachtete Liturgie in Jerusalem sowohl im Lauf einer jeden Woche (XXIV 1–XXV 6) als auch im Jahreslauf (XXV 6–XLIV), schließlich dann die Taufe (XLV–XLVII) und das Jahresfest der Kirchenweihen (XLVIII–XLVX).

Während der Bericht von Bordeaux eine eher nüchterne Zusammenstellung ist und uns nicht erlaubt, das eigentliche Erleben dieser Reise nachzuvollziehen, ist Aetherias Darstellung ganz anders: In ihrem von einer selbst benannten Neugier (XVI 3) getragenen und lebendigen, ja oft

nachgerade atemlos und mit Satzbrüchen geschriebenen
Text erzählt sie immer und immer wieder, welche Stätten
und welche »Heiligen« – sie nennt etwa Bekenner, Mönche,
Asketen, Einsiedler und Bischöfe – sie aufgesucht hat, und
welche Liturgien (dazu s. u. S. 20–21) sie ihre Begleitung an
den einzelnen Stätten erlebt hat. Sie gibt aber auch an, welche Berge sie erklommen und welchen Rundblick sie von
dort wahrgenommen hat. In der Tat gilt Aetheria damit als
erste Bergsteigerin, von der uns Selbstzeugnisse vorliegen!

Wie ist der Text überliefert? Wiederentdeckt wurde Aetherias Bericht erst 1884, als in einer Klosterbibliothek in Arezzo
in Italien eine Abschrift gefunden und 3 Jahre später publiziert
wurde. In diesem *Codex Arretinus* 405, der im 11. Jahrhundert
in Monte Cassino (Italien) geschrieben worden war, fehlen
allerdings der Anfang und der Schluss wie auch zwei *Codex*-
Blätter im Bericht selbst (nach XVI 4 und in XXV 6).

Neben dem *Codex Arretinus* gibt es drei weitere Zeugnisse
für den Bericht der Aetheria: Erst 2005 wurden Fragmente
eines Blattes aus einer aus dem 9. Jahrhundert n. Chr. stam-
menden, heute in Madrider Privatbesitz befindlichen Handschrift publiziert. Zu XV 6–XVI 2 und XVI 6–7 entspricht
der Text dem des *Codex Arretinus* mit ein paar Abweichun-
gen, bietet aber den gleichen Textumfang, ist also kein Exzerpt. Dazwischen sind in dem Blattfragment zwei Textteile
erhalten, mit denen man nun zumindest teilweise die Lücke
schließen kann, die im *Codex Arretinus* durch den Blattverlust
nach XVI 4 entstanden ist. Dieser Neufund wird hier erstmals
zweisprachig mit deutscher Übersetzung vorgelegt.

Außerdem sind zwei Exzerpte aus Aetherias Bericht erhalten: 1909 wurde entdeckt, dass sich kurze Auszüge aus ihrem
Bericht in einer Handschrift aus dem 9. Jahrhundert n. Chr.
finden. Diese Abschrift, die einst im spanischen Toledo bewahrt wurde und heute in der Nationalbibliothek in Madrid

als *Codex Matritensis Toletanus* 14,24 liegt, bietet Angaben, die Aetheria III 2, 3 und 6, IV 7, X 8 und 9, XII 7, XIII 2 und 4, XVI 1 und 3 sowie XX 1, 4, 5 und 12 entsprechen, freilich jeweils nur in einer verkürzten Auswahl. Auch dieses Exzerpt ermöglicht einen Einblick in das, was in der Lücke des *Codex Arretinus* nach XVI 4 gestanden haben muss.

Ein indirektes Zeugnis für den Text stammt schließlich von Petrus Diaconus (um 1107–nach 1159 n. Chr.), dem Bibliothekar und Archivar des Benediktinerklosters auf dem Monte Cassino. Sein um 1137 entstandenes Werk *De locis sanctis* (»Über die heiligen Stätten«) ist in seiner eigenen Handschrift erhalten (*Codex Casinensis* 361). Es beruht nicht auf einer eigenen Reise, sondern ist aus drei älteren Werken zusammengestellt: der Bearbeitung eines Reiseberichts von Bischof Arculf, die dem Beda Venerabilis um 703/704 n. Chr. verdankt wird und erhalten ist, dann einer uns verlorenen Quelle, die bald nach der Einnahme Jerusalems durch die Kreuzfahrer 1099 n. Chr. entstanden sein muss, sowie nicht zuletzt offenbar dem Reisebericht der Aetheria, die jedoch nie namentlich genannt wird. Um Petrus' Werk für die Rekonstruktion der verlorenen Partien von Aetherias Bericht nutzen zu können, übergeht man die nachweislich auf Beda zurückgehenden Partien ebenso wie Passagen, die Stätten beschreiben, die Aetheria noch nicht kennen konnte und von denen man daher annimmt, dass Petrus sie seiner jüngsten Vorlage entnahm. Das Ende von Petrus' Werk entspricht dann dem Anfang des erhaltenen Aetheria-Textes (I–VII), daher kann man nachvollziehen, wie Petrus seine Vorlage bearbeitet: Er kürzt sie sehr stark und macht aus dem in der ersten Person geschriebenen Reisebericht eine im Passiv formulierte Ortsbeschreibung: An die Stelle von *videbamus*, »wir sahen« die Stätten, tritt bei ihm *videntur*, die Stätten »werden gesehen«. Wie das

Exzerpt aus Toledo, aber anders als der Neufund von 2005 erlaubt Petrus' Werk also in den von ihm herangezogenen und sonst verlorenen Partien von Aetherias Bericht keine Rekonstruktion jener Textteile, sondern allenfalls eine Übersicht über das dort Behandelte.

Obgleich der Bericht der Aetheria also nur in einer einzigen, 1884 entdeckten Abschrift und ferner in einem erst 2005 gefundenen Fragment nur teilweise erhalten sowie in zwei Exzerpten bezeugt ist, hat er bald nach der Publikation des *Codex Arretinus* beachtliche Wirkung entfaltet. Zwar bezeichnet sich Aetheria nie als Nonne (dies tut erst der *Brief* des Valerius) und ihre Reise nie als *peregrinatio,* Pilgerfahrt; vielmehr bietet auch sie ein *itinerarium*, eine Wegbeschreibung. Dennoch wurde sie selbst bald als geradezu vorbildliche Pilgerin angesehen, und noch der deutsche Literat Alfred Döblin (1878–1957) machte sie zur Heldin seiner bald nach dem Zweiten Weltkrieg entstandenen Erzählung *Die Pilgerin Aetheria*. Nicht zuletzt regte die Autorin mit ihrer Reise auch immer wieder dazu an, es ihr gleich zu tun, wovon heute etwa das *Egeria-Projekt* des »Ökumenischen Forums Christlicher Frauen in Europa« (www.egeria-project.eu) und Lawrence R. Farley in seinem Buch *Following Egeria* (2015) zeugen.

Bei der Leserschaft vorausgesetzte Kenntnisse

Sowohl der Bericht von Bordeaux als auch der von Aetheria setzen Kenntnisse voraus, über die ihre jeweilige zeitgenössische Leserschaft verfügte und die im Folgenden kurz erklärt werden sollen, damit auch ein heutiges Lesepublikum die Text gut verstehen kann; weitere Erläuterungen stehen im Text in eckigen Klammern. Auf die nachfolgenden Abschnitte wird mit einem hochgestellten Buchstaben verwiesen.

B – Bibel und andere christliche Schriften

Auf die Bibel, die (meist im Plural genannten) Heiligen Schriften des Alten und des Neuen Testaments, wird in beiden Berichten immer wieder Bezug genommen. Bei Aetheria ist der dabei zugrunde liegende Bibeltext (der ihr laut X 7 und XXXIII 2 in einem *Codex* [s. o. S. 10–11] präsentiert wurde) übrigens nicht der in der hebräischen Bibel verbreitete; vielmehr geht ihr Text offenbar auf die griechische Übersetzung des Alten Testaments zurück: auf die sogenannte Septuaginta. Ein Beispiel: In dem durch den Neufund von 2005 gewonnenen Textstück nach XVI 4 heißt es, dass Hiob auf einem »Misthaufen« gesessen habe. Im dazugehörigen hebräischen Bibeltext (Hiob 2,8) ist hier von »Asche« die Rede, erst in der Septuaginta von *kopria*, eben »Misthaufen«. Gelegentlich zitiert Aetheria auch ganz frei. Die Bibelstellen, auf die in den Berichten Bezug genommen wird, sind in der vorliegenden Übersetzung in eckigen Klammern angeführt, die dabei verwendeten üblichen Abkürzungen sind im Register (S. 255) aufgelöst.

Dass der Bericht von Bordeaux auch nichtchristliche Stätten nennt, wurde bereits gesagt (s. o. S. 9–10). Bei Aetheria werden mit demselben Ernst wie die Bibel auch christliche Texte zitiert, die außerhalb der kanonischen Heiligen Schrift (XX 10) überliefert sind: die Schriften des heiligen Thomas, die Märtyrerakten der heiligen Thekla und der Briefwechsel zwischen Abgar und Jesus, der auch in der *Kirchengeschichte* (I 13) des Eusebios (s. o. S. 7) belegt ist.

Von letzterem nutzte Aetheria offenbar auch das *Onomastikon der biblischen Ortsnamen*, aus dem sie manche Gleichsetzungen von Orten, die sie besuchte, mit Orten des Alten und Neuen Testaments entnahm; dieses Werk ist uns im griechischen Original und in einer lateinischen Übersetzung des Hieronymus (347–420 n. Chr.) erhalten.

K – Kirchen in Jerusalem und Umgebung

Das jüdische Jerusalem war nach der Eroberung durch die Römer 70 n. Chr. zu einer römischen Stadt geworden: Hadrian (Kaiser 117–138 n. Chr) hatte von 130 n. Chr. an auf den Ruinen die römische Kolonie *Aelia Capitolina* errichten lassen, deren Zentrum – also das Forum und das Kapitol – auf dem Golgatha-Hügel lag. Der Tempelberg war verwüstet und bot Reisenden kein Ziel mehr (der Bericht von Bordeaux erwähnt wohl einen Vorläufer der Klagemauer am Tempelberg; s. o. S. 10). Jüdische Reisende suchten vielmehr vor allem Stätten auf, die in der immer umfangreicher werdenden Tradition als Wohnstätten oder Grabmale der Propheten und weiterer gottnaher Menschen galten.

Mit der Bedeutung, die das Christentum namentlich unter Kaiser Konstantin im 4. Jahrhundert gewann, wurde Jerusalem erneut als religiöses – nunmehr christliches – Zentrum wahrgenommen und ausgebaut: Der Kaiser veranlasste die Anlage einiger Kirchen in Jerusalem und Umgebung, die von ihm finanziert und von seiner Mutter Helena bzw. seiner Schwiegermutter Eutropia inspiziert wurden (s. o. S. 7) und die, wie die Berichte zeigen, bald Ziel der Reisenden wurden.

Das Interesse der konstantinischen Baupolitik in Jerusalem galt vor allem dem Zentrum der römischen Stadt *Aelia Capitolina*, also nicht dem Tempelberg, sondern dem Golgatha-Hügel. Nach dem Abriss älterer städtischer Bauten wurde hier ein Komplex christlicher Bauten errichtet, der aus mehreren Kirchen bestand. Die große Auferstehungs-Kirche (*anastasis*), die im Bericht von Bordeaux (II 8) als »soben errichtet« genannt wird, war ein achteckiger Bau, den eine mächtige Kuppel überspannte; in ihm lag das Grab Christi als isolierte Höhle oder Grotte (*spelunca*) hinter einem mit Gittern (*cancelli*) gesicherten Raum, dem sog.

Gitterraum. Mit dem eigentlichen Golgatha-Hügel war diese Kirche durch ein großes Atrium verbunden (s. XXX-VIII 4), in dessen Südostecke ein Kreuz stand; dieses Atrium bezeichnet Aetheria kurz als den Raum »vor dem Kreuz« (die Kreuzesreliquie, deren Auffindung XLVIII 1–2 ohne Nennung von Helenas Namen erwähnt wird, wurde laut XXXVII 1–3 nur am Karfreitag präsentiert). An der Ostseite des Berges stand »hinter dem Kreuz« zudem eine kleine Kapelle, die an Gründonnerstag und an Karfreitag Ort von Gottesdiensten war. Besonders groß war hingegen die Martyriums-Kirche (*martyrium, ecclesia maior*), die ebenfalls »hinter dem Kreuz« stand (s. XXX 1): Mit einem Grundriss von 45 m auf 26 m hatte sie dieselben Ausmaße wie die Geburtskirche in Bethlehem (s. u.).

Einen zweiten christlichen Baukomplex ließ Konstantin auf dem Ölberg im Osten der Stadt Jerusalem errichten. Auf dessen Gipfel (griechisch *en bomo*, daher lateinisch *imbomon*) gedachte man der Himmelfahrt in einem nach oben offenen Bauwerk (eine Kirche wurde hier erst später errichtet). Am Abhang des Ölbergs gab es die Ölbergs-Kirche, *eleona* genannt, die ebenfalls über einer Höhle (*spelunca*) stand; man glaubte, dass Jesus die drei Nächte vor Gründonnerstag hier verbracht und nach dem Abendmahl seine Jünger hier gelehrt habe. Am Fuß des Ölbergs schließlich sah man den Garten von Gethsemane, in dem Judas den Herrn verraten habe sowie in dessen Nähe eine (bereits im Bericht von Bordeaux II 8 genannte) Kirche an dem Ort, an dem Jesus vor der Passion die Jünger lehrte.

Zusätzlich zu diesen beiden Baukomplexen auf dem Golgatha-Hügel und auf dem Ölberg wurde im Auftrag Konstantins auf dem Berg Zion eine Basilika, die Zions-Kirche, errichtet. Außerhalb von Jerusalem geht die Kirche über dem Geburtsort Jesu in Bethlehem auf Konstantin zu-

rück, die in denselben Dimensionen wie die Martyriums-Kirche und ebenfalls über einer Höhle (*spelunca*) errichtet wurde; auch sie ist bereits im Bericht von Bordeaux (II 8) erwähnt. In Betanien, 1½ bis 2 Meilen (zu den Entfernungsangaben s. u. S. 22) südöstlich von Jerusalem, gab es zu Aetherias Zeit die Lazarus-Kirche (*lazarium*), wo der Bericht von Bordeaux (II 8) noch eine einfache Krypta nennt, ferner nochmals ½ Meile weiter eine Kirche, die an die Begegnung von Lazarus' Schwester Maria mit Jesus erinnerte (Joh 11,1–45). Die bei den in der Bibel (Gen 13,18 und 18,1) genannten Terebinthen-Bäumen in Mamre bei Hebron von Konstantin in Auftrag gegebene und von seiner Schwiegermutter Eutropia aufgesuchte Kirche ist bereits erwähnt worden (s. o. S. 7); auch sie wird schon im Bericht von Bordeaux (II 8) genannt.

Kaiser Konstantin hatte also Jerusalem und seine Umgebung mit mehreren neu errichteten Kirchen zur Erinnerung an das Leben und Sterben von Jesus Christus ausgestattet. Damit hatte er sowohl den Christen vor Ort besondere Stätten als auch frommen Reisenden aus dem ganzen Römischen Reich prachtvolle Reiseziele im Heiligen Land errichtet.

L – Liturgische Fachbegriffe

Im Zentrum der frühchristlichen Liturgie steht die Kommunion, also die Spendung und der Empfang der Abendmahlsgaben von Brot und Wein. Im Gottesdienst (der als *operatio*, »Verrichtung«, bezeichnet wird) werden Psalmen respondiert, also im Wechsel gesprochen, ähnlich auch Antiphonen im Wechsel zwischen zwei Gruppen vorgetragen. Auch Hymnen werden gesprochen (von einem Gesang ist nur X 6–7 in Bezug auf eine Bibelstelle die Rede, von Musikinstrumenten überhaupt nicht); Gebete und Opfer werden in nicht näher beschriebener Weise »gemacht«.

Im Tageslauf gibt es Gottesdienste zu festen Stunden (zu den Zeitangaben s. u. S. 22): Zur Mitte des Vormittags (zur 3. Stunde, lateinisch *tertia*) die Terz, am Mittag (zur 6. Stunde, lateinisch *sexta*) die Sext und zur Mitte des Nachmittags (zur 9. Stunde, lateinisch *nona*) die Non. Am Abend (lateinisch *vespera*) feiert man die Vesper, die bei Aetheria als *lucernare* (lateinisch *lucerna*, »Lampenlicht«) bezeichnet wird (XXIV 4). Nachts finden Gottesdienste während der Nachtwachen (lateinisch *vigilia*) als Vigilien und vor dem frühen Morgen (lateinisch *matutinus*) als Matutin statt.

Mit dem Messeschluss (lateinisch *missa*, »Entlassung« der Gemeinde) endet jeder Gottesdienst, der deshalb noch heute oft kurz als »Messe« bezeichnet wird.

M – Märtyrer und Mönche
Auf ihrer Reise sucht Aetheria das Grabmal des Propheten Hiob und immer wieder Märtyrergrabmale (*martyria*) auf, vor allem aber auch lebende »Heilige«. Dazu gehören Mönche (*monachi*), die meist für sich in Mönchswohnstätten (*monasteria*) leben. Dieser Begriff wird viel später auch für Klöster als gemeinsame Wohnstatt von Mönchen verwendet, doch noch Valerius (*Brief* 1) bezeichnet diese als *caenobia* (Wohngemeinschaften).

Nach dem Besuch übergeben die Mönche den Gästen kleine Abschiedsgaben (*eulogia*); Reliquien aber nimmt Aetheria nicht an, nur eine Abschrift des Briefwechsels von Abgar und Jesus (XIX 19). Besonders hervorgehoben werden die Asketen und die der Welt entsagenden Einsiedler (*aputactites*). Die Kirchenhierarchie kennt Bischöfe, Priester, Erzdiakone und Diakone; bei den gewöhnlichen Christen unterscheidet man Gläubige und Taufanwärter, die noch nicht zur Kommunion zugelassen sind, ferner gelegentlich die frisch getauften Infanten (*infantes*, wörtlich »Kinder«).

Z – Zeit- und Entfernungsangaben

Der lichte Tag wird in der Antike in je 12 Stunden ein-
geteilt, deren tatsächliche Dauer von der Zeit abhängt,
zu der es hell ist: Im Sommer sind sie länger, im Winter
kürzer. Die 6. Stunde markiert den Mittag, die 3. die
Mitte des Vor- und die 9. die Mitte des Nachmittags;
die anderen Stundenangaben lassen sich entsprechend
verstehen.

Die Wochentage werden, beginnend mit dem Sonntag
als 1. Tag, durchgezählt: Montag ist der 2. Tag, Dienstag
der 3. usw. bis zum Samstag als dem 7. Tag. Daten, die
nach dem römischen Kalender angegeben sind, werden
in der Übersetzung in der heute vertrauten Form geboten.

Längenmaße werden in Fuß (etwa 30 cm) gemessen,
Entfernungen in *passus* (Doppelschritt) von gut 1½ m;
1000 Doppelschritt sind eine römische Meile. Meilen-
steine markieren die Entfernungen entlang der Straßen,
an denen es zudem im Abstand von Tagesreisen Stationen gibt, an denen man die Pferde wechseln und über-
nachten kann (s. o. S. 9). Das in Gallien übliche Entfer-
nungsmaß der Leuge (*leuga*) entspricht einer Wegstunde
und misst daher etwa das 1½-fache einer römischen Meile.

Zu dieser Ausgabe

Die vorliegende Ausgabe präsentiert den Bericht von
Bordeaux, den Brief des Valerius und den Bericht der
Aetheria weitgehend nach den unten (S. 247) genannten
Standardausgaben; für den Neufund wird die Erstausga-
be von Jesús Alturo (2005) genutzt und hier erstmals in

deutscher Übersetzung präsentiert. Im lateinischen Text sind aber zur besseren Lesbarkeit stets *u* und *v* unterschieden und nötigenfalls *ae* statt *e* geschrieben; anlautendes *h* (etwa in *hostium* für *ostium*, »Eingang«) ist aus demselben Grund ggf. getilgt und die Schreibung von *ch* für *h* (etwa in *michi* für *mihi*, »mir«, oder *nichil* für *nihil*, »nichts«) geändert. Tilgungen stehen in eckigen Klammern (und bleiben unübersetzt), Ergänzungen in spitzen Klammern (und werden übertragen).

In der Übersetzung werden Ortsnamen, deren lateinische Form ja in dieser zweisprachigen Ausgabe leicht zu finden ist, möglichst mit den heute üblichen wiedergegeben. Grundlage sind dafür die im *Barrington Atlas* (Talbert 2000) zusammengefassten Erkenntnisse; für Antiochia [Antakya], Aulon [Vlorë], Bethlehem [Beit Lahm], Caesarea [Qaisariye], Chalkedon [Kadıköy], Hebron [al-Chalīl], Herakleia [Ereğli], Jerusalem [Jeruschalajim / al-Quds], Jericho [Arīhā], Konstantinopel [İstanbul], Mailand [Milano], Nikomedia [İzmit], Padua [Padova], Rom [Roma], Sirmium [Sremska Mitrovica], Turin [Torino] und Tyrus [Şūr] werden die im Deutschen üblichen Formen gewählt. Weitere Erläuterungen werden in eckigen Klammern geboten. Auf die erläuternden Abschnitte dieser Einführung (S. 18–22) verweisen hochgestellte Buchstaben. Zur besseren Orientierung sind in die Übersetzung moderne Zwischenüberschriften eingefügt.

Das vorliegende Buch möchte dazu beitragen, die authentischen Zeugnisse für die ersten Reisen – namentlich die von Frauen – ins Heilige Land besser zugänglich zu machen und damit einer heutigen Leserschaft die natürliche, die gebaute und auch die gedankliche Welt zu erschließen, in der die Werke entstanden sind.

24

Dank

Die Anregung zu dieser Ausgabe verdanke ich meinen Studierenden am Departement für Evangelische Theologie der *Universitatea Lucian Blaga Sibiu* in Hermannstadt. Für die Aufnahme des Bandes in die Reihe danke ich Niklas Holzberg und Bernhard Zimmermann, für guten Rat bei der Erstellung der Druckvorlage Katharina Legutke und Florian Ruppenstein und für das Mitlesen der Korrekturen Johanna Leithoff, Veit Rosenberger sowie meiner lieben Frau Christiane.

Universität Erfurt, im Juli 2016   Kai Brodersen

TEXT UND ÜBERSETZUNG

ITINERARIUM A BURDIGALA HIERUSALEM USQUE
ET AB HERACLEA PER AULONAM
ET PER URBEM ROMAM MEDIOLANUM USQUE

Sic: Civitas Burdigala, ubi est fluvius Garonna, per quem facit mare Oceanum accessa et recessa per leugas plus minus centum.

Mutatio Stomatas – leugae VII | Mutatio Sirione – leugae VIIII | Civitas Vasatas – leugae VIIII | Mutatio Tres Arbores – leugae V | Mutatio Oscineio – leugae VIII | Mutatio Scittio – leugae VIII | Civitates Elusa – leugae VIII | Mutatio Vanesia – leugae XII | Civitas Auscius – leugae VIII | Mutatio ad Sextum – leugae VI | Mutatio Hungunverro – leugae VII | Mutatio Bucconis – leugae VII | Mutatio ad Iovem – leugae VII | Civitas Tholosa – leugae VII | Mutatio ad Nonum – milia VIIII | Mutatio ad Vicesimum – milia XI | Mansio Elusione – milia VIIII | Mutatio Sostomago – milia VIIII | Vicus Hebromago – milia X | Mutatio Cedros – milia VI | Castellum Carcassone – milia VIII | Mutatio Tricensimum – milia VIII | Mutatio Hosverbas – milia XV | Civitas Narbone – milia XV | Civitas Beterris – milia XVI | Mansio Cessarone – milia XII | Mutatio Foro

REISE VON BORDEAUX NACH JERUSALEM
UND VON HERAKLEIA ÜBER AULON
UND ÜBER DIE STADT ROM NACH MAILAND

I. Etappe von Bordeaux nach Konstantinopel

1. Von Bordeaux nach Arles (549.1-553.2 Wesseling)

Wie folgt: Die Stadt Bordeaux, wo der Fluss Garonne ist, in dem der Ozean auf etwa 100 Leugen^Z Ebbe und Flut macht.

Wechsel La Brede [?] – 7 Leugen. | Wechsel Cérons [?] – 9 Leugen. | Stadt Bazas – 9 Leugen. | Wechsel Dreibaum [Les Trois Chènes?] – 5 Leugen. | Wechsel Houeillès [?] – 8 Leugen. | Wechsel Sos – 8 Leugen. | Landstadt Eauze – 8 Leugen. | Wechsel Moncaubet – 12 Leugen. | Stadt Auch – 8 Leugen. | Wechsel an der 6. Leuge [L'Auberge] – 6 Leugen. | Wechsel La Tonguère – 7 Leugen. | Wechsel Forêt de Bouconne – 7 Leugen. | Wechsel am Jupiter[tempel; Piquotalen] – 7 Leugen. | Stadt Toulouse – 7 Leugen. | Wechsel am 9. Meilenstein [Pompertuzat?] – 9 Meilen.^{Z} | Wechsel am 20. Meilenstein [L'Hôpital?] – 11 Meilen. | Halt St-Pierre-d'Alzonne – 9 Meilen. | Wechsel Castelnaudary – 9 Meilen. | Weiler Bram – 10 Meilen. | Wechsel Caux-et-Sauzens – 6 Meilen. | Kastell von Carcassonne – 8 Meilen. | Wechsel am 30. Meilenstein [Crémadeills] – 8 Meilen. | Wechsel Lézignan [?] – 15 Meilen. | Stadt Narbonne – 15 Meilen. | Stadt Béziers – 16 Meilen. | Halt St-Thibéry – 12 Meilen. | Wechsel

Domiti – milia XVIII | Mutatio Sostantione – milia XV |
Mutatio Ambrosi – milia XV | Civitas Nemauso – milia
XV | Mutatio Ponte Aerarium – milia XII | Civitas Arelate
– milia VIII.

Fit a Burdigala Arelate usque milia CCCLXXII, mutationes
XXX, mansiones XI.

Mutatio Arnagine – milia VIII | Mutatio Bellinto – milia X
| Civitas Avenione – milia V | Mutatio Cypresseta – milia V
| Civitas Arausione – milia XV | Mutatio ad Letoce – milia
XIII | Mutatio Novem Craris – milia X | Mansio Acuno –
milia X | Mutatio Bantianis – milia XII | Mutatio Umbenno
– milia XII | Civitas Valentia – milia VIIII | Mutatio
Cerebelliaca – milia XII | Mansio Augusta – milia X |
Mutatio Darentiaca – milia XII | Civitas Dea Vocontiorum
– milia XVI | Mansio Luco – milia XII | Mutatio Vologatis
– milia VIIII.

Inde ascenditur Gaura mons.

Mutatio Cambono – milia VIII | Mansio Monte Seleuci
– milia VIII | Mutatio Daviano – milia VIII | Mutatio ad
Finem – milia XII | Mansio Vappinco – milia XI | Mansio
Catorigas – milia XII | Mansio Ebreduno – milia XVI.

Forum Domiti [Montbazin] – 18 Meilen. | Wechsel *Sextantio* [bei Castelnau-le-Lez] – 15 Meilen. | Wechsel Pont-Ambroix – 15 Meilen. | Stadt Nîmes – 15 Meilen. | Wechsel *Pons Aerarius* [bei Bellegarde] – 12 Meilen. | Stadt Arles – 8 Meilen.

Das macht von Bordeaux bis Arles 372 Meilen, 30 Wechsel, 11 Halte.

2. Von Arles nach Mailand (553.3-558.2 Wesseling)

Wechsel St-Gabriel – 8 Meilen. | Wechsel *Bellintum* [bei Graveson und Rognonas] – 10 Meilen. | Stadt Avignon – 5 Meilen. | Wechsel *Cypresseta* – 5 Meilen. | Stadt Orange – 15 Meilen. | Wechsel *Ad Letoce* [bei Bollène] – 13 Meilen. | Wechsel Logis-de-Berre – 10 Meilen. | Halt Montélimar – 10 Meilen. | Wechsel *Batiana* – 12 Meilen. | Wechsel Étoile-sur-Rhône [?] – 12 Meilen. | Stadt Valence – 9 Meilen. | Wechsel *Cerebelliaca* [bei Ourches] – 12 Meilen. | Halt Aouste-sur-Sye – 10 Meilen. | Wechsel Saillans – 12 Meilen. | Stadt *Dea Vocontiorum* [Die] – 16 Meilen. | Halt Luc-en-Diois – 12 Meilen. | Wechsel *Vologatae* [bei Beaurières] – 9 Meilen.

Von hier besteigt man den Berg *Gaura* [Col de Cabre].

Wechsel *Cambonum* [Font-Vineuse?] – 8 Meilen. | Halt am *Seleucus*-Berg [La Bâtie-Montsaléon] – 8 Meilen. | Wechsel Davianum [Veynes] – 8 Meilen. | Wechsel an der Grenze [bei La Roche-des-Arnauds] – 12 Meilen. | Halt *Vappincum* – 11 Meilen. | Halt Chorges – 12 Meilen. | Halt Embrun – 16 Meilen.

Inde incipiunt Alpes Cottiae.

Mutatio Ramae – milia XVII | Mansio Byrigante – milia XVII.

Inde ascendis Matronam.

Mutatio Gesdaone – milia X | Mansio ad Marte – milia VIIII | Civitas Segussione – milia XVI.

Inde incipit Italia.

Mutatio ad Duodecimum – milia XII | Mansio ad Fines – milia XII | Mutatio ad Octavum – milia VIII | Civitas Taurinis – milia VIII | Mutatio ad Decimum – milia X | Mansio Quadratis – milia XII | Mutatio Ceste – milia XI | Mansio Rigomago – milia VIII | Mutatio ad Medias – milia X | Mutatio ad Cottias – milia XIII | Mansio Laumello – milia XII | Mutatio Duriis – milia VIII | Civitas Ticino – milia XII | Mutatio ad Decimum – milia X | Civitas Mediolanum – milia X | [Mansio Fluvio Frigido – milia XII].

Fit ab Arelate Mediolanum usque milia CCCCLXXV, mutationes LXIII, mansiones XXII.

Mutatio Argentea – milia X | Mutatio Ponte Aureoli – milia X | Civitas Bergamo – milia XIII | Mutatio Tellegate – milia

Von hier beginnen die Cottischen Alpen.

Wechsel Rama [bei La Roche-de-Rame] – 17 Meilen. | Halt
Briançon – 17 Meilen.

Von hier besteigt man die *Matrona* [Mont-Genèvre].

Wechsel Cesana– 10 Meilen. | Halt am Mars[tempel; Ulzio]
– 9 Meilen. | Stadt Susa – 16 Meilen.

Von hier beginnt Italien.

Wechsel am 12. Meilenstein [S. Didero?] – 12 Meilen. |
Halt an der Grenze [Drubiaglio di Avigliana] – 12 Meilen. |
Wechsel am 8. Meilenstein [Rivoli] – 8 Meilen. | Stadt Tu-
rin – 8 Meilen. | Wechsel am 10. Meilenstein [Brandizzo?]
– 10 Meilen. | Halt Quarino Bianco di Verolengo – 12 Mei-
len. | Wechsel Ceste – 11 Meilen. | Halt Trino Vercellese [?]
– 8 Meilen. | Wechsel Villanuova Monferrato – 10 Meilen.
| Wechsel Cozzo – 13 Meilen. | Halt Lomello 12 Meilen.
| Wechsel Dorno – 8 Meilen. | Stadt *Ticinum* [Pavia] –
12 Meilen. | Wechsel am 10. Meilenstein [Cascina Decima
di Lacchiarella] – 10 Meilen. | Stadt Mailand – 10 Meilen.

Das macht von Arles nach Mailand 475 Meilen, 63 Wechsel, 22 Halte.

3. Von Mailand nach Aquileia (558.3-559.13 Wesseling)

Wechsel *Argentea* [bei Gorgonzola] – 10 Meilen. | Wechsel
Pons Aureoli [Canonica d'Adda] – 10 Meilen. | Stadt Berga-
mo – 13 Meilen. | Wechsel Telgate [?] – 12 Meilen. | Wech-

XII | Mutatio Tetellus – milia X | Civitas Brixa – milia X | Mansio ad Flexum – milia XI | Mutatio Beneventum – milia X | Civitas Verona – milia X | Mutatio Cadiano – milia X | Mutatio Aureos – milia X | Civitas Vincentia – milia XI | Mutatio ad Finem – milia XI | Civitas Patavi – milia X | Mutatio ad Duodecimum – milia XII | Mutatio ad Nonum – milia XI | Civitas Altino – milia VIIII | Mutatio Sanos – milia X | Civitas Concordia – milia VIIII | Mutatio Apicilia – milia VIIII | Mutatio ad Undecimum – milia XI | Civitas Aquileia – milia XI.

Fit a Mediolano Aquileia usque milia CCLI, mutationes XXIIII, mansiones VIIII.

Mutatio ad Undecimum – milia XI | Mutatio ad Fornolus – milia XII | <Mansio Fluvio Frigido – milia XII |> Mutatio Castra – milia XII.

Inde surgunt Alpes Iuliae.

Ad Pirum summas Alpes – milia VIIII | Mansio Longatico – milia X | Mutatio ad Nonum – milia VIIII | Civitas Emona – milia XIIII | Mutatio ad Quartodecimo – milia X | Mansio Hadrante – milia XIII.

sel Ospitaletto [?] – 10 Meilen. | Stadt Brescia – 10 Meilen.
| Halt am Bogen [Colombare di Sirmione] – 11 Meilen. |
Wechsel *Beneventum* [Cavalcaselle] – 10 Meilen. | Stadt
Verona – 10 Meilen. | Wechsel *Cadianum* [Fostavecchia di
Caldiero] – 10 Meilen. | Wechsel Auraei [Montebello Vicen-
tino?] – 10 Meilen. | Stadt Vicenza – 11 Meilen. | Wechsel an
der Grenze [Arlesega] – 11 Meilen. | Stadt Padua – 10 Mei-
len. | Wechsel am 12. Meilenstein [Dolo? Sambruson?] –
12 Meilen. | Wechsel am 9. Meilenstein [Ponte di Pietra]
– 11 Meilen. | Stadt Quarto di Altino – 9 Meilen. | Wechsel
Ad Sanos [bei S. Anastasio] – 10 Meilen. | Stadt Concordia
Sagittaria– 9 Meilen. | Wechsel Latisanotta – 9 Meilen. |
Wechsel am 11. Meilenstein [Chiarisacco?] – 11 Meilen. |
Stadt Aquileia – 11 Meilen.

Das macht von Mailand bis Aquileia 251 Meilen, 24 Wechsel, 9 Halte.

4. Von Aquileia nach Sirmium (559.14-563.9 Wesseling)

Wechsel am 11. Meilenstein [Gradisca?] – 11 Meilen. | Wech-
sel Prvačina [?] – 12 Meilen. | Halt Kaltfluss [Ajdovščina] –
12 Meilen. | Wechsel am Kastell [?] – 12 Meilen.

Von hier steigen die Julischen Alpen auf.

Nach *Pirus* [Hrušica] auf dem Gipfel der Alpen – 9 Meilen.
| Halt Logatec – 10 Meilen. | Wechsel am 9. Meilenstein
[Log pri Brezovici] – 9 Meilen. | Stadt *Emona* [Ljublja-
na] – 14 Meilen. | Wechsel am 14. Meilenstein [Groblje
pri Mengšu] – 10 Meilen. | Halt *Hadrans* [St. Oswald] –
13 Meilen.

Fines Italiae et Nor<i>ci.

Mutatio ad Medias – milia XIII | Civitas Celeia – milia XIII | Mutatio Lotodos – milia XII | Mansio Ragindone – milia XII | Mutatio Pultovia – milia XII | Civitas Poetovione – milia XII.

Transis pontem, intras Pannoniam inferiorem.

Mutatio Ramista – milia VIIII | Mansio Aqua Viva – milia VIIII | Mutatio Populis – milia X | Civitas Iovia – milia VIIII | Mutatio Sunista – milia VIIII | Mutatio Peritur – milia XII | Mansio Lentolis – milia XII | Mutatio Cardono – milia X | Mutatio Cocconis – milia XII | Mansio Serota – milia X | Mutatio Bolentia – milia X | Mansio Maurianis – milia VIIII.

Intras Pannoniam Superiorem.

Mutatio Serena – milia VIII | Mansio Vereis – milia X | Mutatio Iovalia – milia VIII | Mutatio Mersella – milia VIII | Civitas Mursa – milia X | Mutatio Leutuoano – milia XII | Civitas Cibalis – milia XII | Mutatio Caelena – milia XI | Mansio Ulmo – milia XI | Mutatio Spaneta – milia X | Mutatio Vedulia – milia VIII | Civitas Sirmium – milia VIII.

Fit ab Aquileia Sirmium usque milia CCCCXII, mansiones XVII, mutationes XXXVIII.

Grenze von Italien und Noricum.

Wechsel *Ad Medias* [Ločica pri Šempetru] – 13 Meilen. |
Stadt Celje – 13 Meilen. | Wechsel Stranice – 12 Meilen. |
Halt Spodnje Grušovje– 12 Meilen. | Wechsel Stražgojnca –
12 Meilen. | Stadt Ptuj – 12 Meilen.

Man quert die Brücke [über die Drau] und betritt Nieder-
Pannonien.

Wechsel Formin – 9 Meilen. | Halt Frischwasser – 9 Mei-
len. | Wechsel *Populi* – 10 Meilen. | Stadt *Iovia* – 9 Meilen.
| Wechsel *Sonista* – 9 Meilen. | Wechsel *Piretis* – 12 Meilen.
| Halt *Lentulis* – 12 Meilen. | Wechsel *Cardono* – 10 Meilen.
| Wechsel *Cocconis* – 12 Meilen. | Halt *Serota* – 10 Meilen. |
Wechsel *Bolentia* – 10 Meilen. | Halt *Maurianis* – 9 Meilen.

Man betritt Ober-Pannonien.

Wechsel *Serena* [Viljevo bei Našice] – 8 Meilen. | Halt *Vereis*
– 10 Meilen. | Wechsel Valpovo – 8 Meilen. | Wechsel Petri-
jevci – 8 Meilen. | Stadt Osijek – 10 Meilen. | Wechsel Bo-
bota – 12 Meilen. | Stadt Vinkovci] – 12 Meilen. | Wechsel
Causilena – 11 Meilen. | Halt Tovarnik – 11 Meilen. | Wech-
sel Bačinci [?] – 10 Meilen. | Wechsel *Vedulia / Budalia* –
8 Meilen. | Stadt *Sirmium* [Sremska Mitrovica] – 8 Meilen.

Das macht von Aquileia nach Sirmium 412 Meilen, 17 Halte, 38 Wechsel.

Mutatio Fossis – milia VIIII | Civitas Bassianis – milia X |
Mutatio Noviciani – milia XII | Mutatio Altina – milia XI |
Civitas Singiduno – milia VIII.

Fines Pannoniae et Misiae.

Mutatio ad Sextum – milia VI | Mutatio Tricornia Castra –
milia VI | Mutatio ad Sextum Miliarem – milia VII | Civitas
Aureo Monte – milia VI | Mutatio Vingeio – milia VI |
Civitas Margo – milia VIIII | Civitas Viminacio – milia X,

ubi Diocletianus occidit Carinum.

Mutatio ad Nonum – milia VIIII | Mansio Munecipio –
milia VIIII | Mutatio Iovis Pago – milia X | Mutatio Bao
– milia VII | Mansio Idomo – milia VIIII | Mutatio ad
Octavum – milia VIIII | Mansio Oromago – milia VIII.

Finis Myssiae et <Daciae> [Asiae].

Mutatio Sarmatorum – milia XII | Mutatio Caminitas
– milia XI | Mansio Ipompeis – milia VIIII | Mutatio
Rampiana – milia XII | Civitas Naisso – milia XII | Mutatio
Redicibus – milia XII | Mutatio Ulmo – milia VII | Mansio
Romansiana – milia VIIII | Mutatio Latina – milia VIIII |
Mansio Turribus – milia VIIII | Mutatio Translitis – milia
XII | Mutatio Ballanstra – milia X | Mansio Meldia – milia
VIIII | Mutatio Scretisca – milia XII | Civitas Serdica –
milia XI.

5. Von Sirmium nach Sofia (563.10-567.3 Wesseling)

Wechsel Graben [Sasinci?] – 9 Meilen. | Stadt Donji Petrov-ci – 10 Meilen. | Wechsel *Noviciani* – 12 Meilen. | Wechsel Surčin – 11 Meilen. | Stadt *Singidunum* [Belgrad] – 8 Meilen.

Grenze von Pannonien und Moesien.

Wechsel am 6. Meilenstein – 6 Meilen. | Wechsel Kas-tell Dreispitz – 6 Meilen. | Wechsel am 6. Meilenstein – 7 Meilen. | Stadt Goldberg – 6 Meilen. | Wechsel *Vinceia* – 6 Meilen. | Stadt *Margum* – 9 Meilen. | Stadt *Viminacium* [bei Kostolac] – 10 Meilen,

wo Diokletian den Carinus tötete (s. S. 10).

Wechsel am 9. Meilenstein – 9 Meilen. | Halt *Municipium* – 9 Meilen. | Wechsel *Iovis Pagus* – 10 Meilen. | Wechsel *Bao* – 7 Meilen. | Halt *Idimum* – 9 Meilen. | Wechsel am 8. Mei-lenstein – 9 Meilen. | Halt *Horreum Magnum* – 8 Meilen.

Grenze von Moesien und Dakien.

Wechsel Gornje Vidovo [?] – 12 Meilen. | Wechsel Ražanj [?] – 11 Meilen. | Halt Rutovac [?] – 9 Meilen. | Wechsel *Ram-piana* [bei Draževac] – 12 Meilen. | Stadt *Naissus* [Niš] – 12 Meilen. | Wechsel Jelašnica [?] – 12 Meilen. | Wechsel Ostrovica [?] – 7 Meilen. | Halt Bela Palanka – 9 Meilen. | Wechsel *Latina* [bei Crnoklište] – 9 Meilen. | Halt Pirot – 9 Meilen. | Wechsel Dimitrovgrad [?] – 12 Meilen. | Wechsel *Ballanstra* – 10 Meilen. | Halt *Meldia* – 9 Meilen. | Wechsel *Scretisca* – 12 Meilen. | Stadt *Serdica* [Sofia] – 11 Meilen.

Fit a Sirmium Serdica usque milia CCCXIIII, mutationes XXIIII, mansiones XIII.

Mutatio Extuomne – milia VIII | Mansio Buragara – milia VIIII | Mutatio Sparata – milia VIII | Mansio Hilica – milia X | Mutatio Soneio – milia VIIII.

Fines Daciae et Traciae.

Mutatio Ponte Ucasi – milia VI | Mansio Bona Mansio – milia VI | Mutatio Alusore – milia VIIII | Mansio Basapare – milia XII | Mutatio Tugugero – milia VIIII | Civitas Filopopuli – milia XII | Mutatio Sernota – milia X | Mutatio Paramvole – milia VIII | Mansio Cillio – milia XII | Mutatio Carassura – milia VIIII | Mansio Arzo – milia XI | Mutatio Palae – milia VII | Mansio Castozobra – milia XI | Mutatio Rhamis – milia VII | Mansio Burdista – milia XI | Mutatio Daphabae – milia XI | Mansio Nicae – milia VIIII | Mutatio Tarpodizo – milia X | Mutatio Urisio – milia VII | Mansio Virgoles – milia VII | Mutatio Narco – milia VIII | Mansio Drizupara – milia VIIII | Mutatio Tipso – milia VIII | Mansio Tunorullo – milia VIII | Mutatio Beodizo – milia VIII | Civitas Heraclea – milia VIIII | Mutatio Baunne – milia XII | Mansio Salambria – milia X | Mutatio Callum – milia X | Mansio Atyra – milia X | Mansio Regio – milia XII. | Civitas Constantinopoli – milia XII.

Fit a Serdica Constantinopoli milia CCCCXIII, mutationes XII, mansiones XX.

Das macht von Sirmium bis Sofia 314 Meilen, 24 Wechsel, 13 Halte.

6. Von Sofia nach Konstantinopel (567.4-571.5 Wesseling)

Wechsel *Extuomne* – 8 Meilen. | Halt *Burgaraca* – 9 Meilen. | Wechsel *Sparata* – 8 Meilen. | Halt *Helice* – 10 Meilen. | Wechsel *Soneio* – 9 Meilen.

Grenze von Dakien und Thrakien.

Wechsel *Pons Ucasi* – 6 Meilen. | Halt Guthalt – 6 Meilen. | Wechsel *Alusore* – 9 Meilen. | Halt *Bessapara* [bei Pazardjik] – 12 Meilen. | Wechsel *Tugugero* – 9 Meilen. | Stadt Plovdiv – 12 Meilen. | Wechsel *Sernota* – 10 Meilen. | Wechsel Belozem [?] – 8 Meilen. | Halt Cherna Gora– 12 Meilen. | Wechsel Rupkite– 9 Meilen. | Halt Kalugerovo – 11 Meilen. | Wechsel *Palae* – 7 Meilen. | Halt Kastrazarba – 11 Meilen. | Wechsel *Rhamis* – 7 Meilen. | Halt Svilengrad – 11 Meilen. | Wechsel *Daphabae* – 11 Meilen. | Halt *Nike* [Havsa] – 9 Meilen. | Wechsel *Tarpodizo* – 10 Meilen. | Wechsel *Urisio* – 7 Meilen. | Halt Lüleburgaz – 7 Meilen. | Wechsel *Narco* – 8 Meilen. | Halt *Drusipara* [bei Karıştıran] – 9 Meilen. | Wechsel Tipaso – 8 Meilen. | Halt Çorlu – 8 Meilen. | Wechsel *Beodizo* – 8 Meilen. | Stadt Ereğli – 9 Meilen. | Wechsel Baunne – 12 Meilen. | Halt Silivri – 10 Meilen. | Wechsel *Callum* – 10 Meilen. | Halt *Athyras* – 10 Meilen. | Halt *Rhegion* [Kücükcekmece] – 12 Meilen. | Stadt Konstantinopel – 12 Meilen.

Das macht von Sofia bis Konstantinopel 413 Meilen, 12 Wechsel, 20 Halte.

Fit omnis summa a Burdigala Constantinopolim vicies bis centena viginti unum milia, mutationes CCXXX, mansiones CXII.

Item ambulavimus Dalmatico et Zenophilo cons., III Kal. Iun., a Calcedonia et reversi sumus Constantinopolim VII Kal. Ian. cons. suprascripto.

A Constantinopoli transis pontum, venis Calcedoniam, ambulas provinciam Bithyniam.

Mutatio Nassete – milia VII s(emis) | Mansio Pandicia – milia VII s(emis) | Mutatio Pontamus – milia XIII | Mansio Libissa – milia VIIII.

Ibi positus est rex Annibalianus, qui fuit Afrorum.

Mutatio Brunga – milia XII | Civitas Nicomedia – milia VIIII.

Fit a Constantinopoli Nicomedia usque milia LVIII, mutationes VII, mansiones III.

Das macht als Totale von Bordeaux bis Konstantinopel 2221 Meilen, 230 Wechsel, 112 Halte.

II. Etappe von Konstantinopel nach Jerusalem

1. Von Konstantinopel nach Nikomedia (571.6-572.9 Wesseling)

Und so sind wir gereist im Konsulat des Dalmatius und des Zenophilus [333 n. Chr.; s. S. 8], haben Chalkedon [Kadıköy] am 30. Mai verlassen und sind am 25. Dezember in dem eben genannten Konsulat nach Konstantinopel zurückgekehrt.

Von Konstantinopel überquert man die Meerenge [Bosporus], kommt nach Chalkedon [Kadıköy] und reist durch die Provinz Bithynien.

Wechsel *Nassete* [bei Maltepe] – 7½ Meilen. | Halt *Panteichion* [Pendik] – 7½ Meilen. | Wechsel *Potamoi* – 13 Meilen. | Halt *Libyssa* [bei Karaburun] – 9 Meilen.

Hier liegt König Annibalianus [Hannibal, s. S. 10], der [König] der Afrikaner war.

Wechsel Brunca [Hereke / Yarımca?] – 12 Meilen. | Stadt *Nikomedia* [İzmit] – 9 Meilen.

Das macht von Konstantinopel bis Nikomedia 58 Meilen, 7 Wechsel, 3 Halte.

Mutatio Hyribolum – milia X | Mansio Libum – milia XI
| Mutatio Liada – milia XII | Civitas Nicia – milia VIIII |
Mutatio Schinae – milia VIII | Mansio Mido – milia VII |
Mutatio Chogeae – milia VI | Mutatio Thateso – milia X |
Mansio Tutaio – milia VIIII | Mutatio Protunica – milia XI
| Mutatio Artemis – milia XII | Mansio Dablae – milia VI |
Mansio Ceratae – milia VI.

Fines Bithiniae et Galatiae.

Mutatio Fines – milia X | Mansio Dadastano – milia
VI | Mutatio Trans Monte – milia VI | Mutatio Milia
– milia XI | Civitas Iuliopolis – milia VIII | Mutatio
Hic##ronpotamum – milia XIII | Mansio Agannia – milia
XI | Mutatio Petrobrogen – milia VI | Mansio Mnizos –
milia X | Mutatio Prasmon – milia XII | Mansio Malogordis
– milia VIIII | Mutatio Cenaxem Palidem – milia XIII |
Civitas Anchira Galatia – milia XIII.

Fit a Nicomedia Anchira Galatia usque milia CCLVIII,
mutationes XXVI, mansiones XII.

Mutatio Delemna – milia X | Mansio Curveunta – milia
XI | Mutatio Rosolodiaco – milia XII | Mutatio Aliassum –
milia XIII | Civitas Aspona – milia XVIII | Mutatio Galea
– milia XIII | Mutatio Andrapa – milia VIIII.

2. Von Nikomedia nach Ankara (573.1-575.7 Wesseling)

Wechsel *Eribolon* [bei Segban Isk] – 10 Meilen. | Halt *Libum* [bei Senaiye] – 11 Meilen. | Wechsel *Liada* [Sarıağıl] – 12 Meilen. | Stadt *Nicaea* [İznik] – 9 Meilen. | Wechsel Karadin – 8 Meilen. | Halt *Mygdum* [Taşköprü?] – 7 Meilen. | Wechsel Medetli [?] – 6 Meilen. | Wechsel Dikenli Boğaz [?] – 10 Meilen. | Wechsel *Tattaios* [Arıcaklar] – 9 Meilen. | Wechsel Sarihocalar – 11 Meilen. | Wechsel *Artemis* [bei Kilciler] – 12 Meilen. | Halt *Dableis* [bei Çayköy] – 6 Meilen. | Halt *Ceratae* [bei Beydili] – 6 Meilen.

Grenze von Bithynien und Galatien.

Wechsel an der Grenze – 10 Meilen. | Halt *Dadastana* [bei Karahisar] – 6 Meilen. | Wechsel Überberg [bei Baglıca] – 6 Meilen. | Wechsel *Milia* [bei Eymir] – 11 Meilen. | Stadt Sarılar – 8 Meilen. | Wechsel am Heiligen Fluss – 13 Meilen. | Halt *Lagania* – 11 Meilen. | Wechsel *Petrobrogen* – 6 Meilen. | Halt *Mnizos* – 10 Meilen. | Wechsel *Prasmon* – 12 Meilen. | Halt *Manegordo* – 9 Meilen. | Wechsel am See *Cenaxis Palus* – 13 Meilen. | Stadt Ankara in Galatien – 13 Meilen.

Das macht von Nikomedia nach Ankara in Galatien 258 Meilen, 26 Wechsel, 12 Halte.

3. Von Ankara nach Tarsus (575.8-580.1 Wesseling)

Wechsel *Delemnia* – 10 Meilen. | Halt *Gorbeus* – 11 Meilen. | Wechsel *Orsologiakos / Rosolodiacus* – 12 Meilen. | Wechsel *Aliassum* – 13 Meilen. | Stadt *Aspona* – 18 Meilen. | Wechsel *Galea* – 13 Meilen. | Wechsel *Andrapa* – 9 Meilen.

Fines Galatiae et Cappadociae.

Mansio Parnasso – milia XIII | Mansio Iogola – milia XVI | Mansio Nitalis – milia XVIII | Mutatio Argustana – milia XIII | Civitas Colonia – milia XV | Mutatio Momoasson – milia XII | Mansio Anathiango – milia XIII | Mutatio Chusa – milia XII | Mansio Sasima – milia XII | Mansio Andavilis – milia XVI.

Ibi est villa Pammati, unde veniunt equi curules.

Civitas Thyana – milia XVIII. Inde fuit Apollonius magus.

Civitas Faustinopoli – milia XII | Mutatio Caena – milia XIII | Mansio Opodando – milia XII | Mutatio Pilas – milia XIIII.

Fines Cappadociae et Ciliciae.

Mansio Mansucrinae – milia XII | Civitas Tarso – milia XII. Inde fuit apostolus Paulus.

Fit ad Anchira Galatia Tarso usque milia CCCXLIII, mutationes XXV, mansiones XVIII.

Mutatio Pargais – milia XIII | Civitas Adana – milia XIIII | Civitas Mansista – milia XVIII | Mutatio Tardequeia – milia XV | Mansio Catavolo – milia XVI | Mansio Baiae

Grenze von Galatien und Kappadokien.

Halt Değirmenyolu – 13 Meilen. | Halt *Ozizala* [bei Üzengi-lik] – 16 Meilen. | Halt *Nitazi* [bei Kabakülak] – 18 Meilen. | Wechsel *Argustana* – 13 Meilen. | Stadt *Colonia* [Aksaray] – 15 Meilen. | Wechsel Gökçe – 12 Meilen. | Halt *Nazianzos* [Nenezigözü] – 13 Meilen. | Wechsel Yazıköy [?] – 12 Meilen. | Halt Hasanköy – 12 Meilen. | Halt Yeniköy – 16 Meilen.

Hier ist die Villa des Pammatus, von der die kurulischen Pferde kommen (s. S. 9).

Stadt *Tyana* [Kemerhisar] – 18 Meilen. Von hier war Apol-lonius, der Magier (s. S. 10).

Stadt Başmakçı– 12 Meilen. | Wechsel *Caena* [bei Ömerli] – 13 Meilen. | Halt Pozantı [?] – 12 Meilen. | Wechsel *Pylae* [Kilikische Tore, Gülek Bogazi] – 14 Meilen.

Grenze von Kappadokien und Kilikien.

Halt Kırıtlar [?] – 12 Meilen. | Stadt Tarsus – 12 Meilen. Von hier war der Apostel Paulus [Apg 21,39].

Das macht von Ankara in Galatien nach Tarsus 343 Meilen, 25 Wechsel, 18 Halte.

4. Von Tarsus nach Antiochia (580.2-581.6 Wesseling)

Wechsel *Pargais* [bei Gökçeler] – 13 Meilen. | Stadt Ada-na – 14 Meilen. | Stadt *Mopsuhestia* [Yakapınar] – 18 Mei-len. | Wechsel Kurtkulağı [?] – 15 Meilen. | Halt Mutta-

– milia XVII | Mansio Alexandria Scabiosa – milia XVI | Mutatio Pictanus – milia VIIII.

Fines Cilciae et Syriae.

Mansio Pagrios – milia VIII | Civitas Antiochia – milia XVI.

Fit a Tarso Ciliciae Antiochia usque milia CXLI, mutationes X, mansiones VII.

Ad Palatium Dafne – milia V | Mutatio Hysdata – milia XI | Mansio Platanus – milia VIII | Mutatio Baccaias – milia VIII | Mansio Catelas – milia XVI | Civitas Ladica – milia XVI | Civitas Gabala – milia XIIII | Civitas Balaneas – milia XIII.

Fines Syriae Coelis et Foenicis.

Mutatio Maraccas – milia X | Mansio Antaradus – milia XVI. Est civitas in mare a ripa – milia II.

Mutatio Spiclin – milia XII | Mutatio Basiliscum – milia XII | Mansio Arcas – milia VIII | Mutatio Bruttus – milia IIII | Civitas Tripoli – milia XII | Mutatio Triclis – milia XII | Mutatio Bruttos alia – milia XII | Mutatio Alcobile – milia XII | Mutatio Heldua – milia XII | Civitas Birito – milia XII | Mutatio Parphirion – milia VIII | Civitas Sidona – milia VIII | inde Sarepta – milia VIIII.

lip Höyüğü – 16 Meilen. | Halt Payas – 17 Meilen. | Halt
İskenderun – 16 Meilen. | Wechsel Belen – 9 Meilen.

Grenze von Kilikien und Syrien.

Halt Bağras – 8 Meilen. | Stadt Antiochia [Antakya] –
16 Meilen.

Das macht von Tarsus in Kilikien nach Antiochia 141 Meilen, 10 Wechsel, 7 Halte.

5. Von Antiochia nach Tyrus (581.7-584.3 Wesseling)

Zum Palast von Harbiye – 5 Meilen. | Wechsel *Hydatos Po-
tamoi* [Kapısuyu] – 11 Meilen. | Halt *Platanus* – 8 Meilen.
| Wechsel *Baccaias* – 8 Meilen. | Halt *Catelas* – 16 Meilen.
| Stadt *Laodicea* [Lattaquié] – 16 Meilen. | Stadt Jebele –
14 Meilen. | Stadt Baniyas – 13 Meilen.

Grenze von Kölesyrien und Phönikien.

Wechsel Khrab Maraqiye – 10 Meilen. | Halt Tartous – 16 Mei-
len. Dies ist eine Stadt im Meer, 2 Meilen von der Küste.

Wechsel *Spiclin* – 12 Meilen. | Wechsel *Basiliscum* – 12 Mei-
len. | Halt Arqa – 8 Meilen. | Wechsel *Bruttus* [al-Abde?]
– 4 Meilen. | Stadt Tripoli – 12 Meilen. | Wechsel el Heri
– 12 Meilen. | Wechsel Batrun – 12 Meilen. | Wechsel Ğubēl
– 12 Meilen. | Wechsel *Heldua* [Khan el-Khulde] – 12 Mei-
len. | Stadt Berytus [Beirut] – 12 Meilen. | Wechsel *Porphy-
reon* [Khan Nebi Yunas] – 8 Meilen. | Stadt *Sidon* [Said]
– 8 Meilen. | Von dort nach Sarafend – 9 Meilen.

Ibi Helias ad viduam ascendit et petiit sibi cibum.

Mutatio ad Nonum – milia IIII | Civitas Tyro – milia XII.

Fit ab Antiochia Tyro usque milia CLXXIIII, mutationes XX, mansiones XI.

Mutatio Alexandroschene – milia XII | Mutatio Ecdeppa – milia XII | Civitas Ptolomaida – milia VIII | Mutatio Calamon – milia XII | Mansio Sicaminos – milia III

Ibi est mons Carmelus, ibi Helias sacrificium faciebat.

Mutatio Certha – milia VIII.

Fines Syriae Finices et Palestinae.

Civitas Caesarea Palestina, id est Iudaea – milia VIII.

Fit a Tyro Caesarea Palestina milia LXXIII, mutationes II, mansiones III.

Hier ging Elia zur Witwe und erbat Essen für sich [1Kön 17,10–11; vgl. Lk 4,25–26].

Wechsel am 9. Meilenstein – 4 Meilen. | Stadt Tyrus [Ṣūr] – 12 Meilen.

Das macht von Antiochia nach Tyrus 174 Meilen, 20 Wechsel, 11 Halte.

6. Von Tyrus nach Caesarea (584.4-585.6 Wesseling)

Wechsel İskanderun – 12 Meilen. | Wechsel *Ekdippa* [Achziv / ez Zib] – 12 Meilen. | Stadt *Ptolemais* [Tell Acco] – 8 Meilen. | Wechsel *Calamon* – 12 Meilen. | Halt *Sykamina* [Haifa] – 3 Meilen.

Hier ist der Karmel-Berg, wo Elia ein Opfer machte [1Kön 18,19–38].

Wechsel *Certha* – 8 Meilen.

Grenze von Syrien, Phönikien und Palästina.

Stadt Caesarea [Qaisariye] in Palästina, das ist Judäa – 8 Meilen.

Das macht von Tyrus nach Caesarea in Palästina 73 Meilen, 2 Wechsel, 3 Halte.

Ibi est balneus Cornelii centurionis, qui multas elymosynas faciebat.

Inde est tertio miliario mons Syna, ubi fons est, in quem mulier est laverit, gravida fit.

Civitas Maximianopoli – milia XVIII | Civitas Isdradela – milia X.

Ibi sedit Achab rex et Helias prophetavit; ibi est campus, ubi David Goliat occidit.

Civitas Scithopoli – milia XII | Aser, ubi fuit villa Iob – milia XVI | Civitas Neapoli – milia XV.

Ibi est mons Agazaren: ibi dicunt Samaritani Abraham sacrificium obtulisse, et ascenduntur usque ad summum montem gradi numero MCCC.

Inde ad pedem montis ipsius locus est, cui nomen est Sechim. Ibi est monumentum, ubi positus est Ioseph in villa, quam dedit ei Iacob pater eius. Inde rapta est et Dina filia Iacob a filiis Amorreorum. Inde passus mille locus est cui nomen Sechar, unde descendit mulier Samaritana ad eundem locum, ubi Iacob puteum fodit, ut de eo aquam impleret, et Dominus noster Iesus Christus cum ea locutus

7. Von Caesarea nach Jerusalem (585.7-589.6 Wesseling)

Hier ist das Bad des Hauptmann Cornelius, der viele Almosen gab [Apg 10,1–2].

Am 3. Meilenstein von dort ist der Berg *Syna* [bei Shuni], wo es einen Brunnen gibt: Wenn eine Frau darin badet, wird sie schwanger.

Stadt Lejjun – 18 Meilen. | Stadt Iezreel / Isdradela – 10 Meilen.

Hier herrschte König Ahab und hier prophezeite Elia [1Kön 17,1–24]. Hier ist das Feld, auf dem David den Goliat tötete [1Sam 17,49–51].

Stadt Beisan / Beth Shean – 12 Meilen. | Tayasir, wo das Gehöft des Hiob war – 16 Meilen. | Stadt Shechem / Nablus – 15 Meilen.

Hier ist der Berg Garizim. Hier sagen die Samaritaner, dass Abraham ein Opfer darbrachte, und man erreicht den Berggipfel über Stufen, 1300 an der Zahl.

Jenseits davon, am Fuß des Berges selbst, ist ein Ort namens Sichem [Nablus]. Hier ist ein Grabmal, in dem Josef liegt, im Gehöft, das ihm sein Vater Jakob gegeben hat [Jos 24,32]. Von dort wurde Dina, Jakobs Tochter, von den Hamoritern geraubt [Gen 34,1–31]. 1 Meile von dort ist ein Ort namens Sychar, von dem die Samariterin zu demselben Ort herabkam, an dem Jakob den Brunnen gegraben hatte, um Wasser zu daraus zu schöpfen, und unser Herr Jesus Christus sprach mit ihr [Joh 4,1–26]; dort sind Platanenbäume, die Jakob

est; ubi sunt et arbores platani, quas plantavit Iacob, et
balneus, qui de eo puteo lavatur.

Inde milia XXVIII euntibus Hierusalem in parte sinistra est
villa, quae dicitur Bethar. Inde passus mille est locus, ubi
Iacob, cum iret in Mesopotamiam, addormivit, et ibi est
arbor amigdala, et vidit visum et angelus cum eo luctatus
est. Ibi fuit rex Hieroboam, ad quem missus propheta,
ut converteretur ad deum excelsum; et iussum fuerat
prophetae, ne cum pseudoprophetam, quem se cum rex
habebat, manducaret, et quia seductus est a pseudopropheta
et cum eo manducavit rediens, occurrit prophetae leo in via
et occidit eum.

Inde Hierusalem – milia XII.

Fit a Caesarea Palestina Hierusalem usque milia CXVI,
mansiones IIII, mutationes IIII.

Sunt in Hierusalem piscinae magnae duae ad latus templi,
id est una ad dexteram, alia ad sinistram, quas Salomon
fecit, interius vero civitati sunt piscinae gemellares quinque
porticus habentes, quae appellantur Behtsaida. Ibi aegri
multorum annorum sanabantur. Aquam autem habent hae
piscinae in modum coccini turbatam. Est ibi et cripta, ubi
Salomon daemones torquebat.

gepflanzt hat, und ein Bad [Taufbecken?], das mit Wasser
aus dem Brunnen versorgt wird.

Wenn man von dort 28 Meilen nach Jerusalem weitergeht,
ist auf der linken Seite ein Gehöft namens Bethar [Bethel,
Bet-El]. 1 Meile von dort ist der Ort, an dem Jakob schlief,
als er nach Mesopotamien reiste [Gen 28,10–22], und hier
ist der Mandelbaum; hier sah er die Vision und der Engel
rang mit ihm [Gen 32,22–32]. Hier war König Jerobeam,
als der Prophet zu ihm geschickt wurde, dass er sich dem
höchsten Gott zuwenden solle; und der Prophet erhielt den
Befehl, kein Brot mit dem falschen Propheten zu brechen,
den der König mit sich hatte, und weil er von dem falschen
Propheten eingenommen wurde und Brot mit ihm brach,
fiel, als er zurückkehrte, ein Löwe über ihn her und tötete
ihn [1Kön 13,1–34].

Von hier nach Jerusalem – 12 Meilen.

Das macht von Caesarea nach Jerusalem 116 Meilen, 4 Halte, 4 Wechsel.

8. Jerusalem und Umgebung (589.7-601.3 Wesseling)

Es gibt in Jerusalem zwei große Becken an der Seite des
Tempels, d. h. eines rechterhand und eines linkerhand, die
Salomon gemacht hat; und weiter in der Stadt gibt es Zwil-
lingsbecken mit fünf Säulenhallen, die Betesda genannt
werden [Joh 5,2–3]. Hier wurden langjährig Erkrankte ge-
heilt. Diese Becken enthalten Wasser, das rot ist, wenn es
aufgewühlt wird. Es gibt hier auch eine Krypta, in der Salomon Dämonen folterte.

Ibi est anglus turris excelsissimae, ubi Dominus ascendit
et dixit ei is, qui temptabat eum, et ait ei Dominus: »non
temptabis Dominum deum tuum, sed illi soli servies.« Ibi
est et lapis angularis magnus, de quo dictum est: »lapidem,
quem reprobaverunt aedificantes, hic factus est ad caput
anguli.« Et sub pinna turris ipsius sunt cubicula plurima,
ubi Salomon palatium habebat. Ibi etiam constat cubiculus,
in quo sedit et sapientiam descripsit; ipse vero cubiculus
uno lapide est tectus. Sunt ibi et excepturia magna aquae
subterraneae et piscinae magno opere aedificatae. Et in
aede ipsa, ubi templum fuit, quem Salomon aedificavit, in
marmore ante aram sanguinem Zachariae ibi dicas hodie
fusum; etiam parent vestigia clavorum militum, qui eum
occiderunt, per totam aream, ut putes in cera fixum esse.
Sunt ibi et statuae duae Hadriani; est et non longe de statuas
lapis pertusus, ad quem veniunt Iudaei singulis annis et
unguent eum et lamentant se cum gemitu et vestimenta sua
scindunt et sic recedunt. Est ibi et domus Ezechiae regis
Iudae.

Item exeuntibus Hierusalem, ut ascendas Sion, in parte
sinistra et deorsum in valle iuxta murum est piscina, quae
dicitur Siloa; habet quadriporticum; et alia piscina grandis
foras. Haec fons sex diebus atque noctibus currit, septima
vero die est sabbatum: in totum nec nocte nec die currit.

Hier ist auch die Ecke eines herausragenden Turmes, wo
der Herr aufstieg, der Versucher zu ihm sprach [»Wenn du
der Sohn Gottes bist, wirf dich von hier herab!«] und der
Herr antwortete: »Du sollst den Herrn, Deinen Gott, nicht
versuchen, sondern ihm allein dienen.« [Mt 4,5–11; Lk 4,8
und 12]. Dort gibt es einen großen Eckstein, von dem man
gesagt hat: »Der Stein, den die Bauleute verworfen haben,
ist zum Eckstein geworden.« [Mt 21,42; Lk 20,17; vgl. Ps
118,22]. Unter der Spitze des Turms sind viele Räume, wo
Salomon den Palast hatte. Es gibt dort auch die Kammer, in
der er saß und [das Buch] Weisheit schrieb; diese Kammer
ist mit einem einzigen Stein abgedeckt. Hier gibt es auch
große unterirdische Wasserspeicher und Becken, die mit
viel Arbeit errichtet wurden. Und in dem Bauwerk selbst,
wo der Tempel, den Salomon errichtete, stand, sei, so sagt
man, das Blut des Secharja [Mt 23,35; vgl. Lk 11,51], das auf
den Steinboden vergossen wurde, vor dem Altar bis zum
heutigen Tag. Man kann auch die Abdrücke der Nägel in
den Schuhen der Soldaten sehen, die ihn töteten, in dem
ganzen Bezirk, dass man meinen könnte, sie seien in Wachs
gedrückt. Es gibt dort auch zwei Statuen des Hadrian
[s. S. 18], und nicht weit von diesen Statuen einen durchlöcherten Stein[K], zu dem die Juden jedes Jahr kommen und
ihn salben, mit Klagen beweinen und ihre Kleidung zerreißen und dann wieder weggehen [s. S. 10]. Es gibt dort auch
das Haus des Hiskia, des Königs von Juda.

Und so ist, wenn man aus Jerusalem herauskommt, um zum
Berg Zion aufzusteigen, auf der linken Seite unten im Tal
neben der Mauer ein Becken namens Siloah [Joh 9,7]; es hat
vier Säulenhallen; und es gibt auch noch ein Becken außerhalb von ihm. Diese Quelle läuft 6 Tage und Nächte lang,
aber am 7. Tag, welcher der Sabbat ist, läuft sie nicht, weder

In eadem ascenditur Sion et paret ubi fuit domus Caifae sacerdotis, et columna adhuc ibi est, in qua Christum flagellis ceciderunt. Intus autem intra murum Sion paret locus, ubi palatium habuit David. Et septem synagogae, quae illic fuerunt, una tantum remansit, reliquae autem arantur et seminantur, sicut Isaias propheta dixit.

Inde ut eas foris murum de Sion, euntibus ad portam Neapolitanam ad partem dextram deorsum in valle sunt parietes, ubi domus fuit sive praetorium Pontii Pilati; ibi Dominus auditus est, antequam pateretur. A sinistra autem parte est monticulus Golgotha, ubi Dominus crucifixus est. Inde quasi ad lapidem missum est cripta, ubi corpus eius positum fuit et tertia die resurrexit; ibidem modo iussu Constantini imperatoris basilica facta est, id est dominicum, mirae pulchritudinis habens ad latus excepturia, unde aqua levatur, et balneum a tergo, ubi infantes lavantur.

Item ad Hierusalem euntibus ad portam, quae est contra orientem, ut ascendatur in monte oliveti, vallis, quae dicitur Iosafath, ad partem sinistram, ubi sunt vineae, est et petra ubi Iudas Scarioth Christum tradidit; a parte vero dextra est arbor palmae, de qua infantes ramos tulerunt et veniente Christo substraverunt. Inde non longe quasi ad lapidis missum sunt monumenta duo monubiles mirae pulchritudinis facta: in unum positus est Isaias propheta, qui est vere monolitus, et in alio Ezechias rex Iudaeorum.

am Tag noch in der Nacht. Auf dieser Seite geht man zum
Zion hinauf und sieht, wo das Haus des Priesters Kaiphas
war [Mt 26,57], und da steht noch immer eine Säule, an der
sie Christus geißelten. Jedoch innerhalb der Mauer von Zion
sieht man den Ort, wo David seinen Palast hatte. Von den
7 Synagogen, die hier einst waren, ist nur eine erhalten; der
Rest ist überpflügt und angesät, wie der Prophet Jesaja gesagt
hat [tatsächlich Mi 3,12, vgl. Jes 1,4–8].

Von dort, wenn man aus der Mauer von Zion und zum Neu-
stadt-Tor geht, sind auf der rechten Seite unten im Tal Mauern, wo das Haus oder Prätorium des Pontius Pilatus war; hier
wurde der Herr vor seiner Passion verhört [Mt 27,11–31]. Auf
der linken Seite ist der kleine Golgatha-Hügel, wo der Herr
gekreuzigt wurde [Mt 27,33–37]. Etwa einen Steinwurf von
dort entfernt ist eine Krypta, in die sein Leichnam gelegt worden ist und wo er am 3. Tag auferstand [Mt 27,57–28,10]; dort
ist soeben auf Befehl des Konstantin eine Basilika[K] – d. h. ein
dominicum [Kirche des Herrn] – von wundersamer Schönheit
errichtet worden, die an ihrer Seite Reservoire hat, aus denen
Wasser erhoben wird, und ein Bad hinter ihr, wo Kinder ge-
waschen [oder Infanten[L] getauft?] werden.

Und so ist, wenn man von Jerusalem zu dem Tor geht, das
nach Osten hin liegt, um auf den Ölberg zu gehen, dort das
Tal namens Joschafat. Auf der linken Seite, wo Weinberge
sind, ist ein Stein an dem Ort, wo Judas Iskariot Christus
verraten hat [Mt 26,48], auf der rechten Seite aber ein Palm-
baum, dessen Zweige die Kinder forttrugen und dem an-
kommenden Christus auf dem Weg ausstreuten [Mt 21,8–9].
Nicht weit von dort, etwa einen Steinwurf entfernt, sind zwei
bemerkenswerte Grabmale von wundervoller Schönheit: In
dem einen, das ein wahrer Monolith ist, liegt der Prophet

Inde ascendis in montem oliveti, ubi Dominus ante passionem apostolos docuit: ibi facta est basilica iussu Constantini. Inde non longe est monticulus, ubi Dominus ascendit orare et apparuit illic Moyses et Helias, quando Petrum et Iohannem secum duxit.

Inde ad orientem passus mille quingentos est villa, quae appellatur Bethania; est ibi cripta, ubi Lazarus positus fuit, quem Dominus suscitavit.

Item ad Hierusalem in Hiericho – milia XVIII.

Descendentibus montem in parte dextra retro monumentum est arbor sicomori, in qua Zachaeus ascendit, ut Christum videret. A civitate, passus mille quingentos est ibi fons Helisei prophetae. Antea si qua mulier ex ipsa aqua bibebat, non faciebat natos. adlatum est vas fictile Heliseo, misit in eo sales et venit et stetit super fontem et dixit »haec dicit Dominus: sanavi aquas has«. Ex eo si qua mulier inde biberit, filios faciet. Supra eundem vero fontem est domus Rachab fornicariae, ad quam exploratores introierunt et occultavit eos, quando Hiericho eversa est, et sola evasit. Ibi fuit civitas Hiericho, cuius muros gyraverunt cum arca testamenti filii Israel et ceciderunt muri. Ex eo non paret nisi locus, ubi fuit arca testamenti, et lapides XII, quos filii Israel de Iordane levaverunt. Ibidem Iesus filius Nave circumcidit filios Israel. Et circumcisiones eorum sepelivit.

Jesaja, und in dem anderen Hiskia, König der Juden. Von
dort geht man zum Ölberg hinauf, wo der Herr vor der Passion die Apostel unterwies [Mt 24,1–25.46]: Dort ist auf Befehl
Konstantins eine Basilika[K] von wundervoller Schönheit errichtet worden. Nicht weit von dort ist ein kleiner Hügel, auf
den der Herr stieg, um zu beten, und es erschienen Mose und
Elia, als er Petrus und Johannes mit sich nahm [Mt 17,1–8].

Von dort 1½ Meilen östlich ist das Gehöft namens Betani-
en. Es gibt dort eine Krypta, in die Lazarus gelegt worden
war, den der Herr auferweckte [Joh 11,1–44].

Und so von Jerusalem nach Jericho [Arīhā] – 18 Meilen.

Auf der rechten Seite, wenn man vom Berg hinabsteigt, ist
hinter einem Grabmal der Feigenbaum, auf den Zachäus
kletterte, um Christus zu sehen [Lk 19,1–10]. 1½ Meilen
von der Stadt entfernt ist der Brunnen des Propheten Elisa.
Wenn früher eine Frau aus ihm trank, bekam sie keine Kinder. Daneben liegt ein irdenes Gefäß. Elisa warf Salz hinein,
kam, stand über dem Brunnen und sagte: »So spricht der
Herr: Ich habe diese Wasser gereinigt«; wenn eine Frau von
diesen Wassern trinkt, so wird sie Kinder bekommen [2Kön
2,19–22]. Über demselben Brunnen ist das Haus der Hure
Rahab, zu der die Späher kamen; sie verbarg sie [Jos 2,1–21;
vgl. Hebr 11,31] und wurde allein gerettet, als Jericho zerstört wurde. Hier war die Stadt Jericho, um deren Mauern
die Kinder Israel mit der Bundeslade herumgingen, und die
Wände stürzten ein [Jos 6,1–25]. Nichts ist zu sehen außer
dem Ort, an dem die Bundeslade stand, und außer 12 Steinen, welche die Israeliten vom Jordan brachten [Jos 4,1–24].
Dort beschnitt Jesus [Josua], der Sohn des Nun, die Israeliten und begrub ihre Vorhäute [Jos 5,2–9].

Item ad Hiericho ad mare mortuum – milia novem.

Est aqua ipsius valde amarissima, ubi in totum nullius generis piscis est nec aliqua navis, et si qui hominum miserit se, ut natet, ipsa aqua eum versat.

Inde ad Iordane, ubi Dominus a Iohanne baptizatus est – milia quinque.

Ibi est locus super flumen, monticulus in illa ripa, ubi raptus est Helias in caelum.

Item ab Hierusalem euntibus Behtleem – milia quattuor.

Super strata in parte dextra est monumentum, ubi Rachel posita est, uxor Iacob. Inde – milia duo a parte sinistra est Bethleem, ubi natus est Dominus Iesus Christus; ibi basilica facta est iussu Constantini. Inde non longe est monumentum Ezechiel, Asaph, Iob et Iesse, David, Salomon, et habet in ipsa cripta ad latus deorsum descendentibus Hebraeis litteris scriptum nomina supra scripta.

Inde Bethasora – milia XIIII, ubi est fons, in quo Philippus eunuchum baptizavit.

Inde Terebinto – milia VIIII, ubi Abraham habitavit et puteum fodit sub arbore terebintho et cum angelis locutus

Und so von Jericho zum Toten Meer – 9 Meilen.

Das Wasser von ihm ist sehr bitter, wo es keinerlei Arten von Fisch noch irgendwelche Schiffe in ihm gibt; wenn ein Mensch sich hineinstürzt, um zu schwimmen, dreht das Wasser ihn um.

Von hier zum Jordan, wo der Herr von Johannes getauft wurde [Mt 3,13–17] – 5 Meilen.

Dort ist ein Ort am Fluss, ein kleiner Hügel am gegenüberliegenden Ufer, von dem Elia in den Himmel geraubt wurde [2Kön 2,1–15].

Und so von Jerusalem zu Fuß nach Bethlehem [Beit Lahm] – 4 Meilen.

An der Straße ist auf der rechten Seite ein Grabmal, in dem Rahel, die Frau Jakobs, liegt [Gen 35,19–20]. 2 Meilen von dort ist auf der linken Seite Bethlehem, wo der Herr Jesus Christus geboren wurde [Mt 2,1; Lk 2,1–7]. Dort ist auf Befehl Konstantins eine Basilika[K] errichtet worden. Nicht weit von dort sind die Grabmale von Ezechiel, Asaph, Hiob und Jesse, David, Salomon; deren Namen stehen, wenn man in diese Krypta selbst hineingeht, in hebräischen Buchstaben darüber.

Von dort nach Beth Zur [Khirbet et Tubeiqa] – 14 Meilen. Hier ist der Brunnen, an dem Philippus den Eunuchen taufte [Apg 8,26–39].

Von dort nach Terebinthus [Mamre, Rāmet el-Chalīl] – 8 Meilen. Hier wohnte Abraham, grub einen Brunnen unter

est et cibum sumpsit; ibi basilica facta est iussu Constantini mirae pulchritudinis.

Inde Terebinto Cebron – milia II,

ubi est memoria per quadrum ex lapidibus mirae pulchritudinis, in qua positi sunt Abraham, Isaac, Iacob, Sarra, Rebecca et Lia.

Item ab Hierusolyma sic: Civitas Nicopoli – milia XXII | Civitas Lidda – milia X | Mutatio Antipatrida – milia X | Mutatio Betthar – milia X | Civitas Caesarea – milia XVI.

Fit omnis summa a Constantinopoli usque Hierusalem milia undecies centena LXIIII, mutationes LXVIIII, mansiones LVIII.

Item per Nicopoli Caesarea milia LXXIII s(emis), mutationes V, mansiones III.

Item ab Heraclea per Machedonio: Mutatio Aerea – milia XVI | Mansio Registo – milia XII | Mutatio Bedizo – milia XII | Civitas Apris – milia XII | Mutatio Zesutera – milia XII.

dem Terebinthenbaum, sprach mit den Engeln und aß mit ihnen [Gen 18,1–8]. Hier ist auf Befehl Konstantins eine Basilika[K] von wunderbarer Schönheit errichtet worden.

Von Terebinthus nach Hebron [al-Chalīl] – 2 Meilen.

Hier ist ein Grabmal von rechteckiger Form, aus Stein gebaut, von wunderbarer Schönheit, in das Abraham, Isaak, Jakob, Sara, Rebekka und Lea gelegt worden sind [Gen 23,1–20; 25,7–10; 49,29–33].

Und so von Jerusalem wie folgt: Stadt *Nikopolis* [Emmaus, Imwas] – 22 Meilen. | Stadt Ludd – 10 Meilen. | Wechsel *Antipatris* [Ras el-Ain / Rosh Ha-Ayin] – 10 Meilen. | Wechsel Bethther/Betthar – 10 Meilen. | Stadt *Caesarea* – 16 Meilen.

Das macht als Totale von Konstantinopel nach Jerusalem 1164 Meilen, 69 Wechsel, 58 Halte.

III. Etappe von Caesarea nach Rom

1. Von Caesarea nach Aulon (601.4-609.3 Wesseling)

Und so [s. o. II 8] über *Nikopolis* [Emmaus, Imwas] nach *Caesarea* [Qaisariye; Hafen am Mittelmeer] 73½ Meilen, 5 Wechsel, 3 Halte.

Und so von Hearkleia [Ereğli; Hafen am Marmarameer] durch Makedonien: Wechsel *Heraion* [Aytepe] – 16 Meilen. | Halt *Rhaidestos* [Tekirdağ] – 12 Meilen. | Wechsel *Bitenas* [bei İnecik] – 12 Meilen. | Stadt *Aproi* [Germeyan] – 12 Meilen. | Wechsel *Zesutera* – 12 Meilen.

Finis Europae et Rhodopeae.

Mansio Sirogellis – milia X | Mutatio Drippa – milia XIIII
| Mansio Gipsila – milia XII | Mutatio Demas – milia XII
| Civitas Traianopoli – milia XIII | Mutatio ad Unimpara
– milia VIII | Mutatio Salei – milia VII s(semis) | Mutatio
Melalico – milia VIII | Mansio Berozicha – milia XV |
Mutatio Breierophara – milia X | Civitas Maximianopoli
– milia X | Mutatio ad Stabulo Dio<medis> – milia XII |
Mutatio Rumbodona – milia X | Civitas Epyrum – milia X
| Mutatio Purdis – milia VIII.

Fine Rhodopeae et Macedoniae.

Mansio Hercontroma – milia VIIII | Mutatio Neapolim –
milia VIIII | Civitas Philippis – milia X, ubi Paulus et Sileas
in carcere fuerunt.

Mutatio ad Duodecimum – milia XII | Mutatio Domeros
– milia VII | Civitas Amphipholim – milia XIII | Mutatio
Pennana – milia X | Mutatio Peripidis – milia X.

Ibi positus est Euripidis poeta.

Mansio Appollonia – milia XI | Mutatio Heracleustibus
– milia XI | Mutatio Duodea – milia XIIII | Civitas
Thessalonica – milia XIII | Mutatio ad Decimum – milia
X | Mutatio Gephira – milia X | Civitas Polli unde fuit
Alexander magnus Macedo – milia X. | Mutatio Scurio
– milia XV | Civitas Edissa – milia XV | Mutatio ad

Grenze von Europa und Rhodope.

Halt *Sirogellis* – 10 Meilen. | Wechsel *Drippa* – 14 Meilen. |
Halt *Kypsela* [İpsala?] – 12 Meilen. | Wechsel *Dymae* [bei Ar-
danion] – 12 Meilen. | Stadt *Traianoupolis* [Loutra?] – 13 Mei-
len. | Wechsel Tekirdağ – 8 Meilen. | Wechsel *Sale* [bei Alex-
androupolis] – 7½ Meilen. | Wechsel *Melalico* – 8 Meilen. |
Halt *Berozicha* – 15 Meilen. | Wechsel *Breierophara* – 10 Mei-
len. | Stadt *Maximianopolis* [bei Komotini] – 10 Meilen. |
Wechsel am Stall des Diomedes – 12 Meilen. | Wechsel *Rum-
bodona* – 10 Meilen. | Stadt *Toperios* – 10 Meilen. | Wechsel
Purdae [bei Petropighi] – 8 Meilen.

Grenze von Rhodope und Makedonien.

Halt *Hercontroma* [bei Nea Karvali] – 9 Meilen. | Wechsel
Kavalla – 9 Meilen. | Stadt *Philippi* [Krenides] – 10 Meilen,
wo Paulus und Silas im Gefängnis waren [Apg 16,23–25].

Wechsel am 12. Meilenstein [bei Photolivos] – 12 Meilen. |
Halt *Domeros* – 7 Meilen. | Stadt Amphipolis – 13 Meilen.
| Wechsel Asprovalta [?] – 10 Meilen. | Wechsel *Peripidis*
[Rendina] – 10 Meilen.

Hier ist der Dichter Euripides begraben (s. S. 9–10).

Halt Polina – 11 Meilen. | Wechsel Konios – 11 Meilen. |
Wechsel *Duodea* – 14 Meilen. | Stadt Thessaloniki – 13 Mei-
len. | Wechsel am 10. Meilenstein [bei Anchialos] – 10 Mei-
len. | Wechsel an der Brücke [über den Axios] – 10 Meilen.
| Stadt Pella, von wo Alexander der Große kam (s. S. 9) –
10 Meilen. | Wechsel *Kyrrhos* [Arabessos?] – 15 Meilen. | Stadt
Edessa – 15 Meilen. | Wechsel am 12. Meilenstein – 12 Mei-

Duodecimum – milia XII | Mansio Cellis – milia XVI |
Mutatio Grande – milia XIIII | Mutatio Melitonus – milia
XIIII | Civitas Heraclea – milia XIII | Mutatio Parambole –
milia XII | Mutatio Brucida – milia XVIIII.

Finis Macedoniae et Ephyri.

Civitas Cledo – milia XIII | Mutatio Patras – milia XII |
Mansio Claudanon – milia IIII | Mutatio In Tabernas –
milia VIIII | Mansio Grandavia – milia VIIII | Mutatio
Treiecto – milia VIIII | Mansio Hiscampis – milia VIIII
| Mutatio ad Quintum – milia VI | Mansio Coladiana –
milia XV | Mansio Marusio – milia XIII | Mansio Absos
– milia XIIII | Mutatio Stefanaphana – milia XII | Civitas
Appollonia – milia XVIII | Mutatio Stefana – milia XII |
Mansio Aulona Treiectum – milia XII.

Fit omnis summa ab Heraclea per Machedoniam Aulona
usque milia DCLXXXVIII, mutationes LVIII, mansiones
XXV.

Trans mare stadia mille, quod facit milia centum, et venis
Odronto mansio mille passus.

Mutatio ad Duodecimum – milia XIII | Mansio Clipeas – milia
XII | Mutatio Valentia – milia XIII | Civitas Brindisi – milia
XI | Mansio Spilenaees – milia XIIII | Mutatio ad Decimum
– milia XI | Civitas Leonatiae – milia X | Mutatio Turres
Aurilianas – milia XV | Mutatio Turres Iuliana – milia VIIII

len. | Halt *Cellis* [bei Petres] – 16 Meilen. | Wechsel *Grande* [bei Klidhi] – 14 Meilen. | Wechsel *Melitonus* [bei Kato Kaliniki] – 14 Meilen. | Stadt *Herakleia* [Bitola] – 13 Meilen. | Wechsel *Parambole* [Dolenci?] – 12 Meilen. | Wechsel *Brucida* [Bukovo?] – 19 Meilen.

Grenze von Makedonien und Epirus.

Stadt Ohrid – 13 Meilen. | Wechsel *Patras* – 12 Meilen. | Halt *Claudanon* [Orake?] – 4 Meilen. | Wechsel an den Raststätten – 9 Meilen. | Halt *Grandavia* [Spathar?] – 9 Meilen. | Wechsel *Treiecto* [bei Mirake] – 9 Meilen. | Halt Elbasani – 9 Meilen. | Wechsel am 5. Meilenstein [Bradashesh] – 6 Meilen. | Halt *Clodiana* [Mafmutaga?] – 15 Meilen. | Halt *Marusio* – 13 Meilen. | Halt *Apsos* [Semen?] – 14 Meilen. | Wechsel Donofrosë [?] – 12 Meilen. | Stadt Pojan – 18 Meilen. | Wechsel *Stefana* [Qesar] – 12 Meilen. | Halt Aulon [Vlorë], Meeresüberquerung – 12 Meilen.

Das macht von Herakleia durch Makedonien nach Aulon 688 Meilen, 58 Wechsel, 25 Halte.

2. Von Aulon nach Capua (609.4-611.3 Wesseling)

Über das Meer 1000 Stadien, was 100 Meilen ergibt; man kommt nach Otranto und macht 1 Meile weiter Halt.

Wechsel am 12. Meilenstein – 13 Meilen. | Halt Lecce – 13 Meilen. | Wechsel Valesio – 13 Meilen. | Stadt Brindisi – 11 Meilen. | Halt Mezzaluna – 14 Meilen. | Wechsel am 10. Meilenstein – 11 Meilen. | Stadt Egnazia – 10 Meilen. | Wechsel Polignano a Mare [?] – 15 Meilen. | Wechsel *Turres Iulianae* – 9 Meilen. |

| Civitas Beroes – milia XI | Mutatio Butontones – milia XI |
Civitas Rubos – milia XI | Mutatio ad Quintumdecimum –
milia XV | Civitas Canusio – milia XV | Mutatio Undecimum
– milia XI | Civitas Serdonis – milia XV | Civitas Aecas – milia
XVIII | Mutatio Aquilonis – milia X.

Finis Apuliae et Campaniae.

Mansio ad Equum Magnum – milia VIII | Mutatio Vicus
Forno Novo – milia XII | Civitas Benevento – milia X |
Civitas et mansio Claudiis – milia XII | Mutatio Novas –
milia VIIII | Civitas Capua – milia XII.

Fit summa ab Aulona usque Capua milia CCLXXXVIIII,
mutationes XXV, mansiones XIII.

Mutatio ad Octavum – milia VIII | Mutatio Ponte
Campano – milia VIIII | Civitas Sonuessa – milia VIIII |
Civitas Menturnas – milia VIIII | Civitas Formis – milia
VIIII | Civitas Fundis – milia XII | Civitas Tarracina – milia
XIII | Mutatio ad Medias – milia X | Mutatio Appi Foro –
milia VIIII | Mutatio Sponsas – milia VII | Civitas Aricia
et Albona – milia XIIII | Mutatio ad Nono – milia VII | in
Urbe Roma – milia VIIII.

Fit a Capua usque ad Urbem Romam milia CXXXVI,
mutationes XIIII, mansiones VIIII.

Stadt Bari – 11 Meilen. | Wechsel Bitonto – 11 Meilen. | Stadt Ruvo di Puglia – 11 Meilen. | Wechsel am 15. Meilenstein – 15 Meilen. | Stadt Canosa di Puglia – 15 Meilen. | Wechsel am 11. Meilenstein – 11 Meilen. | Stadt Ordona – 15 Meilen. | Stadt Troia – 18 Meilen. | Wechsel S. Vito – 10 Meilen.

Grenze von Apulien und Kampanien.

Halt S. Eleuterio – 8 Meilen. | Wechsel S. Arcangelo – 12 Meilen. | Stadt Benevento – 10 Meilen. | Stadt und Halt Caudium [bei Montesarchio] – 12 Meilen. | Wechsel S. Maria a Vico – 9 Meilen. | Stadt Capua – 12 Meilen.

Das macht von Aulon nach Capua 289 Meilen, 25 Wechsel, 13 Halte.

3. Von Capua nach Rom (611.4-612.9 Wesseling)

Wechsel am 8. Meilenstein – 8 Meilen. | Wechsel Pons Campanus [über den Fluss Savone] – 9 Meilen. | Stadt Sinuessa [Torre S. Limato] – 9 Meilen. | Stadt Minturno – 9 Meilen. | Stadt Formia – 9 Meilen. | Stadt Fondi – 12 Meilen. | Stadt Terracina – 13 Meilen. | Wechsel Posta la Mesa – 10 Meilen. | Wechsel *Forum Appii* [Faiti] – 9 Meilen. | Wechsel *Ad Sponsas* [bei Cisterna] – 7 Meilen. | Stadt Ariccia und Albano – 14 Meilen. | Wechsel am 9. Meilenstein – 7 Meilen. | In der Stadt Rom – 9 Meilen.

Das macht von Capua zu der Stadt Rom 136 Meilen, 14 Wechsel, 9 Halte.

Fit ab Heraclea per Aulona in Urbe Roma usque milia undecies centena XIII, mutationes CXVII, mansiones XLVI.

Ab Urbe Mediolanium.

Mutatio Rubras – milia VIIII | Mutatio ad Vicensimum – milia XI | Mutatio Aqua Viva – milia XII | Civitas Ucriculo – milia XII | Civitas Narniae – milia XII | Civitas Interamna – milia VIIII | Mutatio Tribus Tabernis – milia III | Mutatio Fani Fugitivi – milia X | Civitas Spolitio – milia VII | Mutatio Sacraria – milia VIII | Civitas Trevis – milia IIII | Civitas Fulginis – milia V | Civitas Foro Flamini – milia III | Civitas Noceria – milia XII | civitas Ptanias – milia VIII | Mansio Herbelloni – milia VII | Mutatio ad Hesis – milia X | Mutatio ad Cale – milia XIIII | Mutatio Intercisa – milia VIIII | Civitas Foro Semproni – milia VIIII | Mutatio ad Octavo – milia VIIII | Civitas Fano Furtunae – milia VIII | Civitas Pisauro <– milia VIII | Civitas Ariminum> – milia XXIIII.

<Fit a Roma> usque Ariminum <milia CCXXIIII, mutationes XXIIII, mansiones XIIII>.

Das macht [als Totale] von Herakleia über Aulon zur Stadt Rom 1113 Meilen, 117 Wechsel, 46 Halte.

IV. Etappe von Rom nach Mailand

Von der Stadt [Rom] nach Mailand.

1. Von Rom nach Rimini (612.11-615.6 Wesseling)

Wechsel Grottarossa – 9 Meilen. | Wechsel am 12. Meilenstein – 11 Meilen. | Wechsel Acquaviva – 12 Meilen. | Stadt Otricoli – 12 Meilen. | Stadt Narni – 12 Meilen. | Stadt Terni – 9 Meilen. | Wechsel Drei Raststätten – 3 Meilen. | Wechsel *Fanum Fugitivi* [bei Somma] – 10 Meilen. | Stadt Spoleto – 7 Meilen. | Wechsel Sacraria [bei Le Vene] – 8 Meilen. | Stadt Trevi – 4 Meilen. | Stadt Foligno – 5 Meilen. | Stadt *Forum Flamini* [S. Giovanni Profiamma] – 3 Meilen. | Stadt Nocera – 12 Meilen. | Stadt Gualdo Tadino – 8 Meilen. | Halt *Helvillum* [Fossato di Vico?] – 7 Meilen. | Wechsel *Ad Aesim* [Scheggia?] – 10 Meilen. | Wechsel *Cales* [bei Cagli] – 14 Meilen. | Wechsel *Intercisa* [Galleria del Furlo] – 9 Meilen. | Stadt *Forum Sempronii* [bei Fossombrone] – 9 Meilen. | Wechsel am 8. Meilenstein [bei Lucrezia] – 9 Meilen. | Stadt Fano – 8 Meilen. | Stadt Pesaro – 8 Meilen. | Stadt Rimini – 24 Meilen.

Das macht von Rom nach Rimini 224 Meilen, 24 Wechsel, 14 Halte.

Mutatio Conpetu – milia XII | Civitas Cesena – milia VI |
Civitas Foro Populi – milia VI | Civitas Foro Livi – milia VI
| Civitas Faventia – milia V | Civitas Foro Corneli – milia
X | Civitas Claterno – milia XIII | Civitas Bononia – milia
X | Mutatio ad Medias – milia XV | Mutatio Victoriolas –
milia X | Civitas Mutena – milia III | Mutatio Ponte Secies
– milia V | Civitas Regio – milia VIII | Mutatio Canneto
– milia X | Civitas Parme – milia VIII | Mutatio ad Tarum
– milia VII | Mansio Fidentiae – milia VIII | Mutatio ad
Fonteclos – milia VIII | Civitas Placentia – milia XIII |
Mutatio ad Rota – milia XI | Mutatio Tribus Tabernis –
milia V | Civitas Laude – milia VIII | Mutatio ad Nonum
– milia VII | Civitas Mediolanum – milia VII.

Fit omnis summa ab Urbe Roma Mediolanum usque milia
CCCCXVI, mutationes XLIIII, mansiones XXIIII.

Explicit itinerarium.

2. Von Rimini nach Mailand (615.7-617.9 Wesseling)

Wechsel *Compitum* [S. Giovanni in Compito] – 12 Meilen. | Stadt Cesena – 6 Meilen. | Stadt *Forum Popilii* [Forlimpopoli] – 6 Meilen. | Stadt *Forum Livi* [Forli] – 6 Meilen. | Stadt *Faventia* [Faenza] – 5 Meilen. | Stadt *Forum Cornelii* [Imola] – 10 Meilen. | Stadt Ozzano – 13 Meilen. | Stadt Bologna – 10 Meilen. | Wechsel *Ad Medias* [Ponte Samoggia?] – 15 Meilen. | Wechsel *Victoriolae* [bei S. Ambrogio] – 10 Meilen. | Stadt Modena – 3 Meilen. | Wechsel *Pons Seciae* [Rubiera?] – 5 Meilen. | Stadt Reggio Emilia – 8 Meilen. | Wechsel Taneto] – 10 Meilen. | Stadt Parma – 8 Meilen. | Wechsel am [Fluss] Taro – 7 Meilen. | Halt Fidenza– 8 Meilen. | Wechsel Fontanafredda [?] – 8 Meilen. | Stadt Piacenza – 13 Meilen. | Wechsel *Ad Rota* [bei Ospitaletto Lodigiano?] – 11 Meilen. | Wechsel Drei Raststätten [bei Pieve Fissirago] – 5 Meilen. | Stadt *Laus Pompeia* [Lodi Vecchio] – 8 Meilen. | Wechsel am 9. Meilenstein [Melegnano] – 7 Meilen. | Stadt Mailand – 7 Meilen.

Das macht als Totale von der Stadt Rom nach Mailand 416 Meilen, 44 Wechsel, 24 Halte.

Ende des Itinerars.

EPISTOLA BEATISSIMAE AETHERIAE LAUDE CONSCRIPTA FRATRUM BERGIDENSIUM MONACHORUM A VALERIO CONLATA

(1) Quaeso ut intento corde pensetis, sancti et Deo placiti fratres, quanta sit exercitatio operum diversorum praemia adipiscendi regni caelorum. Dum fortissimorum sanctorumque virorum virtutum adtendimus acta, femineae fragilitatis magis constantissima admiratur virtutis efficacia, sicut beatissimae Aetheriae cunctorum saecularium fortioris virorum eximia narrat storia.

Itaque dum olim almifica fidei catholicae crepundia lucifluaque sacrae religionis inmensa claritas huius occiduae plagae sera processione tandem refulsisset extremitas, eadem beatissima sanctimonialis Aetheria, flamma desiderii gratiae divinae succensa, maiestatis Domini opitulante virtute, totis nisibus intrepido corde inmensum totius orbis arripuit iter. Sicque paulisper duce Domino gradiendo pervenit ad sacratissima et desiderabilia loca nativitatis, passionis et resurrectionis Domini atque innumerabilium sanctorum per diversas provincias vel civitates corpora martyrum orationis gratia aedificationisque peritia.

Quanto plus sancto dogmate indepta, tanto amplius inexplicabilis aestuabat in corde eius sancti desiderii

BRIEF ZUM LOB DER SELIGSTEN AETHERIA GESCHRIEBEN, GERICHTET AN DIE BRÜDER VON BIERZO, MÖNCHE, VON VALERIUS

(1) Ich bitte euch, dass ihr aufmerksamen Herzens bedenkt, heilige und Gott wohlgefällige Brüder, wie groß die Ausübung der verschiedenen Werke ist, um die Belohnungen des Himmelreichs zu erlangen. Während wir die Taten der Tugend tapferster und heiliger Männer betrachten, wird die einer ausdauernde Tatkraft der Tugend einer gebrechlichen Frau noch mehr bewundert, wie es die einzigartige Geschichte der seligsten Aetheria, der Frau, die tapferer war als alle Männer des Jahrhunderts, erzählt.

Als einst der nährende Klang des katholischen Glaubens und der lichtüberflossene unermessliche Glanz der heiligen Religion in spätem Zug die äußersten Gebiete dieser westlichen Großregion erhellt hatte, da machte sich unsere seligste Nonne Aetheria, von der Flamme der Sehnsucht nach göttlicher Gnade entzündet, mithilfe der Das macht göttlicher Majestät mit allen Kräften und unerschrockenen Herzens auf den unermesslichen Weg über den ganzen Erdkreis. Und so gelangte sie allmählich, unter Gottes Führung ziehend, zu den heiligsten und ersehnten Orten der Geburt, der Passion und der Auferstehung des Herrn und zu den Leichnamen unzähliger heiliger Märtyrer in verschiedenen Provinzen und Städten, um des Gebets willen und um sich zu erbauen.

Je mehr sie vom heiligen Dogma erfasst war, um so mehr brannte in ihrem Herzen die unauslöschliche Flamme heili-

flamma. Cuncta igitur Veteris ac Novi testamenti omni
indagatione percurrens volumina et quacumque sanctorum
mirabiliorum loca in diversis mundi partibus, provinciis,
civitatibus, montibus ceterisque desertis repperit esse
conscripta, sollicita expeditione, licet per multa annorum
spatia peregrinando proficiscens, tamen cuncta cum Dei
iuvamine perlustrans, tandem partes Orientis ingressa
sanctorum summo cum desiderio Thebaeorum visitans
monachorum gloriosissima congregationum caenobia,
similiter et sancta anachoretarum ergastula, unde
benedictionibus sanctorum plerumque munita et dulce
alimonia caritatis refecta, ad cunctas Aegypti convertit
provincias et omnes antiquae peregrinationis Srahelitici
populi summa intentione perquirens habitationes
singularumque provinciarum magnitudines, uberrimas
fertilitates atque praespicuas urbiumque munitiones et
varias pulchritudines, per singula describens cunctarum
venustissimam laudem.

(2) Post haec sacratissimi montis Domini, gratia
orationis, desiderio denique inflammata, egressionis
filiorum Srahel ex Aegypto sequens vestigia, ingressa est
vastas solitudines et diversa eremi deserta quae ad singula
Exodi libri declarat storia. Ubi Sraheliticus populus triduo
sitiens, ambulans sine aqua atque ubi illis murmurantibus
ex durissima petra eduxit Dominus per Moysen
inextimabilem aquam et eorum fides permansit ingrata; ibi
in corde istius Dominum sitientis influit fons aquae vivae
salientis in vitam aeternam. Et ubi multitudo illa esuriens

ger Sehnsucht. Alle Bände des Alten und Neuen Testaments
mit allem Forschungsdrang durchsuchend, und wo immer
sie Ort heiliger Wunder in den verschiedenen Teilen der
Welt, den Provinzen, den Städten, den Bergen und sonst in
den Wüsten verzeichnet fand, wanderte sie in angestreng-
ter Expedition, freilich im Zeitraum mehrerer Jahre, durch
die Fremde, besichtigte doch mit Gottes Hilfe alles, betrat
dann endlich die Gebiete des Orients in höchster Sehnsucht
nach den Heiligen der Thebaïs, besuchte die ruhmreichsten
Wohngemeinschaften[M] der Mönchskongregationen, gleichermaßen auch die heiligen Arbeitsstätten der Einsiedler[M], von wo sie sich, durch die Segnungen der Heiligen
in reichem Maß gestärkt und durch die süße Nahrung der
Barmherzigkeit gekräftigt, sich allen Provinzen Ägyptens
zuwandte und sämtliche Stationen der alten Wanderung
des israelitischen Volkes mit höchster Aufmerksamkeit, die
Größe jeder einzelnen Provinz, reichlichste Fruchtbarkeit,
die sichtbaren Bauten und mannigfache Schönheiten der
Städte durchforschte und einzeln den lieblichsten Ruhm
aller beschrieb.

(2) Darauf von Sehnsucht nach dem allerheiligsten Berg
des Herrn um des Gebetes willen völlig entflammt, den
Spuren des Auszugs der Israeliten aus Ägypten folgend,
betrat sie wüste Einöden und verschiedene verlassene Gebiete, welche jede für sich durch die Erzählung des Exodus-
Buchs erklärt werden. Dort, wo das israelitische Volk drei
Tage dürstete und ohne Wasser zog [Ex 15,22] und wo, als
jene murrten [Ex 15,24], aus härtestem Fels der Herr durch
Mose unschätzbares Wasser herausschlug [Ex 17,6] und deren Glauben doch undankbar blieb; dort floss in das Herz
dieser nach dem Herrn dürstenden [Frau] die Quelle lebendigen Wassers, das in das ewige Leben quillt [Joh 4,14].
Und wo jene hungernde Menge [Ex 16,3] infolge göttlicher

ex dispensatione divina sancta de caelo fluente percepit manna, insuper fastidiens Aegypti exsecranda quaesivit alimenta; ibi ista cibo verbi Dei refecta, infatigabiliter agens gratias Deo, carpebat iter intrepida. Illi autem crebro vocem Domini audientes, gratiam eius die noctuque in columna nubis atque ignis praecedere cernebant, insuper ambigui retro redire cogitabant; haec evangelica voce semel indepta, ad montem Domini procul dubio gaudens properabat, nulla haesitatione detenta. Illi quadraginta dierum spatio Moysen cum lege Dei non sustinentes, idola sibi pro Deo fabricaverunt sculptile; haec autem adventum Domini post finem saeculi exspectans velut praesentem, attendens ad montem sanctum Syna – unde eum speramus in nubibus caeli suo tempore advenire –, feminea fragilitate oblita huius montis ardua proceritate cuius cacumen, ad nubium altitudinem contiguum eminet, infatigabili gressu dextera divina sublevata pervolat. Sic ope divinae pietatis evehente ad eius saxei montis sanctam pervenit summitatem, ubi ipsa divina maiestas, omnipotens Deus, dum beato Moysi sanctam praeberet legem, dignatus est habitare; ubi cum omni exultationis laetitia inter crebra orationum praeconia salutares Deo obtulit hostias et infinitas gloriosae maiestatis eius referens gratias ad visenda ulteriora praecessit.

(3) Denique super quod universi paene orbis terrarum lustravit confinia, etiam et aliorum similiter curavit ingentissimorum conscendere cacumina montium, id est praecelsum montem Nabau, saepe dicti Sinae similem,

Fügung heiliges Manna empfing, das vom Himmel floss [Ex 16,12–15], darüber aber unwillig die fluchwürdige Nahrung Ägyptens begehrte, dort war sie von der Speise des Wortes Gottes gestärkt und ging, unermüdlich Gott dankend, unverzagt ihren Weg. Jene aber, die oft die Stimme des Herrn hörten, sahen seine Gnade Tag und Nacht in der Säule aus Wolke und Feuer vorausziehen [Ex 13,21], waren aber trotzdem zweifelnd und dachten an Umkehr; sie aber, einmal erfasst von der Stimme des Evangeliums, eilte zum Berg des Herrn ohne Zweifel und voll Freude, durch kein Zaudern abgehalten. Jene warteten nicht 40 Tage auf Mose mit dem Gesetz Gottes [Ex 24,18], sondern bauten sich plastische Götzenbilder anstelle Gottes [Ex 32,1–6]; sie aber, die Ankunft des Herrn am Ende der Zeiten erwartend, als wäre sie schon da, wandte sich dem heiligen Berg Sinai zu – von wo wir hoffen, ihn in den Wolken des Himmels zu seiner Zeit kommen zu sehen –, vergaß die weibliche Gebrechlichkeit und eilte zur steilen Höhe dieses Berges, dessen Gipfel zur Höhe der Wolken aufragte, in unermüdlichem Schritt, von der göttlichen Rechten geführt. Da die Hilfe der göttlichen Liebe sie empor führte, kam sie zur heiligen Höhe dieses felsigen Berges, wo die göttliche Majestät, der allmächtige Gott, während er dem seligen Mose das heilige Gesetz gab, zu wohnen geruhte [Ex 24,15–18]; dort brachte sie in all der überschäumenden Freude mit zahlreichen Preisgebeten Gott Heil bringende Opfergaben dar, und unermesslichen Dank seiner glorreichen Majestät sagend, ging sie weiter, um fernere Orte zu besuchen.

(3) Darüber hinaus schließlich, dass sie fast die Gebiete fast des gesamten Erdkreises besucht hatte, kümmert sie sich darum, gleichermaßen auch Gipfel anderer riesiger Berge zu ersteigen, d. h. den ragenden Berg Nebo [Siyagha], der oft Ebenbild des Sinai genannt wird, von dessen

de cuius summitatis vertice beatus Moyses terram
repromissionis est intuitus et in eodem loco decidens
dicitur ab angelis fuisse sepultus, alium supereminentem
Faran valde procerrimum, in cuius summitate erectis
bracchiis oravit Moyses pugnante populo, donec victoria
fieret, nec non et inmanissimi montis Thabor supercilium,
ubi Dominus cum Moyse et Eliam discipulis glorificatus
apparuit, atque alium eiusdem comparem valde ingentem,
qui vocatur Ermon, in quo se Dominus cum discipulis
suis reficere consuevit aliumque valde excelsum, in quo
Dominus discipulos beatitudines docuit, qui appellatur
Heremus et alium similiter altum montem nimis, qui
dicitur mons Eliae, in quo habitavit Elias propheta et
centum prophetae absconsi sunt, item horum similem super
Hiericho imminentem similiter a Domino consecratum;
quos cunctos pari praedestinatione conscendens et quia
per singulis hisdem locis singula sanctarum ecclesiarum
constructa sunt altaria, ubique cum gaudii exsultatione et
gratiarum actione sua omnipotenti Deo obtulit vota.

(4) Igitur palam datur intellegi, quia, dum altitudinem
regni caelorum, consortium sanctarum virginum in para-
diso deliciarum et praemia gratiarum ardenti animo et
totis visceribus summoque desiderio impetrare quaesivit,
tot montium infatigabiliter inaccessibilibus saltim inlata
verticibus, opitulante Domino, tam ingentis fastigii penu-
riam ferventi animo leviter tulit. Quis pensare poterit,
quantus in corde eius riguerit futuri iudicii timor, quantus
dilectionis summae caritatis fluctuaverit amor quantusque
exarserit spei divinae ac fidei ferventissimus ardor, quam

Gipfel der selige Mose das Land der Verheißung gesehen
hat [Dtn 34,1–5], und an demselben Ort sterbend, von den
Engeln begraben worden sein soll, dann den hochragenden
Paran, den sehr mächtigen, auf dessen Gipfel Mose mit erhobenen Armen gebetet hatte, während das Volk kämpfte,
bis der Sieg sein werde [Ex 17,9–12], und auch der Scheitel
des ungeheuerlichen Berges Tabor, wo der Herr mit Mose
und Elia den Jüngern verklärt erschien [Mt 17,1–8], und
einen anderen, ihm gleichen, ganz gewaltigen namens Her-
mon, auf dem sich der Herr mit seinen Jüngern zu erholen
pflegte, und einen anderen erhabenen, auf dem der Herr
die Jünger die Seligkeiten lehrte, der Eremus genannt wird
[Mt 5,1–11], und gleichermaßen einen überaus hohen Berg,
der Elia-Berg heißt, auf dem der Prophet Elia wohnte und
100 Propheten verborgen wurden [1Kön 18,4], ebenso, diese
Bergen ähnlich, den Berg, der über Jericho ragt [Mt 4,8],
der gleichermaßen vom Herrn geweiht worden ist. Diese
alle nach der gleichem Planung besteigend, und weil auf
diesen Orten überall Altäre heiliger Kirchen erbaut sind,
brachte sie überall voll jubelnder Freude und Dankbarkeit
dem allmächtigen Gott ihre Gelübde dar.

(4) Daraus ist klar zu erkennen: Weil sie die Höhe des
Himmelreiches, die Gemeinschaft der heiligen Jungfrauen
im Paradies der Freuden und die Belohnungen der Gnaden
mit brennendem Sinn und allen Eingeweiden und höchster Sehnsucht zu erlangen suchte, so hat sie unermüdlich
unzugängliche Gipfel so vieler Berge mithilfe des Herrn zumindest angegangen und hat die Not so ungeheurer Höhe
mit brennendem Sinn leicht ertragen. Wer kann erfassen,
eine wie große Angst vor dem kommenden Gericht in ihrem Herzen schauderte, ein wie großes Verlangen nach der
Liebe zur allerhöchsten Barmherzigkeit [Gottes] in ihr ge-
flutet, welcher glühendste Brand der göttlichen Hoffnung

totius mundi itinera non quassavit, maria procellosa ac
flumina ingentia non conclusit, montium immanitas
diraque asperitas non imminuit, gentium impiarum
truculentissima atrocitas non perterruit, nisi omnem sui
desiderii devotionem, iuvante Domino, usque in finem
inrevocabili audacia procul dubio perpetravit?

(5) Ideo, fratres dilectissimi, cur non erubescimus, qui
viribus corporis et integritate salutis consistimus, mulierem
patriarchae Abrahae sanctum complesse exemplum, quae
femineum fragile sexum propter vitae aeternae praemium
sempiternum in fortitudine produxit ut ferrum? Quoniam,
dum in penuriis constrictionum calcat hunc mundum, in
requiem et gloriam exultationum adepta est paradisum.
Quae extremo occidui maris oceani litore exorta Orienti
facta est cognita. Dum animae suae quaereret remedium,
multarum animarum sequendi Deum mirabile praebuit
documentum. Hic requiem noluit habere, ut ad
sempiternam gloriam fiducialiter cum palma victoriae
perveniret; hic terrenum corpus terreno onere maceravit, ut
caelesti Domino caelicolam animam innocuam praepararet;
hic se exercuit ultronea libertate peregrinam, ut in choro
sanctarum virginum cum gloriosa caeli regina, Domini
genetrice Maria, aetherea hereditaret regna.

(6) Interdum, dilectissimi, qui ultro nos vovimus in
religionis habitu fideliter Domino deservire, ac si non
praevaleamus huius ineffabilis exempli tantae feminae

und des Glaubens gelodert hat, dass sie die Wege der ganzen Welt nicht erschüttert haben, sturmreiche Meere und
riesige Flüsse nicht abgesperrt, die Ungeheuerlichkeit der
Berge und schreckliche Rauheit nicht verwirrt, die äußerst
grimme Wildheit der unfrommen Völker nicht erschreckt
hat, ehe sie nicht jeglichen Wunsch ihrer Sehnsucht mit
Hilfe des Herrn bis zum Ende mit unaufhaltbarer Kühnheit
zweifelsfrei erfüllt gesehen hatte?

(5) Warum also, geliebteste Brüder, erröten wir nicht, die
wir in der Vollkraft des Körpers und der Unversehrtheit unserer Gesundheit leben, darüber, dass eine Frau das heilige
Beispiel des Erzvaters Abraham erfüllt habe [Gen 12,4], die
ihr weiblich-gebrechliches Geschlecht, um den immerwäh-
renden Lohn des ewigen Lebens zu erhalten, zur Tapferkeit
geformt hat wie Eisen? Daher hat sie, während sie in den
Nöten der Verstrickungen diese Welt mit Füßen trat, für
ihre Ruhe und zu ihrem Ruhm das Paradies der Freuden
erreicht. Sie, die von der äußersten Küste des Westmeeres
aufbrach, wurde dem Orient bekannt. Während sie für ihre
Seele das Heil suchte, gab sie vielen Seelen zur Gottesnach-
folge einen wunderbaren Beleg. Hier wollte sie keine Ruhe
haben, um zuversichtlich zu ewigem Ruhm mit der Palme
des Sieges zu kommen; hier zerfleischte sie den irdischen
Leib mit irdischer Pein, um für den himmlischen Herrn die
den Himmel bewohnende Seele unversehrt vorzubereiten;
hier stählte sie sich freiwillig und ohne Zwang in der Fremde, um im Chor der heiligen Jungfrauen mit der ruhmrei-
chen Himmelskönigin, der Mutter des Herrn, Maria, die
himmlischen Reiche zu erben.

(6) Inzwischen, Geliebteste, müssen wir, die wir frei-
willig gelobt haben, im Gewand der Religion treu dem
Herrn zu dienen, auch wenn wir nicht imstande sind, die
Verdienste dieses unaussprechlichen Beispiels einer solchen

meritis aequiparando gratiam Domini promereri, tamen, quia multae sunt viae meritorum, quae ad unam patriam pergunt regni caelorum, in quantum, opitulante Domino, virtus substiterit, in laboribus, in vigiliis, in ieiuniis crebrisque orationibus atque diverso regulare officiositatis exercitio, sic nos debemus die noctuque infatigabiliter praeparare ab omnibusque inlicitis voluptatibus et mundanis inlecebris atque diversis flagitiis abstinere, ne forte, dum sub negligentia hoc exiguum temporis spatium expendimus, tunc, quando illa cum sanctis virginibus illic ubi in hac vita pedibus peregrinavit, venienti Domino clarificae sanctitatis oleo fragrante lampade cum ceteris sanctis in medio aere cum omni gaudio occurrerit, nos quippe – quod absit – ianuis clausis, fuscatis lampadibus foras exclusi atque nequiter abiecti remaneamus et frustra introitum vitae poscamus, qui adventum Domini cum desidioso torpore segniter exspectamus.

Reminiscamur Domini nostri verba dicentis: »Ambulate, dum lucem habetis, ne tenebrae vos comprehendant.« Et: »Qui perseveraverit usque in finem, hic salvus erit.« Quia qualis hinc quis egreditur, talis in iudicio praesentatur, ut recipiat unusquisque secundum opera sua.

Frau zu erreichen und damit die Gnade des Herrn zu ver-
dienen, dennoch, weil es viele Wege zu Verdiensten gibt,
die zu dem einen Vaterland im Reich der Himmel führen,
soweit uns mit Hilfe des Herrn unsere Kraft hilft, uns in
Mühen und Wachen, in Fasten [2Kor 6,5] und häufigem
Beten, in vielfältigem Üben der Regelpflichten so Tag und
Nacht unermüdlich vorbereiten und von allen unerlaubten
Vergnügungen und Verlockungen der Welt und von den
verschiedenen Schandtaten fernhalten, dass wir nicht etwa,
während wir in Nachlässigkeit diese kurze Zeitspanne auf-
brauchen, dann, wenn sie mit den heiligen Jungfrauen [Mt
25,1–13], dem Herrn, der von dort kommt, wo sie in diesem
Leben zu Fuß gewandert ist, mit ihrer vom Öl der strah-
lenden Heiligkeit brennenden Lampen mit den übrigen
Heiligen inmitten des Himmels [1Thess 4,17] voller Freude
entgegentritt, dass also wir dann – was fern sein möge –
vor verriegelten Toren, mit ausgelöschten Lampen draußen
ausgeschlossen und elend verworfen zurückbleiben und
vergeblich den Eintritt ins Leben fordern, die wir die Ankunft des Herrn mit untätiger Trägheit faul erwarten.

Erinnern wir uns an die Werke unseres Herrn, der sagt:
»Geht umher, solange ihr Licht habt, damit euch nicht die
Finsternis überrasche.« [Joh 12,35]. Und: »Wer ausgeharrt
hat bis zum Ende, der wird gerettet sein.« [Mt 10,22]. Jeder
nämlich wird, wie er von hier weggeht, so im Gericht erscheinen, damit ein jeder nach seinen Werken empfange.

<ITINERARIUM AETHERIAE>

I (1) [...] ostendebantur iuxta scripturas. Interea ambulantes pervenimus ad quendam locum, ubi se tamen montes illi, inter quos ibamus, aperiebant et faciebant vallem infinitam, ingens, planissima et valde pulchram, et trans vallem apparebat mons sanctus Dei Syna. Hic autem locus, ubi se montes aperiebant, iunctus est cum eo loco, quo sunt memoriae concupiscentiae. (2) In eo ergo loco cum venitur, ut tamen commonuerunt deductores sancti illi, qui nobiscum erant, dicentes: »Consuetudo est, ut fiat hic oratio ab his, qui veniunt, quando de eo loco primitus videtur mons Dei«; sicut et nos fecimus. Habebat autem de eo loco ad montem Dei forsitan quattuor milia totum per valle illa, quam dixi ingens.

II (1) Vallis autem ipsa ingens est valde, iacens subter latus montis Dei, quae habet forsitan, quantum potuimus videntes aestimare aut ipsi dicebant, in longo milia passos forsitan sedecim, in lato autem quattuor milia esse appellabant. Ipsam ergo vallem nos traversare habebamus,

REISE DER AETHERIA

DIE REISE

DER GOTTESBERG SINAI

Der erste Blick auf den Sinai

I (1) [...] zeigte man gemäß den [Heiligen] Schriften. Als wir weiter zogen, gelangten wir zu einem Ort, an dem sich eben jene Berge, zwischen denen wir liefen, öffneten und ein unermessliches, riesiges, völlig ebenes und sehr schön es Tal bilden, und jenseits des Tales zeigte sich der heilige Gottesberg Sinai. Dieser Ort aber, an dem sich die Berge öffneten, ist mit jenem Ort verbunden, an dem die »Lustgräber« sind [Num 11,34]. (2) Wenn man also an diesen Ort kommt, dann – so mahnten jene heiligen Führer, die mit uns waren, indem sie sagten: »Es ist Brauch, dass hier von denen, die hierher kommen, ein Gebet gemacht wird, weil von diesem Ort aus erstmals der Gottesberg gesehen wird.« – so taten auch wir es. Von diesem Ort bis zum Gottesberg waren es vielleicht 4 Meilen^Z im Ganzen durch jenes Tal, das ich riesig genannt habe.

Der Weg zum Sinai

II (1) Dieses Tal aber, das unter der Flanke des Gottesbergs liegt, ist sehr riesig und hat, soweit wir sehend schätzen konnten oder sie selbst sagten, der Länge nach vielleicht 16 Meilen^Z; der Breite nach, sagten sie, seien es 4 Meilen. Dieses Tal also hatten wir zu durchqueren, damit wir in

ut possimus montem ingredi. (2) Haec est autem vallis
ingens et planissima, in qua filii Israhel commorati sunt his
diebus, quod sanctus Moyses ascendit in montem Domini
et fuit ibi quadraginta diebus et quadraginta noctibus. Haec
est autem vallis, in qua factus est vitulus, qui locus usque
in hodie ostenditur; nam lapis grandis ibi fixus stat in ipso
loco. Haec ergo vallis ipsa est, in cuius capite ille locus
est, ubi sanctus Moyses, cum pasceret pecora soceri sui,
iterum locutus est ei Deus de rubo in igne. (3) Et quoniam
nobis ita erat iter, ut prius montem Dei ascenderemus,
qui hinc paret, <quia> unde veniebamus, melior ascensus
erat, et illinc denuo ad illud caput vallis descenderemus,
id est ubi rubus erat, quia melior descensus montis Dei
erat inde; itaque ergo hoc placuit, ut visis omnibus, quae
desiderabamus, descendentes a monte Dei, ubi est rubus,
veniremus, et inde totum per mediam vallem ipsam, qua
iacet in longo, rediremus ad iter cum hominibus Dei, qui
nobis singula loca, quae scripta sunt, per ipsam vallem
ostendebant, sicut et factum est. (4) Nobis ergo euntibus
ab eo loco, ubi venientes a Faran feceramus orationem, iter
sic fuit, ut per medium transversaremus caput ipsius vallis
et sic plecaremus nos ad montem Dei.

(5) Mons autem ipse per giro quidem unus esse videtur;
intus autem quod ingrederis, plures sunt, sed totum mons
Dei appellatur, specialis autem ille, in cuius summitate est
hic locus, ubi descendit maiestas Dei, sicut scriptum est,

den Berg einsteigen konnten. (2) Das ist also das riesige und
sehr ebene Tal, in dem die Israeliten in jenen Tagen verweilt
haben, als der heilige Mose auf den Berg des Herrn gestiegen ist und dort 40 Tage und 40 Nächte war [Ex 24,18].
Dies ist auch das Tal, in dem das [Goldene] Kalb gemacht
worden ist [Ex 32,1–6] – ein Ort, der bis heute gezeigt wird,
denn ein großer Stein ist dort fest an diesem Ort aufgestellt.
Dieses Tal also ist es, an dessen Hochtal [»Haupt«] jener
Ort ist, an dem der heiligen Mose, als er die Tiere seines
Schwiegervaters weidete – da sprach wieder mit ihm Gott
aus dem Dornbusch im Feuer [Ex 3,1–5]. (3) Und da unser
Weg so war, dass wir zuerst den Gottesberg besteigen wollten, der von hier aus sichtbar ist, weil der Aufstieg von da,
woher wir kamen, leichter war, und wir von dort wieder zu
jenem Hochtal hinabsteigen sollten, das heißt dorthin, wo
der Dornbusch stand, weil von dort der bessere Abstieg vom
Gottesberg war – also darum gefiel es uns, dass wir, wenn
wir alles gesehen hätten, was wir ersehnten, beim Abstieg
vom Gottesberg dorthin kämen, wo der Dornbusch steht,
und von dort den ganzen Weg mitten durch dieses Tal der
Länge nach zurückkehrten zum Weg, zusammen mit den
Gottesmännern, die uns alle Orte, von denen geschrieben
steht, in diesem Tal einzeln zeigen sollten, wie es dann auch
geschehen ist. (4) Als wir also von dorther kamen, wo wir
auf dem Weg von Paran unser Gebet gemacht hatten, war
unser Weg so, dass wir dieses Hochtal durchquerten und
uns so dem Gottesberg näherten.

Der Gottesberg

(5) Dieser Berg scheint ringsum zwar nur ein einziger zu
sein; tritt man aber näher, sind es mehrere, aber alles wird
Gottesberg genannt; doch jener eigentliche, auf dessen
Gipfelhöhe der Ort ist, wo die Herrlichkeit Gottes herab-

in medio illorum omnium est. (6) Et cum hi omnes, qui
per girum sunt, tam excelsi sint quam nunquam me puto
vidisse, tamen ipse ille medianus, in quo descendit maiestas
Dei, tanto altior est omnibus illis, ut, cum subissemus in
illo, prorsus toti illi montes, quos excelsos videramus, ita
infra nos essent, ac si colliculi permodici essent. (7) Illud
sane satis admirabile est et sine Dei gratia puto illud non
esse, ut, cum omnibus altior sit ille medianus, qui specialis
Syna dicitur, id est in quo descendit maiestas Domini, tamen
videri non possit, nisi ad propriam radicem illius veneris,
ante tamen quam eum subeas; nam posteaquam completo
desiderio descenderis inde, et de contra illum vides, quod,
antequam subeas, facere non potest. Hoc autem, antequam
perveniremus ad montem Dei, iam referentibus fratribus
cognoveram, et postquam ibi perveni, ita esse manifeste
cognovi.

III (1) Nos ergo sabbato sera ingressi sumus montem, et
pervenientes ad monasteria quaedam susceperunt nos ibi
satis humane monachi, qui ibi commorabantur, praebentes
nobis omnem humanitatem; nam et ecclesia ibi est cum
presbytero. Ibi ergo mansimus in ea nocte, et inde maturius
die dominica cum ipso presbytero et monachis, qui ibi
commorabantur, coepimus ascendere montes singulos. Qui
montes cum infinito labore ascenduntur, quoniam non eos
subis lente et lente per girum, ut dicimus in cocleas, sed
totum ad directum subis ac si per parietem et ad directum
descendi necesse est singulos ipsos montes, donec pervenias
ad radicem propriam illius mediani, qui est specialis

stieg, wie es geschrieben steht [Ex 19,18–20 und 24,15–18],
liegt in der Mitte von allen jenen. (6) Und obwohl hier alle
Berge, die ringsum liegen, so hoch sind, wie ich sie noch nie
gesehen zu haben glaube, ist doch jener Berg in der Mitte,
auf den die Herrlichkeit Gottes herabstieg, so viel höher als
alle jene, dass, als wir ihn bestiegen hatten, alle jene Berge, die wir als so hoch erblickt hatten, so tief unter uns
lagen, als seien es sehr mäßige Hügelchen. (7) Jenes freilich
ist doch ganz bewundernswert und nicht – so glaube ich –
ohne Gottes Gnade so, dass jener mittlere Berg, der eigent-
lich Sinai heißt – d. h. der Berg, auf den die Herrlichkeit
Gottes herabstieg –, obwohl er höher ist als alle, doch nicht
zu sehen ist, wenn man nicht an seinen Fuß kommt, ehe
man ihn ersteigt; doch wenn man nach erfüllter Sehnsucht
von ihm herabgestiegen ist, sieht man ihn von gegenüber,
was man, bevor man aufsteigt, nicht tun kann. Das aber
hatte ich schon, bevor wir zum Gottesberg kamen, aus den
Berichten der Brüder erfahren, und als ich dorthin kam,
erkannte ich klar, dass es so sei.

III (1) Wir stiegen also am Samstag abends in den Berg ein,
und als wir zu Mönchswohnstätten^M kamen, nahmen uns
dort die Mönche, die dort wohnten, ganz gastfreundlich
auf und boten uns alle Gastfreundschaft; dort ist nämlich
auch eine Kirche mit einem Priester. Dort blieben wir in
dieser Nacht, und dann am frühen Morgen des Sonntags
begannen wir mit diesem Priester und mit den Mönchen,
die dort wohnten, die einzelnen Berge zu besteigen. Diese
Berge besteigt man mit unermesslicher Mühe, weil man sie
nicht langsam und langsam im Kreis – wie wir sagen: in
»Schnecken« [Serpentinen] –, sondern ganz direkt wie eine
Wand besteigt, und ebenso muss man alle diese Berge ganz
direkt wieder herabsteigen, bis man an den eigentlichen Fuß

Syna. (2) Hac sic ergo iubente Christo Deo nostro adiuta
orationibus sanctorum, qui comitabantur, et sic cum
grandi labore, quia pedibus me ascendere necesse erat –
quia prorsus nec in sella ascendi poterat, tamen ipse labor
non sentiebatur, ex ea parte autem non sentiebatur labor,
quia desiderium, quod habebam, iubente Deo videbam
compleri –; hora ergo quarta pervenimus in summitatem
illam montis Dei sancti Syna, ubi data est lex, in eo id est
locum, ubi descendit maiestas Domini in ea die, qua mons
fumigabat.

(3) In eo ergo loco est nunc ecclesia, non grandis, quoniam
et ipse locus, id est summitas montis, non satis grandis est,
quae tamen ecclesia habet de se gratiam grandem. (4) Cum
ergo iubente Deo persubissemus in ipsa summitate et
pervenissemus ad ostium ipsius ecclesiae, ecce et occurrit
presbyter veniens de monasterio suo, qui ipsi ecclesiae
deputabatur, senex integer et monachus a prima vita et, ut
hic dicunt ›ascitis‹ – et quid plura? – qualis dignus est esse
in eo loco. Occurrerunt etiam et alii presbyteri, nec non
etiam et omnes monachi, qui ibi commorabantur iuxta
montem illum, id est qui tamen aut aetate aut inbeccillitate
non fuerunt impediti. (5) Verum autem in ipsa summitate
montis illius mediani nullus commanet; nihil enim est ibi
aliud nisi sola ecclesia et spelunca, ubi fuit sanctus Moyses.
(6) Lecto ergo ipso loco omnia de libro Moysi et facta
oblatione ordine suo, hac sic communicantibus nobis, iam
ut exiremus de ecclesia, dederunt nobis presbyteri loci ipsius

jenes mittleren Berges kommt, welcher der eigentliche Sinai ist. (2) Auf Geheiß unseres Gottes Christus und unterstützt von den Gebeten der Heiligen, die mich begleiteten, und so mit großer Anstrengung, weil ich zu Fuß bergan gehen musste – da man schon gar nicht auf einem Sattel aufsteigen konnte; und doch wurde diese Mühe gar nicht gefühlt – deshalb aber wurde diese Mühe nicht gefühlt, weil ich die Sehnsucht, die ich auf Geheiß Gottes hatte, erfüllt sah –; um die 4. Stunde[Z] also kamen wir auf die Gipfelhöhe des heiligen Gottesbergs Sinai, wo das Gesetz gegeben worden ist, d. h. an jenem Ort, wo die Herrlichkeit Gottes an dem Tag herabgestiegen ist, an dem der Berg rauchte [s. o. II 5].

Der Gipfel des Sinai

(3) An diesem Ort also ist jetzt eine Kirche, nicht groß, weil auch dieser Ort – d. h. der Berggipfel – nicht ganz groß ist; doch hat die Kirche große Anmut an sich. (4) Als wir also auf Geheiß Gottes diese Gipfelhöhe erstiegen hatten und zum Tor dieser Kirche gekommen waren, siehe, da begegnet uns ein Priester, der aus seiner Mönchswohnstatt[M] kam, der dieser Kirche zugewiesen war, ein rüstiger Greis, Mönch von jung auf und – wie man dort sagt – ein *ascitis* [Asket[M]]. Was mehr? Er war würdig, an jenem Ort zu sein. Es kamen uns auch noch andere Priester entgegen, alle auch Mönche, die dort am Gipfel wohnten, d. h. die jedenfalls durch Alter oder Schwäche nicht gehindert waren. (5) Aber auf dieser Gipfelhöhe jenes mittleren Berges selbst wohnt niemand; dort ist nichts anderes als nur die Kirche und die Höhle, wo der heilige Mose war [Ex 33,22]. (6) Als nun an diesem Ort alles aus dem Buch Mose vorgelesen worden und das Opfer nach seiner Ordnung dargebracht war und als wir an der Kommunion[L] teilgenommen hatten und schon aus der Kirche gingen, gaben uns die Priester dieses

eulogias, id est de pomis, quae in ipso monte nascuntur.
Nam cum ipse mons sanctus Syna totus petrinus sit, ita
ut nec fruticem habeat, tamen deorsum prope radicem
montium ipsorum, id est seu circa illius, qui medianus est,
seu circa illorum, qui per giro sunt, modica terrola est; statim
sancti monachi pro diligentia sua arbusculas ponunt et
pomariola instituunt vel arationes, et iuxta sibi monasteria,
quasi ex ipsius montis terra aliquos fructus capiant, quos
tamen manibus suis elaborasse videantur. (7) Hac sic ergo
posteaquam communicaveramus et dederant nobis eulogias
sancti illi et egressi sumus foras ostium ecclesiae, tunc coepi
eos rogare, ut ostenderent nobis singula loca. Tunc statim
illi sancti dignati sunt singula ostendere. Nam ostenderunt
nobis speluncam illam, ubi fuit sanctus Moyses, cum iterato
ascendisset in montem Dei, ut acciperet denuo tabulas,
posteaquam priores illas fregerat peccante populo, et cetera
loca, quaecumque desiderabamus vel quae ipsi melius
noverant, dignati sunt ostendere nobis.

(8) Illud autem vos volo scire, dominae venerabiles sorores,
quia de eo loco, ubi stabamus, id est in giro parietes
ecclesiae, id est de summitate montis ipsius mediani, ita
infra nos videbantur esse illi montes, quos primitus vix
ascenderamus, iuxta istum medianum, in quo stabamus,
ac si essent illi colliculi, cum tamen ita infiniti essent, ut
non me putarem aliquando altiores vidisse, nisi quod hic

Ortes *eulogiae*^M [Abschiedsgaben], d. h. von den Früchten, die auf diesem Berg wachsen. Obwohl nämlich dieser heilige Berg Sinai ganz felsig ist, so dass er keinen Strauch trägt, ist doch unten, nahe dem Fuß dieser Berge – d. h. um den mittleren Berg oder aber um jene herum, die ringsum liegen – ein wenig Erdreich; sofort legen die heiligen Mönche ihrer Sorgfalt entsprechend kleine Obsthaine, Obstgärten und Äcker an und daneben für sich Mönchswohnstätten^M, als ob sie aus der Erde dieses Berges selbst manche Früchte erhielten, die sie sich jedoch mit eigenen Händen erarbeitet haben. (7) Nachdem wir also an der Kommunion^L teilgenommen hatten, nachdem jene Heiligen uns *eulogiae*^M [Abschiedsgaben] gegeben hatten und nachdem wir vor das Tor der Kirche getreten waren, begann ich sie zu bitten, uns die einzelnen Orte zu zeigen. Da geruhten jene Heiligen sogleich, uns die einzelnen Orte zu zeigen. Sie zeigten uns nämlich jene Höhle, wo der heilige Mose gewesen war, als er zum zweiten Mal auf den Gottesberg stieg, um erneut die Gesetzestafeln zu empfangen [s. o. III 5], nachdem er die ersten über den Sünden des Volkes zerbrochen hatte [Ex 32,19]; dann geruhten sie, uns alle anderen Orte zu zeigen, die wir ersehnten oder die sie besser kannten.

Der Rundblick vom Sinai

(8) Das aber will ich euch wissen lassen, meine Damen, ehrwürdige Schwestern, dass von dem Ort, an dem wir standen, d. h. rings um die Wände der Kirche, d. h. auf der Gipfelhöhe dieses mittleren Berges, uns jene Berge, die wir zuerst nur mit Mühe erstiegen hatten, gegenüber dem mittleren Berg, auf dem wir standen, so unter uns zu liegen schienen, als wenn sie nur Hügelchen wären, während sie doch so unermesslich hoch waren, dass ich nie höhere gesehen zu haben glaubte – mit Ausnahme des einen hier

medianus eos nimium praecedebat. Aegyptum autem et Palaestinam et mare rubrum et mare illud Parthenicum, quod mittit Alexandriam, nec non et fines Saracenorum infinitos ita subter nos inde videbamus, ut credi vix possit; quae tamen singula nobis illi sancti demonstrabant.

IV (1) Completo ergo omni desiderio, quo festinaveramus ascendere, coepimus iam et descendere ab ipsa summitate montis Dei, in qua ascenderamus, in alio monte, qui ei periunctus est, qui locus appellatur in Choreb; ibi enim est ecclesia. (2) Nam hic est locus Choreb, ubi fuit sanctus Helias propheta, qua fugit a facie Achab regis, ubi ei locutus est Deus dicens: »Quid tu hic, Helias?«, sicut scriptum est in libris regnorum. Nam et spelunca, ubi latuit sanctus Helias, in hodie ibi ostenditur ante ostium ecclesiae, quae ibi est; ostenditur etiam ibi altarium lapideum, quem posuit ipse sanctus Helias ad offerendum Deo, sicut et illi sancti singula nobis ostendere dignabantur. (3) Fecimus ergo et ibi oblationem et orationem impensissimam, et lectus est ipse locus de libro regnorum; id enim nobis vel maxime ego desideraveram semper, ut, ubicumque venissemus, semper ipse locus de libro legeretur. (4) Facta ergo et ibi oblatione accessimus denuo ad alium locum non longe inde ostendentibus presbyteris vel monachis, id est ad eum locum, ubi steterat sanctus Aaron cum septuaginta senioribus, cum sanctus Moyses acciperet a Domino legem

in ihrer Mitte, der sie weit überragte. Ägypten aber und Palästina, das Rote Meer und jenes Parthenische Meer [östliche Mittelmeer], das bis nach Alexandria reicht, und auch die unermesslichen Gebiete der Sarazenen [im Norden der Sinai-Halbinsel] sahen wir von dort unter uns liegen, so dass man es kaum glauben konnte; doch zeigten uns jene Heiligen dies in allen Einzelheiten.

Der Berg Horeb

IV (1) Nachdem wir nun jede Sehnsucht erfüllt hatten, deretwegen wir so eilig auf den Berg gestiegen waren, begannen wir schon wieder von dieser Gipfelhöhe des Gottesbergs herabzusteigen, den wir erstiegen hatten, auf einen anderen Berg, der ihm benachbart ist und Horeb genannt wird; dort ist nämlich eine Kirche. (2) Denn dies ist jener Ort Horeb, wo der heilige Prophet Elia war, als er vor dem Antlitz des Königs Ahab floh, wo zu ihm Gott sprach und sagte: »Was machst du hier, Elia?«, wie geschrieben steht in den Büchern der Könige [1Kön 19,9]. Auch die Höhle, in der sich der heilige Elia verborgen hielt, wird noch heute vor dem Tor der Kirche gezeigt, die dort steht; gezeigt wird dort auch ein steinerner Altar, den der heilige Elia selbst setzte, um Gott zu opfern, wie auch jene Heiligen geruhten, uns in allen Einzelheiten zu zeigen. (3) Wir machten also dort ein Opfer und ein inständiges Gebet, und gelesen wurde diese Stelle aus dem Buch der Könige. Es war nämlich dies unser [Brauch] und insbesondere ersehnte ich, dass, wohin immer wir kamen, die [passende] Stelle aus dem Buch [der Bibel[B]] gelesen wurde. (4) Nachdem wir also auch dort ein Opfer gemacht hatten, gingen wir von dort wieder zu einem anderen, nicht weit entfernten Ort, den uns Priester und Mönche zeigten, d. h. zu jenem Ort, an dem der heilige Aaron mit den 70 Ältesten gestanden hatte, als der hei-

ad filios Israhel. In eo ergo loco, licet et tectum non sit, tamen petra ingens est per girum habens planitiem supra se, in qua stetisse dicuntur ipsi sancti; nam et in medio ibi quasi altarium de lapidibus factum habet. Lectus est ergo et ibi ipse locus de libro Moysi et dictus unus psalmus aptus loco; ac sic facta oratione descendimus inde. (5) Ecce et coepit iam esse hora forsitan octava, et adhuc nobis superabant milia tria, ut perexiremus montes ipsos, quos ingressi fueramus pridie sera; sed non ipsa parte exire habebamus, qua intraveramus, sicut superius dixi, quia necesse nos erat et loca omnia sancta ambulare et monasteria, quaecumque erant ibi, videre et sic ad vallis illius, quam superius dixi, caput exire, id est huius vallis, quae subiacet monti Dei. (6) Propterea autem ad caput ipsius vallis exire nos necesse erat, quoniam ibi erant monasteria plurima sanctorum hominum et ecclesia in eo loco, ubi est rubus; qui rubus usque in hodie vivet et mittet virgultas.

(7) Ac sic ergo perdescenso monte Dei pervenimus ad rubum hora forsitan decima. Hic est autem rubus, quem superius dixi, de quo locutus est Dominus Moysi in igne, qui est in eo loco, ubi monasteria sunt plurima et ecclesia in capite vallis ipsius. Ante ipsam autem ecclesiam hortus est gratissimus habens aquam optimam abundantem, in quo horto ipse rubus est. (8) Locus etiam ostenditur ibi iuxta, ubi stetit sanctus Moyses, quando ei dixit Deus: »Solve

lige Mose vom Herrn das Gesetz für die Israeliten empfing
[Ex 24,9–12]. An diesem Ort also ist – wenngleich es kein
Gebäude gibt – ein riesiger Fels, der oben eine kreisrunde
Fläche hat, auf der, wie man sagt, diese Heiligen standen; in
der Mitte hat er eine Art Altar, der aus Steinen gemacht ist.
Es wurden also auch dort diese Stelle aus dem Buch Mose
gelesen und ein zum Ort passender Psalm gesprochen. Und
nach dem Gebet stiegen wir von dort herab. (5) Und siehe, es begann schon etwa die 8. Stunde^Z, und immer noch
blieben uns 3 Meilen^Z übrig, um aus diesen Bergen her-
auszukommen, das wir am Vorabend betreten hatten. Wir
konnten aber nicht an der Seite hinausgehen, an der wir
es sie betreten hatten – wie ich schon oben gesagt habe –,
weil wir alle heiligen Orte besichtigen und alle Mönchs-
wohnstätten^M, die es dort gab, besuchen wollten und es
daher bei jenem Hochtal, das ich oben [II 3] beschrieben
habe, verlassen mussten, d. h. jenem Tal, das zu Füßen des
Gottesbergs liegt. (6) Deshalb aber mussten wir bei diesem
Hochtal hinausgehen, weil dort sehr viele Mönchswohn-
stätten^M von heiligen Männern waren und eine Kirche an
dem Ort, an welcher der Dornbusch steht [s. o. II 2]; bis
heute lebt dieser Dornbusch und treibt Zweige.

Der Dornbusch

(7) Und als wir nun vom Gottesberg herabgestiegen waren,
kamen wir um die 10. Stunde^Z zum Dornbusch. Hier nun
steht der Dornbusch, den ich oben [II 2] erwähnt habe, aus
dem der Herr im Feuer zu Mose gesprochen hat; er ist dort,
wo viele Mönchswohnstätten^M und eine Kirche in diesem
Hochtal liegen. Vor dieser Kirche aber ist ein sehr lieblicher
Garten mit sehr gutem, reich fließendem Wasser; in diesem
Garten ist der Dornbusch selbst. (8) Daneben wird dort
auch der Ort gezeigt, an dem der heilige Mose stand, als

corrigiam calciamenti tui« et cetera. Et in eo ergo loco cum
pervenissemus, hora decima erat iam, et ideo, quia iam sera
erat, oblationem facere non potuimus. Sed facta est oratio
in ecclesia nec non etiam et in horto ad rubum; lectus est
etiam locus ipse de libro Moysi iuxta consuetudinem; et sic,
quia sera erat, gustavimus nobis locum in horto ante rubum
cum sanctis ipsis; ac sic ergo fecimus ibi mansionem. Et
alia die maturius vigilantes rogavimus presbyteros, ut et ibi
fieret oblatio, sicut et facta est.

V (1) Et quoniam nobis iter sic erat, ut per valle illa
media, qua tenditur per longum, iremus, id est illa valle,
quam superius dixi, ubi sederant filii Israhel, dum Moyses
ascenderet in montem Dei et descenderet; itaque ergo
singula, quemadmodum venimus per ipsam totam vallem,
semper nobis sancti illi loca demonstrabant. (2) Nam in
primo capite ipsius vallis, ubi manseramus et videramus
rubum illum, de quo locutus est Deus sancto Moysi in igne,
videramus etiam et illum locum, in quo steterat ante rubum
sanctus Moyses, quando ei dixit Deus: »Solve corrigiam
calciamenti tui; locus enim, in quo stas, terra sancta est.«

(3) Ac sic ergo cetera loca, quemadmodum profecti sumus
de rubo, semper nobis coeperunt ostendere. Nam et
monstraverunt locum, ubi fuerunt castra filiorum Israhel
his diebus, quibus Moyses fuit in montem. Monstraverunt
etiam locum, ubi factus est vitulus ille; nam in eo loco

ihm Gott sagte: »Zieh deine Schuhe von deinen Füßen!«
usw. [Ex 3,5]. Und als wir an diesem Ort angekommen waren, war es schon die 10. Stunde[Z]; weil es schon spät war,
konnten wir das Opfer nicht machen. Aber gemacht wurde
ein Gebet in der Kirche und auch im Garten beim Dornbusch; gelesen wurde auch diese Stelle aus dem Buch Mose
nach unserem Brauch; und weil es spät war, aßen wir auch
an dem Ort im Garten vor dem Dornbusch mit diesen
Heiligen; und so machten wir dort [über Nacht] Halt. Am
nächsten Tag wachten wir früh auf und baten die Priester,
dass dort ein Opfer gemacht werde, und so geschah es auch.

V (1) Und da unser Weg so war, dass wir mitten durch jenes
Tal seiner Länge nach gingen – d. h. jenes Tal, das ich oben
[IV 4] erwähnt habe, wo die Israeliten verweilten, während
Mose auf den Gottesberg hinauf- und wieder herabstieg –,
so zeigten uns also immer jene Heiligen alle Einzelheiten,
sobald wir auf dem Weg durch dieses ganze Tal zu diesen
kamen. (2) Denn ganz oben in diesem Hochtal, wo wir
übernachtet und jenen Dornbusch gesehen hatten, aus dem
Gott im Feuer zum heiligen Mose gesprochen hatte, hatten
wir auch den Ort gesehen, an dem vor dem Dornbusch der
heilige Mose gestanden hatte, als Gott zu ihm sprach: »Zieh
deine Schuhe von deinen Füßen; denn der Ort, auf dem du
stehst, ist heiliges Land!« [Ex 3,5; s. o. IV 8].

Weitere biblische Stätten beim Sinai
(3) Und so begannen sie uns, als wir vom Dornbusch aufgebrochen waren, immer alle übrigen Orte zu zeigen. Sie
zeigten uns nämlich den Ort, an dem das Lager der Israeliten zu jenen Tagen gelegen war, an denen Mose auf dem
Berg war [s. o. IV 4]. Sie zeigten uns auch den Ort, an dem
jenes [Goldene] Kalb gemacht worden ist, denn an diesem

fixus est usque in hodie lapis grandis. (4) Nos etiam,
quemadmodum ibamus, de contra videbamus summitatem
montis, quae inspiciebat super ipsa valle tota, de quo loco
sanctus Moyses vidit filios Israhel habentes choros his
diebus, qua fecerant vitulum. Ostenderunt etiam petram
ingentem in ipso loco, ubi descendebat sanctus Moyses
cum Iesu, filio Nave, ad quem petram iratus fregit tabulas,
quas afferebat. (5) Ostenderunt etiam, quemadmodum per
ipsam vallem unusquisque eorum habitationes habuerant,
de quibus habitationibus usque in hodie adhuc fundamenta
parent, quemadmodum fuerunt lapide girata. Ostenderunt
etiam locum, ubi filios Israhel iussit currere sanctus Moyses
»de porta in porta«, regressus a monte. (6) Item ostenderunt
nobis locum, ubi incensus est vitulus ipse iubente sancto
Moyse, quem fecerat eis Aaron. Item ostenderunt torrentem illum, de quo potavit sanctus Moyses filios Israhel,
sicut scriptum est in Exodo. (7) Ostenderunt etiam nobis
locum, ubi de spiritu Moysi acceperunt septuaginta
viri. Item ostenderunt locum, ubi filii Israhel habuerunt
concupiscentiam escarum. Nam ostenderunt nobis etiam
et illum locum, qui appellatus est ›incendium‹, quia incensa
est quaedam pars castrorum, tunc qua orante sancto Moyse
cessavit ignis. (8) Ostenderunt etiam et illum locum, ubi eis
pluit manna et coturnices. Ac sic ergo singula, quaecumque
scripta sunt in libris sanctis Moysi facta fuisse in eo loco, id
est in ea valle, quam dixi subiacere monti Dei, id est sancto
Syna, ostensa sunt nobis. Quae quidem omnia singulatim
scribere satis fuit, quia nec retinere poterant tanta; sed cum

Ort ist bis heute ein mächtiger Fels aufgestellt [s. o. II 2].
(4) Wie wir weiter schritten, sahen wir auch uns gegenüber
die Gipfelhöhe eines Berges, die in dieses ganze Tal herein
sah, von welchem Ort der heilige Mose die Israeliten an
jenen Tagen tanzen sah, als sie das Kalb gemacht hatten
[s. o. II 2]. Sie zeigten auch den riesigen Felsen an dem Ort,
an dem Mose mit Jesus [Josua], dem Sohn des Nun, herabstieg, an welchem Felsen er voll Zorn die Tafeln zerbrach,
die er herbei trug [Ex 32,19; s. o. III 7]. (5) Sie zeigten uns
auch, wie in diesem Tal ein jeder von ihnen seine Wohnstatt
hatte, wovon noch bis heute die Fundamente von ihrem
Rundbau in Stein sichtbar sind. Sie zeigten uns auch den
Ort, wo der heilige Mose die Israeliten »von einem Tor zum
anderen« laufen ließ, als er vom Berg zurückkam [Ex 32,27].
(6) Und so zeigten sie uns den Ort, an dem dieses [Golde-
ne] Kalb auf Geheiß des heiligen Mose verbrannt wurde,
das Kalb, das ihnen Aaron gemacht hatte [Ex 32,20]. Und
so zeigten sie uns den Bach, aus dem der heilige Mose die
Israeliten getränkt hat, wie geschrieben steht im Exodus [Ex
17,6]. (7) Sie zeigten uns auch den Ort, wo die 70 Männer
vom Geist des Mose empfingen [Num 11,25]. Und so zeigten sie uns den Ort, wo die Israeliten nach Speise Verlangen
hatten [Num 11,4]. Und so zeigten sie uns auch jenen Ort,
der »Brand[stätte]« heißt, weil ein Teil des Lagers verbrannt
worden ist, damals, als auf ein Gebet des heiligen Mose hin
das Feuer aufhörte [Num 11,2]. (8) Sie zeigten uns nämlich
auch jenen Ort, wo es für sie Manna und Wachteln regnete
[Ex 16,12–15]. So wurde uns auch alles einzeln gezeigt, wovon in den heiligen Büchern Mose geschrieben steht, dass
es an jenem Ort geschehen sei, d. h. in jenem Tal, das, wie
ich sagte, am Fuß des Gottesbergs – d. h. des heiligen Sinai – liegt. Dies alles im Einzelnen zu beschreiben, wäre
ganz [aufwändig] gewesen, weil man nicht so vieles behal-

leget affectio vestra libros sanctos Moysi, omnia diligentius pervidet, quae ibi facta sunt. (9) Haec est ergo vallis, ubi celebrata est pascha completo anno profectionis filiorum Israhel de terra Aegypti, quoniam in ipsa valle <filii> Israhel commorati sunt aliquandiu, id est donec sanctus Moyses ascenderet in montem Dei et descenderet primum et iterato; et denuo tandiu ibi inmorati sunt, donec fieret tabernaculum et singula, quae ostensa sunt in montem Dei. Nam ostensus est nobis et ille locus, in quo confixum <a> Moyse est primitus tabernaculum et perfecta sunt singula, quae iusserat Deus in montem Moysi, ut fierent. (10) Vidimus etiam in extrema iam valle ipsa memorias concupiscentiae, in eo tamen loco, in quo denuo reversi sumus ad iter nostrum, hoc est ubi exeuntes de valle illa grande reingressi sumus via, qua veneramus, inter montes illos, quos superius dixeram.

Nam etiam ipsa die accessimus et ad ceteros monachos valde sanctos, qui tamen pro aetate aut inbecillitate occurrere in monte Dei ad oblationem faciendam non poterant; qui tamen nos dignati sunt in monasteriis suis advenientes valde humane suscipere. (11) Ac sic ergo visa loca sancta omnia, quae desideravimus, nec non etiam et omnia loca, quae filii Israhel tetigerant eundo vel redeundo ad montem Dei, visis etiam et sanctis viris, qui ibi commorabantur, in nomine

ten kann; aber wenn eure liebe Gemeinschaft die heiligen Bücher Mose liest, wird sie alles genauer erkennen, was dort geschehen ist. (9) Dies ist also das Tal, in dem das Passa-[Oster-]Fest gefeiert wurde nach Vollendung eines Jahres, seit die Israeliten aus dem Land Ägypten aufgebrochen waren [Num 9,1–5], denn in diesem Tal weilten die Israeliten eine Zeitlang, d. h. bis der heilige Mose auf den Gottesberg hinauf- und wieder herabstieg, das erste Mal und das zweite Mal; und erneut verweilten sie solange, bis die Stiftshütte gemacht wurde und alles einzelne, das ihm auf dem Gottesberg gezeigt wurde. Uns wurde nämlich auch jener Ort gezeigt, an dem von Mose erstmals die Stiftshütte zusammengefügt und alles einzelne vollendet worden war, was Gott dem Mose auf dem Berg befohlen hatte, auf dass es geschehe [Ex 40,16]. (10) Wir sahen auch schon am äußersten Ende dieses Tales die »Lustgräber« [Num 11,34; s. o. I 1], dort nämlich, wo wir wiederum zu unserem [früheren] Weg zurückgekehrt sind, d. h. wo wir beim Verlassen des Tales wieder den Weg betreten hatten, auf dem wir zwischen den Bergen gekommen waren, die ich weiter oben geschildert habe.

Die Mönche am Sinai

An diesem Tag kamen wir auch zu den übrigen sehr heiligen Mönchen, die aber wegen ihres Alters und ihrer Schwäche sich nicht auf den Gottesberg zur Darbringung des Opfers begeben konnten; doch geruhten sie, uns, die wir zu ihren Mönchswohnstätten[M] kamen, sehr gastfreundlich aufzunehmen. (11) Als wir so alle heiligen Orte gesehen hatten, die wir ersehnt hatten, und auch alle Orte, welche die Israeliten auf dem Hin- und Rückweg zu dem Gottesberg berührt hatten, sowie die heiligen Männer, die dort wohnten, gesehen hatten, kehrten wir im Namen Gottes zurück

Dei regressi sumus in Faran. (12) Et licet semper Deo in omnibus gratias agere debeam, non dicam in his tantis et talibus, quae circa me conferre dignatus est indignam et non merentem, ut perambularem omnia loca, quae mei meriti non erant; tamen etiam et illis omnibus sanctis nec sufficio gratias agere, qui meam parvitatem dignabantur in suis monasteriis libenti animo suscipere vel certe per omnia loca deducere, quae ego semper iuxta scripturas sanctas requirebam. Plurimi autem ex ipsis sanctis, qui in montem Dei vel circa ipsum montem commorabantur, dignati sunt nos usque in Faran deducere, qui tamen fortiori corpore erant.

VI (1) Ac sic ergo cum pervenissemus Faram, quod sunt a monte Dei milia triginta et quinque, necesse nos fuit ibi ad resumendum biduo immorari. Ac tertia die inde maturantes venimus denuo ad mansionem, id est in desertum Faran, ubi et euntes manseramus, sicut et superius dixi. Inde denuo alia die facientes aquam et euntes adhuc aliquantulum inter montes pervenimus ad mansionem, quae erat iam super mare, id est in eo loco, ubi iam de inter montes exitur et incipitur denuo totum iam iuxta mare ambulari, sic tamen iuxta mare, ut subito fluctus animalibus pedes caedat, subito etiam et in centum et in ducentis passibus aliquotiens etiam et plus quam quingentos passus de mari per eremum ambuletur; via enim illic penitus non est, sed totum eremi sunt arenosae. (2) Faranitae autem, qui ibi consueverunt ambulare cum camelis suis, signa sibi locis et

nach Paran [s. o. II 4]. (12) Und wenn ich auch immer Gott Dank in allen Dingen sagen muss – ich will nicht sprechen von diesen zahlreichen und großen, mit denen er mich unwürdige und verdienstlose Frau zu überhäufen geruhte, so dass ich durch alle die Orte wandeln konnte, die zu sehen ich nicht verdient hatte –, so kann ich doch auch allen jenen Heiligen nicht hinreichend Dank sagen, die geruhten, meine Wenigkeit in ihren Mönchswohnstätten^{M} mit wohlwollendem Sinn aufzunehmen und sicher zu allen Orten zu führen, die ich – immer nach den Heiligen Schriften – aufsuchte. Sehr viele aber von diesen Heiligen, die auf dem Gottesberg oder um diesen Berg herum wohnten, geruhten, mich bis Paran zu geleiten, soweit sie von stärkerer Körperkraft waren.

Von Paran nach Klysma

VI (1) Als wir nun nach Paran kamen, was ungefähr 35 Meilen^{Z} vom Gottesberg [Sinai] sind, mussten wir zu unserer Erholung 2 Tage verweilen. Und am 3. Tag brachen wir frühzeitig auf und kamen wieder zu dem Halt in der Wüste Paran, an dem wir beim Hinweg gerastet hatten, wie ich schon oben gesagt habe. Von dort kamen wir am nächsten Tag, da wir Wasser genommen hatten und noch eine kleine Strecke zwischen den Bergen zogen, zu dem Halt, der schon am Meer liegt, d. h. dort, wo man schon aus dem Bergland herauskommt und nunmehr schon ganz am Meer zu gehen beginnt, und zwar so nahe am Meer, dass bald die Flut den Tieren die Füße umspült, bald man wieder 100 bis 200 Doppelschritt^{Z}, bisweilen auch mehr als 500 Doppelschritt [½ Meile^{Z}] vom Meer entfernt durch Wüstensand wandert; es gibt dort nämlich gar keinen Weg mehr, sondern nur noch Sandwüsten. (2) Die Leute von Paran, die dort mit ihren Kamelen zu ziehen pflegen, stellen sich von Ort zu

locis ponent, ad quae signa se tendent et sic ambulant per diem. Nocte autem signa cameli attendunt. Et quid plura? Diligentius et securius iam in eo loco ex consuetudine Faranitae ambulant nocte, quam aliqui hominum ambulare potest in his locis, ubi via aperta est. (3) In eo ergo loco de inter montes exivimus redeuntes, in quo loco et euntes inter montes intraveramus, ac sic ergo denuo plicavimus nos ad mare. Filii etiam Israhel revertentes a monte Dei Syna usque ad eum locum reversi sunt per iter, quod ierant, id est usque ad eum locum, ubi de inter montes exivimus et iunximus nos denuo ad mare rubrum et inde nos iam iter nostrum, quo veneramus, reversi sumus; filii autem Israhel de eodem loco, sicut scriptum est in libris sancti Moysi, ambulaverunt iter suum. (4) Nos autem eodem itinere et eisdem mansionibus, quibus ieramus, reversi sumus in Clesma. In Clesma autem cum venissemus, necesse nos fuit denuo et ibi denuo resumere, quoniam iter eremi arenosum valde feceramus.

VII (1) Sane licet terra Gesse iam nosse, id est qua primitus ad Aegyptum fueram, tamen ut perviderem omnia loca, quae filii Israhel exeuntes de Ramesse tetigerant euntes, donec pervenirent usque ad mare rubrum, qui locus nunc de castro, qui ibi est, appellatur Clesma; desiderii ergo fuit, ut de Clesma ad terram Gesse exiremus, id est ad civitatem, quae appellatur Arabia, quae civitas in terra Gesse est; nam

Ort Zeichen auf, nach welchen Zeichen sie sich richten,
und so ziehen sie tagsüber. In der Nacht aber beachten die
Kamele die Zeichen. Was mehr? Genauer und sorgloser ziehen die Leute von Paran an diesem Ort dank ihrer Gewöh-
nung in der Nacht als irgendein Mensch an diesen Orten
gehen könnte, wo es einen offenkundigen Weg gibt. (3) An
demselben Ort also kamen wir auf dem Rückweg zwischen
Bergen heraus, an dem wir auf dem Hinweg zwischen die
Berge gekommen waren, und wandten uns so wieder zum
Meer zurück. Auch die Israeliten waren, als sie vom Gottesberg Sinai bis zu diesem Ort zurückkehrten, auf demselben Weg zurückgekehrt, den sie hingezogen waren, d. h.
bis dorthin, wo wir zwischen den Bergen herausgekommen
waren und uns wieder dem Roten Meer zuwandten; von
dort zogen wir auf dem Weg, den wir gekommen waren,
wieder zurück, aber die Israeliten zogen von diesem Ort an,
wie in den Büchern des heiligen Mose geschrieben steht, ihren Weg [Num 10,12]. (4) Wir aber kehrten auf demselben
Weg und über dieselben Halte, über die wir gekommen waren, nach Klysma [beim heutigen Suez / Kum el-Qolzum]
zurück. Als wir nun wieder nach Klysma gekommen waren,
mussten wir uns auch dort erneut erholen, da wir einen
sehr sandigen Wüstenmarsch gemacht hatten.

Von Klysma nach Arabia
VII (1) Freilich, ich kannte das Land Goschen (lateinisch
Gesse oder *Iesse*) schon, nämlich seit ich das erste Mal nach
Ägypten gereist war; doch um alle Orte zu sehen, welche
die Israeliten nach ihrem Aufbruch aus Ramesse berührt
hatten, bis sie zum Roten Meer kamen, an den Ort, der
jetzt nach dem Kastell, das dort ist, Klysma heißt, hatte ich
also Sehnsucht, von Klysma ins Land Goschen zu ziehen,
d. h. zu jener Stadt, die Arabia heißt, welche Stadt im Land

inde ipsum territorium sic appellatur, id est terra Arabiae, terra Iesse, quae tamen terra Aegypti pars est, sed melior satis quam omnis Aegyptus est. (2) Sunt ergo a Clesma, id est a mare rubro, usque ad Arabiam civitatem mansiones quattuor per eremo, sic tamen per eremum, ut cata mansiones monasteria sint cum militibus et praepositis, qui nos deducebant semper de castro ad castrum. In eo ergo itinere sancti, qui nobiscum erant, hoc est clerici vel monachi, ostendebant nobis singula loca, quae semper ego iuxta scripturas requirebam; nam alia in sinistro, alia in dextro de itinere nobis erant, alia etiam longius de via, alia in proximo. (3) Nam mihi credat volo affectio vestra, quantum tamen pervidere potui, filios Israhel sic ambulasse, ut quantum irent dextra, tantum reverterentur sinistra, quantum denuo in ante ibant, tantum denuo retro revertebantur; et sic fecerunt ipsum iter, donec pervenirent ad mare rubrum. (4) Nam et Epauleum ostensum est nobis, de contra tamen, et Magdalum fuimus. Nam castrum est ibi nunc habens praepositum cum milite, qui ibi nunc praesidet pro disciplina Romana. Nam et nos iuxta consuetudinem deduxerunt inde usque ad aliud castrum, et loco Belsefon ostensum est nobis, immo in eo loco fuimus. Nam ipse est campus supra mare rubrum iuxta latus montis, quem superius dixi, ubi filii Israhel, cum vidissent Aegyptios post se venientes, exclamaverunt. (5) Oton etiam ostensum est nobis, quod est iuxta deserta loca, sicut scriptum est, nec non etiam et Socchoth. Socchoth autem est clivus modicus in media valle, iuxta quem colliculum

Goschen liegt, denn danach wird dieses ganze Territorium so genannt, d. h. Land von Arabia, das Land Goschen, das doch ein Teil Ägyptens ist, aber ganz besser als das ganze übrige Ägypten [Gen 46,28–47,6]. (2) Es sind also von Klysma, d. h. vom Roten Meer, bis zur Stadt Arabia 4 Halte in der Wüste, so aber in der Wüste verteilt, dass bei den Halten Mönchswohnstätten^M mit Soldaten und [ihren] Vorgesetzten sind, die uns immer von Kastell zu Kastell führten. Auf diesem Weg also zeigten uns die Heiligen, die mit uns waren, d. h. Kleriker und Mönche, die einzelnen Orte, die ich immer nach den [Heiligen] Schriften suchte, denn die einen waren zur Linken unseres Weges, die anderen zur Rechten, die einen ab vom Weg, die anderen in der Nähe. (3) Es möge mir nämlich eure liebe Gemeinschaft glauben, dass – soweit ich jedenfalls sehen konnte – die Israeliten ihren Zug so gemacht haben, dass sie, wie weit sie nach rechts abbogen, ebenso weit nach links zurückkehrten, wieweit sie aber nach vorne zogen, ebenso weit wieder zurückkehrten; so zogen sie auf diesem Weg, bis sie ans Rote Meer kamen. (4) Auch Epauleum [so die Septuaginta^B; hebräisch Pi-Hahirot] wurde uns nämlich gezeigt, aber nur von gegenüber, und wir waren in Migdol [Ex 14,2]. Dort gibt es nämlich ein Kastell, das einen Vorgesetzten mit Soldaten beherbergt, der dort mit römischer Disziplin herrscht. Auch uns geleiteten sie nämlich nach ihrem Brauch von dort bis zu einem anderen Kastell, und dort wurde uns der Ort Baal-Zefon gezeigt; wir jedenfalls waren dort. Dieser ist nämlich ein Gelände am Roten Meer, am Abhang eines Berges, den ich oben erwähnte, wo die Israeliten aufschrieen, als sie die Ägypter hinter sich kommen sahen [Ex 14,9–10]. (5) Etam wurde uns auch gezeigt, das dicht neben wüsten Gegenden liegt, wie geschrieben steht [Ex 13,20], und auch Sukkot. Sukkot aber ist ein kleiner Hügel mitten im Tal; neben diesem Hügel-

fixerunt castra filii Israhel; nam hic est locus, ubi accepta est lex paschae. (6) Pithona etiam civitas, quam aedificaverunt filii Israhel, ostensa est nobis in ipso itinere, in eo tamen loco, ubi iam fines Aegypti intravimus, relinquentes iam terras Saracenorum; nam et ipsud nunc Phitona castrum est. (7) Heroum autem civitas, quae fuit illo tempore, id est ubi occurrit Ioseph patri suo Iacob venienti, sicut scriptum est in libro Genesis, nunc est come, sed grandis, quod nos dicimus vicus. Nam ipse vicus ecclesiam habet et martyria et monasteria plurima sanctorum monachorum, ad quae singula videnda necesse nos fuit ibi descendere iuxta consuetudinem, quam tenebamus. (8) Nam ipse vicus nunc appellatur Hero, quae tamen Hero a terra Iesse miliario iam sexto decimo est, nam in finibus Aegypti est. Locus autem ipse satis gratus est, nam et pars quaedam fluminis Nili ibi currit. (9) Ac sic ergo exeuntes de Hero pervenimus ad civitatem, quae appellatur Arabia, quae est civitas in terra Iesse, unde scriptum est dixisse Pharaonem ad Ioseph: »In meliori terra Aegypti colloca patrem tuum et fratres in terra Iessen, in terra Arabiae.«

VIII (1) De Arabia autem civitate quattuor milia passus sunt Ramessen. Nos autem, ut veniremus ad mansionem Arabiae, per media Ramesse transivimus; quae Ramessen civitas nunc campus est, ita ut nec unam habitationem habeat. Paret sane, quoniam et ingens fuit per girum et multas fabricas habuit; ruinae enim ipsius, quemadmodum collapsae sunt, in hodie infinitae parent. (2) Nunc autem

chen schlugen die Israeliten ihr Lager auf [Ex 12,37], denn
hier ist der Ort, wo das Gesetz des Passa-[Oster-]Festes empfangen wurde [Ex 12,43]. (6) Auch die Stadt Pitom, welche
die Israeliten erbauten [Ex 1,11], wurde uns auf diesem Weg
gezeigt, und zwar dort, wo wir schon das Gebiet Ägyptens
betraten und damit das Land der Sarazenen verließen; dieses
Pitom ist nämlich heute ein Kastell. (7) Die Stadt der He-
roen [Heroonpolis], die zu jener Zeit bestand, d. h. damals,
als Josef seinem herankommenden Vater entgegeneilte, wie
geschrieben steht im Buch Genesis [Gen 46,28–29 nur in
der Septuaginta[B]], ist heute eine *kome* [griechisch »Dorf«],
doch eine große, wie wir sie einen *vicus* [lateinisch »Weiler«] nennen. Dieser Weiler hat nämlich eine Kirche, Märtyrergrabmale[M] und sehr viele Mönchswohnstätten[M] heiliger
Mönche, zu deren Besichtigung wir dort dem Brauch gemäß, den wir einhielten, absteigen mussten. (8) Dieser Weiler heißt heute Hero; dieses Hero liegt am 16. Meilenstein[Z]
von Goschen, denn es ist im Gebiet von Ägypten. Dieser
Ort ist ganz angenehm, denn es fließt dort ein Arm des Nil
vorbei. (9) Und da wir nun Hero verließen, kamen wir zu
der Stadt, die Arabia heißt und eine Stadt im Land Goschen
ist. Davon steht geschrieben, der Pharao habe zu Josef gesagt: »Lass deinen Vater und deine Brüder am besten Ort
des Landes wohnen, lass sie im Lande Goschen wohnen, im
Land Arabias!« [nach Gen 47,6].

VIII (1) Von der Stadt Arabia aber sind es 4 Meilen[Z] nach
Ramesse. Wir aber zogen, um zum Halt Arabia zu kommen,
mitten durch Ramesse, durch jene Stadt Ramesse, die heute ein Feld ist, so dass sie nicht eine einzige Wohnstatt hat.
Freilich ist offenbar, dass sie im Umkreis riesig war und viele
Bauten hatte, denn sogar ihre Ruinen, obwohl sie verfallen
sind, erscheinen bis heute noch unermesslich. (2) Jetzt ist

ibi nihil aliud est nisi tantum unus lapis ingens Thebeus, in quo sunt duae statuae exculsae ingentes, quas dicunt esse sanctorum hominum, id est Moysi et Aaron; nam dicent, eo quod filii Israhel in honore ipsorum eas posuerint. (3) Et est ibi praeterea arbor sicomori, quae dicitur a patriarchis posita esse; nam iam vetustissima est et ideo permodica est, licet tamen adhuc fructus afferat. Nam cuicumque incommoditas fuerit, vadent ibi et tollent surculos, et prode illis est. (4) Hoc autem referente sancto episcopo de Arabia cognovimus; nam ipse nobis dixit nomen ipsius arboris, quemadmodum appellant eam Graece, id est ›dendros alaethiae‹, quod nos dicimus ›arbor veritatis‹. Qui tamen sanctus episcopus nobis Ramessen occurrere dignatus est; nam est iam senior vir, vere satis religiosus ex monacho et affabilis, suscipiens peregrinos valde bene; nam et in scripturis Dei valde eruditus est. (5) Ipse ergo cum se dignatus fuisset vexare et ibi nobis occurrere, singula ibi ostendit seu retulit de illas statuas, quas dixi, ut etiam et de illa arbore sicomori. Nam et hoc nobis ipse sanctus episcopus retulit, eo quod Pharao, quando vidit, quod filii Israhel dimiserant eum, tunc ille, priusquam post illos occuparet, isset cum omni exercitu suo intra Ramesse et incendisset eam omnem, quia infinita erat valde, et inde post filios Israhel fuisset profectus.

IX (1) Nobis autem fortuitu hoc gratissimum evenit, ut ea die, qua venimus ad mansionem Arabia, pridie beatissimo die Epiphania esset; nam eadem die vigiliae agendae erant

dort nichts anderes als ein einziger riesiger Felsblock aus der Thebaïs, in den zwei riesige Statuen ausgehauen sind, von denen man sagt, dass sie heilige Männer darstellen, d. h. Mose und Aaron; man sagt nämlich, die Israeliten hätten sie zu Ehren dieser Männer aufgestellt. (3) Außerdem ist dort auch ein Feigenbaum, der noch von den Patriarchen gesetzt sein soll, denn er ist schon sehr alt und daher ganz klein, trägt aber noch bis heute Früchte. Wem immer eine Unpässlichkeit zugestoßen ist, die gehen dorthin und nehmen sich Zweige und es ist für sie nützlich. (4) Dies aber erfuhren wir durch den Bericht des heiligen Bischofs von Arabia; dieser nämlich sagte uns auch den Namen dieses Baumes, wie sie ihn auf Griechisch nennen, d. h. *dendros aletheias*, was wir »Baum der Wahrheit« nennen. Dieser heilige Bischof geruhte, uns bis Ramesse entgegenzugehen; er ist nämlich schon ein älterer Herr, wahrhaftig ganz fromm, aus dem Mönchtum, und leutselig, der die Fremden sehr gut aufnimmt. Er ist auch in den Schriften Gottes sehr bewandert. (5) Dieser also geruhte, sich zu bemühen und uns entgegenzugehen, zeigte uns dort alles Einzelne und berichtete über jene Statuen, die ich erwähnt habe, wie auch über jenen Feigenbaum. Auch das berichtete uns nämlich dieser heilige Bischof, der Pharao sei, als er sah, dass die Israeliten ihn verlassen hätten, damals sei er, bevor er hinter ihnen herzog, mit seinem ganzen Heer in Ramesse einmarschiert und habe es angezündet, die ganze unermessliche Stadt, und dann erst sei er hinter den Israeliten hergezogen.

IX (1) Durch Zufall traf es sich für uns sehr günstig, dass an dem Tag, an dem wir zum Halt Arabia kamen, der Vorabend des Tages der seligsten Erscheinung [des Herrn; Epiphanias, vgl. u. XXV 6–10] war, denn an diesem Tag mussten die Vigilien[L] in der Kirche abgehalten werden. Und zwei Tage

in ecclesia. Ac sic ergo aliquo biduo ibi tenuit nos sanctus episcopus, sanctus et vere homo Dei, notus mihi iam satis de eo tempore, a quo ad Thebaidam fueram. (2) Ipse autem sanctus episcopus ex monacho est; nam a pisinno in monasterio nutritus est, et ideo aut tam eruditus in scripturis est aut tam emendatus in omni vita sua, ut et superius dixi. (3) Nos autem inde iam remisimus milites, qui nobis pro disciplina Romana auxilia praebuerant, quandiu per loca suspecta ambulaveramus; iam autem, quoniam ager publicum erat per Aegyptum, quod transiebat per Arabiam civitatem, id est quod mittit de Thebaida in Pelusio; et ideo iam non fuit necesse vexare milites.

(4) Proficiscentes ergo inde totum per terram Gessen iter fecimus semper inter vineas, quae dant vinum, et vineas, quae dant balsamum, et inter pomaria et agros cultissimos et hortos plurimos iter habuimus totum super ripam fluminis Nili inter fundos frequentissimos, quae fuerant quondam villae filiorum Israhel. Et quid plura? Pulchriorem territorium puto me nusquam vidisse quam est terra Iessen. (5) Ac sic ergo ab Arabia civitate iter facientes per biduo totum per terram Gessen pervenimus Tathnis, in ea civitate, ubi natus est sanctus Moyses. Haec est autem civitas Tathnis, quae fuit quondam metropolis Pharaonis. (6) Et licet ea loca, ut superius dixi, iam nosse, id est quando Alexandriam vel ad Thebaidem fueram, tamen quia ad plenum discere volebam loca, quae ambulaverunt filii Israhel proficiscentes ex Ramesse usque ad montem Dei sanctum Syna; ac sic

hielt uns so dort der heilige Bischof zurück, ein heiliger und wahrhaft gottgefälliger Mann, der mir schon aus der Zeit ganz gut bekannt war, als ich in der Thebaïs gewesen war. (2) Dieser heilige Bischof ist aus dem Mönchtum; schon als kleines Kind war er in einer Mönchswohnstatt[M] aufgezogen worden; deshalb ist er in den [Heiligen] Schriften so gebildet und in seinem ganzen Leben so untadelig, wie ich schon oben gesagt habe. (3) Wir aber entließen nun die Soldaten, die uns mit römischer Disziplin Schutz geboten hatten, solange wir durch verdächtige Orte gezogen waren; nunmehr, da es die Staatsstraße durch Ägypten gab – sie ging quer durch das Gebiet von Arabia, d. h. von da, wo sie die Thebaïs nach Pelusion [Tell el-Farama] aussendet –, und so war es nicht mehr nötig, die Soldaten zu bemühen.

Das Land Goschen

(4) Während unseres ganzen Weges durch das Land Goschen gingen wir immer zwischen Weingärten, die Wein geben, und anderen, die Balsam geben, und zwischen Obstgärten, sehr gepflegten Äckern und zahlreichen Gärten, immer am Ufer des Nil zwischen fruchtbarsten Böden, die einst die Gehöfte der Israeliten gewesen waren. Was mehr? Ein schöneres Land glaube ich nirgends gesehen zu haben, als es das Land Goschen ist! (5) Und so zogen wir von der Stadt Arabia 2 Tage lang immer durch das Land Goschen und kamen nach Tanis, in die Stadt, wo der heilige Mose geboren wurde. Dies ist die Stadt Tanis, die einst die Hauptstadt des Pharao war. (6) Und obwohl ich jene Orte, wie ich oben gesagt habe, schon von damals kannte, als ich nach Alexandria oder in die Thebaïs gekommen war, musste ich, weil ich alle Orte vollständig kennenlernen wollte, durch welche die Israeliten nach ihrem Aufbruch von Ramesse bis zum heiligen Gottesberg Sinai gezogen waren; also musste ich erneut ins

necesse fuit etiam denuo ad terram Gessen reverti et inde
Tathnis. Proficiscentes ergo de Tathnis, ambulans per iter
iam notum perveni Pelusio. (7) Et inde proficiscens denuo,
faciens iter per singulas mansiones Aegypti, per quas iter
habueramus, perveni ad fines Palaestinae. Et inde in nomine
Christi Dei nostri faciens denuo mansiones aliquod per
Palaestina regressa sum in Aelia, id est in Ierusolimam.

X (1) Item transacto aliquanto tempore et iubente Deo
fuit denuo voluntas accedendi usque ad Arabiam, id
est ad montem Nabau, in eo loco, in quo iussit Deus
ascendere Moysen dicens ad eum: »Ascende in montem
Arabot, montem Nabau, qui est in terra Moab contra
faciem Iericho, et vide terram Chanaan, quam ego do filiis
Israhel in possessionem, et morere in monte ipso, in quem
ascenderis.« (2) Itaque ergo Deus noster Iesus, qui sperantes
in se non deseret, etiam et in hoc voluntati meae effectum
praestare dignatus est. (3) Proficiscens ergo Ierusolima
faciens iter cum sanctis, id est presbytero et diaconibus
de Ierusolima et fratribus aliquantis, id est monachis,
pervenimus ergo usque ad eum locum Iordanis, ubi filii
Israhel transierant, quando eos sanctus Iesus, filius Nave,
Iordanem traiecerat, sicut scriptum est in libro Iesu Nave.
Nam et locus ille ostensus est nobis quasi modice altior,
ubi filii Ruben et Gad et dimidia tribus Manasse fecerant

Land Goschen zurückkehren und von da nach Tanis. Von Tanis brach ich auf, zog auf dem schon bekannten Weg und kam nach Pelusion. (7) Und von hier brach ich erneut auf, zog über die einzelnen Halte Ägyptens, über die der Weg uns schon [zuvor] geführt hatte, und kam zu den Grenzen von Palästina. Und von dort zog ich im Namen unseres Gottes Christus wieder über einige Halte durch Palästina nach Aelia (s. S. 18), d. h. Jerusalem, zurück.

DER BERG NEBO

Die Stadt Livias

X (1) Und so fasste mich, als nun einige Zeit vergangen war, auf Geheiß Gottes erneut der Wille, bis nach Arabia zu gehen, d. h. zum Berg Nebo [Siyagha], an den Ort, den der Herr dem Mose zu besteigen befohlen hatte, indem er zu ihm sagte: »Geh auf den Berg Abarim, auf den Berg Nebo, der im Land Moab gegenüber von Jericho ist, und schaue das Land Kanaan, das ich den Israeliten zum Eigentum geben werde. Dann stirb auf diesem Berg, auf den du hinaufgestiegen bist.« [Dtn 32,49–50]. (2) So hat also unser Gott Jesus, der die auf ihn Hoffenden nicht verlässt, geruht, auch hierin meinem Willen Umsetzung zu gewähren. (3) Wir brachen also von Jerusalem in Begleitung von Heiligen auf, d. h. von einem Priester, von Diakonen aus Jerusalem und einigen Brüdern, d. h. Mönchen, und wir kamen bis zu jenem Ort am Jordan, an dem die Israeliten durch ihn gegangen waren, als sie der heilige Jesus [Josua], Sohn des Nun, über den Jordan geführt hatte, wie im Buch Jesus, Sohn des Nun, geschrieben steht [Jos 3,1–17]. Man hat uns nämlich auch jenen Ort gezeigt, der sich ein wenig erhebt, wo die Söhne des Ruben, die des Gad und der halbe Stamm Manasse einen Altar an der Seite des Ufers gemacht

aram, in ea parte ripae, qua est Iericho. (4) Transeuntes ergo
fluvium pervenimus ad civitatem, qui appellatur Libiada,
quae est in eo campo, in quo tunc filii Israhel castra
fixerant. Nam et fundamenta de castris filiorum Israhel et
habitationibus ipsorum, ubi commorati sunt, in eo loco in
hodie parent. Campus enim ipse est infinitus subter montes
Arabiae super Iordanem. Nam hic est locus, de quo scriptum
est: »Et ploraverunt filii Israhel Moysen in Arabot Moab et
Iordane contra Iericho quadraginta diebus.» (5) Hic etiam
locus est, ubi post recessum Moysi statim Iesus, filius Nave,
repletus est spiritu scientiae; imposuerat enim Moyses
manus suas super eum, sicut scriptum est. (6) Nam ipse est
locus, ubi scripsit Moyses librum Deuteronomii. Hic etiam
est locus, ubi locutus est Moyses in aures totius ecclesiae
Israhel verba cantici usque in finem huius, qui scriptus est
in libro Deuteronomii. Hic est ipse locus, ubi benedixit
sanctus Moyses, homo Dei, filios Israhel singulatim per
ordinem ante obitum suum. (7) Nos ergo cum venissemus
in eodem campo, peraccessimus ad locum ipsum, et facta
est ibi oratio, lecta etiam pars quaedam Deuteronomii in eo
loco nec non etiam et canticus ipsius, sed et benedictiones,
quas dixerat super filios Israhel. Et iterato post lectione facta
est oratio, et gratias Deo agentes movimus inde. Id enim
nobis semper consuetudinis erat, ut ubicumque ad loca
desiderata accedere volebamus, primum ibi fieret oratio,
deinde legeretur lectio ipsa de codice, diceretur etiam
psalmus unus pertinens ad rem et iterato fieret ibi oratio.
Hanc ergo consuetudinem iubente Deo semper tenuimus,
ubicumque ad loca desiderata potuimus pervenire.

hatten, wo Jericho ist [Jos 22,10]. (4) Als wir nun den Fluss überschritten, kamen wir in eine Stadt namens Livias, die in jener Ebene liegt, wo damals die Israeliten ihr Lager aufgeschlagen hatten. Die Fundamente des Lagers der Israeliten und ihrer Wohnungen, wo sie gewohnt hatten, sind nämlich heute noch an diesem Ort sichtbar. Diese Ebene ist unermesslich am Fuß der Berge Arabiens jenseits des Jordan. Hier ist nämlich der Ort, über den geschrieben steht: »Und die Israeliten beweinten Mose in Arabot Moab und am Jordan bei Jericho 40 Tage lang.« [Dtn 34,8 in der Septuaginta[B], dort 30 Tage]. (5) Hier ist auch der Ort, wo nach dem Weggang des Mose sofort Jesus [Josua], Sohn des Nun, vom Geist des Wissens erfüllt worden ist; es hatte nämlich Mose seine Hände auf ihn gelegt, wie geschrieben steht [Dtn 34,8]. (6) Dies ist nämlich der Ort, wo Mose sein Buch Deuteronomium geschrieben hat [Dtn 31,24]. Hier ist auch der Ort, wo Mose vor den Ohren der ganzen Versammlung Israels die Worte des Gesangs bis zu seinem Ende gesprochen hat, wie es geschrieben steht im Deuteronomium [Dtn 31,30; 32,1–43]. Hier ist auch der Ort, wo Mose, der Gottesmann, die Israeliten einzeln der Reihe nach vor seinem Tod gesegnet hat [Dtn 33,1–29]. (7) Als wir also in diese Ebene gekommen waren, erreichten wir diesen Ort; es wurde an diesem Ort ein Gebet gemacht, auch wurde ein Teil des Deuteronomium gelesen, dazu auch sein Gesang und die Gebete, die er über die Israeliten gesprochen hatte. Und erneut wurde nach der Lesung ein Gebet gemacht, dann zogen wir, Gott dankend, von hier weiter. Dies war nämlich immer unser Brauch, wo immer wir zu ersehnten Orten kamen, dass es dort zuerst ein Gebet gab, dann aus dem Codex[B] diese Stelle vorgelesen und auch ein hierher bezüglicher Psalm gesprochen wurde, und es dann dort wieder ein Gebet gab. Diesen Brauch also hielten wir auf Gottes Geheiß immer ein, wo immer wir zu ersehnten Orten gelangen konnten.

(8) Ac sic ergo, ut coeptum opus perficeretur, coepimus festinare, ut perveniremus ad montem Nabau. Euntibus nobis commonuit presbyter loci ipsius, id est de Libiade, quem ipsum nobiscum rogantes moveramus de mansione, quia melius ipsa loca noverat; dicit ergo nobis ipse presbyter: »Si vultis videre aquam, quae fluit de petra, id est quam dedit Moyses filiis Israhel sitientibus, potestis videre, si tamen volueritis laborem vobis imponere, ut de via camsemus forsitan miliario sexto.« (9) quod cum dixisset, nos satis avidi optati sumus ire, et statim divertentes a via secuti sumus presbyterum, qui nos ducebat. In eo ergo loco ecclesia est pisinna subter montem, non Nabau, sed alterum interiorem; sed nec ipse longe est de Nabau. Monachi autem plurimi commanent ibi vere sancti et quos hic ascites vocant.

XI (1) Hi ergo sancti monachi dignati sunt nos suscipere valde humane, nam et ad salutationem suam permiserunt nos ingredi. Cum autem ingressi fuissemus ad eos, facta oratione cum ipsis eulogias nobis dare dignati sunt, sicut habent consuetudinem dandi his, quos humane suscipiunt. (2) Ibi ergo inter ecclesiam et monasteria in medio fluit de petra, aqua ingens, pulchra valde et limpida, saporis optimi. Tunc interrogavimus nos etiam et illos sanctos monachos, qui ibi manebant, quae esset haec aqua talis et tanti saporis. Tunc illi dixerunt: »Haec est aqua, quam dedit sanctus Moyses filiis Israhel in hac eremo.« (3) Facta est ergo iuxta consuetudinem ibi oratio et lectio ipsa de libris Moysi lecta,

Das Wasser vom Felsen

(8) Damit nun das begonnene Werk vollendet werde, begannen wir uns zu beeilen, auf den Berg Nebo zu gelangen. Unterwegs belehrte uns der Priester dieses Ortes, d. h. von Livias, den wir, als wir aufbrachen, gebeten hatten, uns zu begleiten, weil er die Gegend besser kannte; es sagt uns also dieser Priester: »Wenn ihr das Wasser sehen wollt, das aus dem Felsen fließt, das Mose den dürstenden Israeliten gegeben hat [Ex 17,6; Num 20,8], dann könnt ihr es sehen; allerdings müsst ihr euch die Mühe machen, vom Weg ungefähr [eine Strecke] bis zum 6. Meilenstein^Z abzubiegen.« (9) Als er dies gesagt hatte, baten wir ganz heftig darum, und sofort bogen wir vom Weg ab und folgten dem Priester, der uns führte. An jenem Ort also steht eine ganz kleine Kirche am Fuß nicht des Nebo, sondern eines anderen Berges, der weiter innen liegt, aber nicht weit vom Nebo entfernt; sehr viele wahrhaft heilige Mönche weilen dort, die man hier *ascites* [Asketen^M] nennt.

XI (1) Diese heiligen Mönche haben geruht, uns sehr gastfreundlich aufzunehmen, ja sie gestatteten sogar, zu ihrer Begrüßung bei ihnen einzutreten. Als wir zu ihnen eingetreten waren, machten wir mit ihnen ein Gebet und nachher geruhten sie, uns *eulogiae*^{M} [Abschiedsgaben] zu geben, wie es Brauch ist, denen zu geben, die sie gastfreundlich aufnehmen. (2) Dort also fließt zwischen der Kirche und den Mönchswohnstätten^K in der Mitte vom Fels eine riesige, sehr schöne und klare Quelle von bestem Geschmack herab. Damals fragten wir auch jene heiligen Mönche, die dort wohnten, was dieses Wasser von solcher Qualität und solchem Geschmack sei. Da sagten jene: »Das ist das Wasser, das der heilige Mose den Israeliten in dieser Wüste gab.« (3) Dort wurden also nach dem Brauch ein Gebet gemacht,

dictus etiam psalmus unus; et sic simul cum illis sanctis clericis et monachis, qui nobiscum venerant, perexivimus ad montem. Multi autem et ex ipsis monachis sanctis, qui ibi commanebant iuxta aqua ipsa, qui tamen potuerunt imponere sibi laborem, dignati sunt nobiscum ascendere montem Nabau. (4) Itaque ergo proficiscentes de eodem loco pervenimus ad radicem montis Nabau, qui erat valde excelsus, ita tamen, ut pars eius maxima sedendo in asellis possit subiri; modice autem erat acrius, quod pedibus necesse erat subiri cum labore, sicut et factum est.

XII (1) Pervenimus ergo ad summitatem montis illius, ubi est nunc ecclesia non grandis in ipsa summitate montis Nabau. Intra quam ecclesiam in eo loco, ubi pulpitus est, vidi locum modice quasi altiorem tantum hispatii habentem, quantum memoriae solent habere. (2) Tunc ergo interrogavi illos sanctos, quidnam esset hoc; qui responderunt: »Hic positus est sanctus Moyses ab angelis, quoniam, sicut scriptum est: ›sepulturam illius nullus hominum scit‹, quoniam certum est eum ab angelis fuisse sepultum. Nam memoria illius, ubi positus sit, in hodie non ostenditur; sicut enim nobis a maioribus, qui hic manserunt, ubi ostensum est, ita et nos vobis monstramus; qui et ipsi tamen maiores ita sibi traditum a maioribus suis esse dicebant.« (3) Itaque ergo mox facta est oratio, et omnia, quae in singulis locis sanctis per ordinem consueveramus facere, etiam et hic facta sunt; et sic coepimus egredere de ecclesia.

diese Lesung aus den Büchern Mose verlesen und ein Psalm gesprochen; so zogen wir zugleich mit jenen heiligen Mönchen und Klerikern, die mit uns gekommen waren, zum Berg. Viele von diesen heiligen Mönchen, die dort bei diesem Wasser wohnten, geruhten, soweit sie sich die Mühe aufbürden konnten, mit uns den Berg Nebo zu besteigen. (4) Und so kamen wir unserem Aufbruch von dort zum Fuß des Berges Nebo, der zwar sehr hoch war, aber doch so, dass man den größten Teil auf Eseln sitzend erreichen konnte; nur ganz wenig war er so steil, dass man ihn unter Mühen zu Fuß erklimmen musste, wie es auch geschehen ist.

Das Grabmal des Mose

XII (1) Wir kamen also zur Gipfelhöhe jenes Berges, wo jetzt eine nicht große Kirche gerade auf diesem Gipfel des Nebo steht. In dieser Kirche, dort, wo das Lesepult steht, sah ich einen mäßig erhöhten Ort, der etwa so viel Platz hatte, wie üblicherweise ein Grabmal hat. (2) Da also fragte ich jene Heiligen, was denn dies sei; sie antworteten: »Hier ist der heilige Mose von Engeln bestattet worden, denn – wie geschrieben steht – ›sein Grab kennt kein Mensch‹ [Dtn 34,6]; daher ist es sicher, dass er von Engeln bestattet wurde. Ein Grabmal nämlich, wo er beigesetzt ist, wird bis heute nicht gezeigt. So, wie es uns von den Vorgängern, die hier gewohnt haben, wo es gezeigt wurde – so zeigen wir es euch; diese Vorgänger aber sagten, sie selbst hätten es wieder von ihren Vorgängern erfahren.« (3) Und so wurde bald ein Gebet gemacht, dazu wurde alles, was wir an den heiligen Orten der Reihe nach zu tun gewohnt waren, auch hier gemacht; danach begannen wir, aus der Kirche herauszugehen.

Tunc autem qui erant loci notores, id est presbyteri vel monachi sancti, dixerunt nobis: »Si vultis videre loca, quae scripta sunt in libris Moysi, accedite foras ostium ecclesiae et de summitate ipsa, ex parte tamen ut posuunt hinc parere, attendite et videte, et dicimus vobis singula, quae sunt loca haec, quae parent.« (4) Tunc nos gavisi satis statim egressi sumus foras. Nam de ostio ipsius ecclesiae vidimus locum, ubi intrat Iordanis in mare mortuum, qui locus subter nos, quemadmodum stabamus, parebat. Vidimus etiam de contra non solum Libiadam, quae citra Iordanem erat, sed et Iericho, quae trans Iordanem; tantum eminebat excelsus locus, ubi stabamus, id est ante ostium ecclesiae. (5) Maxima etiam pars Palaestinae, quae est terra repromissionis, inde videbatur, nec non et omnis terra Iordanis, in quantum tamen poterat oculis conspici. In sinistra autem parte vidimus terras Sodomitum omnes nec non et Segor, quae tamen Segor sola de illis quinque in hodie constat. (6) Nam et memoriale ibi est; de ceteris autem illis civitatibus nihil aliud apparet nisi subversio ruinarum, quemadmodum in cinerem conversae sunt. Locus etiam, ubi fuit titulus uxoris Loth, ostensus est nobis, qui locus etiam in scripturis legitur. (7) Sed mihi credite, dominae venerabiles, quia columna ipsa iam non paret, locus autem ipse tantum ostenditur; columna autem ipsa dicitur mari mortuo fuisse cooperta. Certe locum <cum> videremus, columnam nullam vidimus, et ideo fallere vos super hanc rem non possum. Nam episcopus loci ipsius, id est de Segor, dixit nobis, quoniam iam aliquot anni essent, a quo non pareret columna illa. Nam de Segor forsitan sexto

Der Rundblick vom Berg Nebo

Dann aber sagten die Kenner des Ortes, d. h. die heiligen
Priester und Mönche, zu uns: »Wenn ihr die Orte sehen
wollt, die in den Büchern Mose geschrieben stehen, dann
tretet vor das Tor der Kirche und seht von diesem Gipfel,
soviel man allerdings von hier aus sehen kann, und schaut
herum, und wir sagen euch die einzelnen Orte hier, die man
sehen kann.« (4) Da waren wir ganz erfreut und gingen sogleich hinaus. Vom Tor dieser Kirche sahen wir nämlich
den Ort, an dem der Jordan ins Tote Meer einmündet, ein
Ort, der sich gerade unter uns zeigte, wie wir da standen.
Wir sahen vor uns nicht nur Livias, das diesseits des Jordan ist, sondern auch Jericho jenseits davon; so hoch ragte
der Ort empor, auf dem wir uns befanden, d. h. vor dem
Kirchentor. (5) Auch den größten Teil von Palästina, wel-
ches das Land der Verheißung ist, sah man von dort, dazu
das ganze Jordanland, soweit das Auge blicken konnte. Zur
Linken sahen wir alle Länder der Sodomiten und zudem
Segor [Gen 19,22 in der Septuaginta[B]; hebräisch Zoar] –
Segor, das als einzige Stadt von jenen fünf Städten bis heute
besteht [Gen 14,2; Dtn 34,3]. (6) Es steht auch ein Denk-
mal dort, von den übrigen Städten aber ist nichts mehr zu
sehen außer einem Trümmerfeld, wie sie in Asche verwan-
delt worden sind. Auch der Ort, wo die [Salzsäule mit der]
Inschrift von Lots Frau gewesen ist, wurde uns gezeigt; von
diesem Ort liest man auch in den [Heiligen] Schriften [Gen
19,26]. (7) Aber glaubt mir, ehrwürdige Damen, weil diese
Säule nicht mehr sichtbar ist, wird nur dieser Ort gezeigt;
die Säule selbst soll aber vom Toten Meer überdeckt worden sein. Da wir sicher den Ort, aber keine Säule sahen,
kann ich euch darüber nichts Falsches angeben. Auch der
Bischof dieses Ortes, d. h. von Segor [s. o. XII 5], sagte uns
nämlich, es sei schon einige Jahre her, seit die Säule nicht

miliario ipse locus <est>, ubi stetit columna illa, quod nunc
totum cooperit aqua. (8) Item de dextra parte ecclesiae,
a foras tamen, accessimus et ostensae sunt nobis inde a
contra duae civitates, id est Esebon, quae fuit regis Seon,
regis Amorreorum, quae nunc appellatur ›Exebon‹, et alia
Og, regis Basan, quae nunc dicitur ›Safdra‹. Item de eodem
loco ostensa est nobis a contra Fogor, quae fuit civitas regni
Edom. (9) Hae autem civitates omnes, quas videbamus,
in montibus erant positae, infra autem modice deorsum
planior locus nobis videbatur. Tunc dictum est nobis, quia
in isdem diebus, qua sanctus Moyses vel filii Israhel contra
illas civitates pugnaverant, castra ibi fixa habuissent; nam
et signa ibi parebant castrorum. (10) Sane <de> illa parte
montis, quam dixi sinistra, quae erat super mare mortuum,
ostensus est nobis mons praecisus valde, qui dictus est ante
›agri specula‹. Hic est mons, in quo posuit Balac filium
Beor, Balaam divinum, ad maledicendos filios Israhel et
noluit Deus ita permittere, sicut scriptum est. (11) Ac sic
ergo visis omnibus, quae desiderabamus, in nomine Dei
revertentes per Iericho et iter omne, quod iveramus, regressi
sumus in Ierusolimam.

mehr sichtbar sei. Von Segor aus ist etwa am 6. Meilenstein[Z] der Ort, wo die Säule stand und wo alles heute das
Meer bedeckt. (8) Und so traten wir vor die rechte Seite der
Kirche, außen natürlich, und gezeigt wurden uns von hier
aus gegenüber zwei Städte, d. h. Heschbon, die dem König
Sihon, dem König der Amoriter, gehörte [Num 21,26; Dtn
29,6] und heute »Exebon« genannt wird, und die andere
des Og, des Königs von Baschan [Num 21,33; Dtn 3,10], die
heute »Safdra« heißt. Ebenso wurde uns von demselben Ort
aus gegenüber Fogor [so die Septuaginta[B]; hebräisch Peor]
gezeigt, eine Stadt des Königreiches Edom [Num 23,28;
Dtn 4,46]. (9) Alle diese Städte aber, die wir sahen, lagen
auf Bergen, unterhalb aber, ein wenig tiefer, schien uns der
Ort ebener. Damals wurde uns gesagt, in eben den Tagen,
als der heilige Mose und die Israeliten gegen jene Städte
kämpften, hätten sie dort das Lager aufgeschlagen, und es
waren dort noch Zeichen vom Lager sichtbar. (10) Freilich
wurde uns auf der Seite des Berges, die ich die linke nann-
te und die über dem Toten Meer lag, ein sehr steiler Berg
gezeigt, der früher *agri specula* [»Feldwache«] hieß [Num
23,14 in der Septuaginta[B]]. Dies ist der Berg, auf den der
Wahrsager Balak den Sohn des Beor, den göttlichen Bileam,
hinstellte, um die Israeliten zu verfluchen, doch Gott wollte
es nicht zulassen, wie geschrieben steht [Num 22,1–24,25].
(11) Und als wir alles gesehen hatten, was wir ersehnten,
kehrten wir im Namen Gottes über Jericho zurück und
kamen den ganzen Weg, den wir gegangen waren, wieder
zurück nach Jerusalem.

XIII (1) Item post aliquantum tempus volui etiam ad regionem Ausitidem accedere propter visendam memoriam sancti Iob gratia orationis. Multos enim sanctos monachos videbam inde venientes in Ierusolimam ad visenda loca sancta gratia orationis, qui singula referentes de eisdem locis fecerunt magis desiderium imponendi mihi laboris, ut etiam usque ad illa loca accederem, si tamen labor dici potest, ubi homo desiderium suum compleri videt. (2) Itaque ergo profecta sum de Ierusolima cum sanctis, qui tamen dignati sunt itineri meo comitatum praestare, et ipsi tamen gratia orationis. Habens ergo iter ab Ierusolima usque ad Carneas eundo per mansiones octo – Carneas autem dicitur nunc civitas Iob, quae ante dicta est Dennaba in terra Ausitidi, in finibus Idumeae et Arabiae –; in quo itinere iens vidi super ripam fluminis Iordanis vallem pulchram satis et amoenam, abundantem vineis et arboribus, quoniam aquae multae ibi erant et optimae satis. (3) Nam in ea valle vicus erat grandis, qui appellatur nunc Sedima. In eo ergo vico, qui est in media planitie positus, in medio loco est monticulus non satis grandis, sed factus sicut solent esse tumbae, sed grandes; ibi ergo in summo ecclesia est et deorsum per girum ipsius colliculi parent fundamenta grandia antiqua, nunc autem in ipso vico turbae aliquantae commanent. (4) Ego autem cum viderem locum tam gratum, requisivi, quisnam locus esset ille tam amoenus. Tunc dictum est mihi: »Haec est civitas regis Melchisedech, quae dicta est ante Salem, unde

DAS GRABMAL DES HIOB

Durch die Ausitis nach Sedima

XIII (1) Und so wollte ich nach einiger Zeit auch in die Gegend Ausitis [so Hiob 1,1 in der Septuaginta[B]; hebräisch Uz] gehen, um das Grabmal des heiligen Hiob um des Gebetes willen zu sehen. Denn ich sah viele heilige Mönche von dort nach Jerusalem kommen, um die heiligen Stätten um des Gebetes willen zu sehen; sie berichteten Einzelnes über jene Orte und weckten in mir größere Sehnsucht, die Mühe auf mich zu nehmen, auch bis zu jenen Orten zu gelangen, sofern man überhaupt von Mühe sprechen kann, wenn der Mensch sieht, dass seine Sehnsucht erfüllt wird. (2) Also brach ich von Jerusalem mit den Heiligen auf, die geruhten, mir auf meiner Reise Begleitung zu gewähren, auch diese um des Gebetes willen. Den Weg von Jerusalem nach Karneas nehmend, wobei ich über 8 Halten lief – Karneas aber heißt jetzt die Stadt des Hiob, die früher Dennaba [Dhuneibe] im Land Ausitis hieß, im Gebiet von Idumaea und Arabia [so Hiob 42,17b nur in der Septuaginta[B]] –; auf diesem Weg gehend sah ich am Ufer des Jordan ein ganz schönes und liebliches Tal, reich an Weingärten und Bäumen, weil es dort viele und ganz ausgezeichnete Gewässer gab. (3) In diesem Tal nämlich war ein großer Weiler, der jetzt Sedima [Tell er Radgha] heißt. In diesem Weiler, der mitten in der Ebene liegt, erhebt sich in der Mitte ein Hügel, nicht ganz hoch, aber so geformt, wie *tumbae* zu sein pflegen [s. S. 12], und zwar große; auf seinem Gipfel steht eine Kirche; unten im Kreis um diesen Hügel sind große alte Fundamente sichtbar: Auch jetzt noch sind in diesem Weiler einige Trümmerhaufen geblieben. (4) Als ich diesen so anmutigen Ort sah, fragte ich, was dies für ein lieblicher Ort sei. Dann wurde mir gesagt: »Das ist die Stadt des Königs Melchisedek, die früher Salem hieß, wonach dieser

nunc corrupto sermone Sedima appellatur ipse vicus. Nam
in isto colliculo, qui est medio vico positus, in summitatem
ipsius fabricam quam vides ecclesia est, quae ecclesia nunc
appellatur Graeco sermone ›opu Melchisedech‹. Nam hic
est locus, ubi optulit Melchisedech hostias Deo puras, id est
panes et vinum, sicut scriptum est eum fecisse.«

XIV (1) Statim ergo ut haec audivi, descendimus de
animalibus, et ecce occurrere dignatus est sanctus presbyter
ipsius loci et clerici; qui nos statim suscipientes duxerunt
suso ad ecclesiam. Ubi cum venissemus, statim iuxta
consuetudinem primum facta est oratio, deinde lectus
est ipse locus de libro sancti Moysi, dictus est etiam
psalmus unus competens loco ipsi, et denuo facta oratione
descendimus. (2) Cum ergo descendissemus, ait nobis ille
sanctus presbyter iam senior et de scripturis bene instructus,
id est qui ipsi loco praeerat ex monacho, cui presbytero
et episcopi plurimi, quantum postmodum cognovimus,
vitae ipsius testimonium grande ferebant, nam hoc de
ipso dicebant, dignus qui praesit in hoc loco, ubi sanctus
Melchisedech advenientem sanctum Abraham hostias
Deo puras primus optulit. Cum ergo descendissemus, ut
superius dixi, de ecclesia deorsum, ait nobis ipse sanctus
presbyter: »Ecce ista fundamenta in giro colliculo isto,
quae videtis, hae sunt de palatio regis Melchisedech. Nam
inde adhuc sic si quis subito iuxta sibi vult facere domum
et fundamenta inde continget, aliquotiens et de argento et
aeramento modica frustella ibi invenit. (3) Nam ecce ista
via, quam videtis transire inter fluvium Iordanem et vicum

Weiler jetzt in verderbter Sprache Sedima genannt wird. Auf diesem Hügel da, der in der Mitte des Weilers liegt, oben auf seinem Gipfel das Bauwerk, das du sieht, ist eine Kirche, und diese Kirche wird auf Griechisch *hopu Melchisedek* [»von wo Melchisedek«] genannt. Hier ist nämlich der Ort, wo Melchisedek Gott reine Opfer darbrachte, d. h. Wein und Brot, wie geschrieben steht, dass er sie gemacht habe [Gen 14,18].«

XIV (1) Sofort, als ich dies hörte, stiegen wir von den Tieren ab, und siehe, der heilige Priester dieses Ortes und die Kleriker geruhten, uns entgegenzukommen; sie empfingen uns sofort und führten uns zur Kirche hinauf. Als wir dort ankamen, wurde sogleich nach dem Brauch ein Gebet gemacht, dann diese Stelle aus dem Buch des heiligen Mose vorgelesen, auch ein Psalm gesprochen, geeignet für diesen Ort, und dann erneut ein Gebet gemacht; danach stiegen wir hinab. (2) Als wir schon hinabgestiegen waren, sagte uns jener heilige Priester, der schon älter und in den [Heiligen] Schriften wohl bewandert war, d. h. der diesen Ort leitete – er stammt aus dem Mönchtum –, ein Priester, dem sehr viele Bischöfe, wie wir später erfuhren, über sein Leben ein großartiges Zeugnis ausstellten, denn über ihn sagten sie, er sei würdig, diesen Ort zu leiten, wo der heilige Melchisedek, als Abraham ankam, Gott zuerst die reinen Gaben dargebracht habe. Als wir also hinab gestiegen waren, wie ich oben gesagt habe, von der Kirche herunter, sagte uns dieser heilige Priester: »Siehe, diese Fundamente rings um den Hügel, die ihr da seht, die stammen von dem Palast des Melchisedek. Auch heute noch wird nämlich jemand, der sich gleich hier ein Haus bauen will und die Fundamente da berührt, kleine Silber- und Bronzestückchen finden. (3) Und siehe, der Weg da, den ihr zwischen dem Fluss Jordan und diesem Weiler hindurch ziehen seht, ist jener Weg,

istum, haec est qua via regressus est sanctus Abraham de caede Codollagomor, regis gentium, revertens in Sodomis, qua ei occurrit sanctus Melchisedech, rex Salem.«

XV (1) Tunc ergo quia retinebam scriptum esse baptizasse sanctum Iohannem in Enon iuxta Salim, requisivi de eo, quam longe esset ipse locus. Tunc ait ille sanctus presbyter: »Ecce hic est in ducentis passibus. Nam si vis, ecce modo pedibus duco vos ibi. Nam haec aqua tam grandis et tam pura, quam videtis in isto vico, de ipso fonte venit.« (2) Tunc ergo gratias ei agere coepi et rogare, ut duceret nos ad locum, sicut et factum est. Statim ergo coepimus ire cum eo pedibus totum per vallem amoenissimam, donec perveniremus usque ad hortum pomarium valde amoenum, ubi ostendit nobis in medio fontem aquae optimae satis et purae, qui a semel integrum fluvium dimittebat. Habebat autem ante se ipse fons quasi lacum, ubi parebat fuisse operatum sanctum Iohannem baptistam. (3) Tunc dixit nobis ipse sanctus presbyter: »In hodie hic hortus aliter non appellatur Graeco sermone nisi ›cepos tu agiu Iohanni‹, id est quod vos dicitis Latine ›hortus sancti Iohannis‹. Nam et multi fratres sancti monachi de diversis locis venientes tendunt se, ut laventur in eo loco.« (4) Denuo ergo et ad ipsum fontem, sicut et in singulis locis, facta est oratio et lecta est ipsa lectio; dictus etiam psalmus competens et singula, quae consuetudinis nobis erant facere, ubicumque ad loca sancta veniebamus, ita et ibi fecimus. (5) Illud etiam presbyter sanctus dixit nobis, eo quod usque in hodierna die

auf dem der heilige Abraham vom Untergang des Kedor-Laomer, des Königs der Völker [Gen 14,1], zurückgekehrt ist, als er nach Sodom heimkehrte, wo ihm der heilige Melchisedek begegnete, der König von Salem [Gen 14,17–18].«

Abstecher nach Änon

XV (1) Weil ich behalten hatte, dass geschrieben steht, der heilige Johannes habe in Änon bei Salim getauft [Joh 3,23], fragte ich ihn, wie weit dieser Ort entfernt sei. Da sagte jener heilige Priester: »Siehe, hier ist es, 200 Doppelschritt[Z] entfernt. Wenn du willst, siehe, dann führe ich euch sofort zu Fuß hin. Dieses mächtige und klare Wasser, das ihr in diesem Weiler seht, kommt nämlich von dieser Quelle.« (2) Da begann ich ihm zu danken und ihn zu bitten, uns zu diesem Ort zu führen, wie es auch geschehen ist. Sofort begannen wir mit ihm zu Fuß immer durch das sehr liebliche Tal zu gehen, bis wir zu einem sehr hübschen Obstgarten kamen, wo er uns eine Quelle von ganz ausgezeichnetem und reinstem Wasser zeigte, die auf einmal einen richtigen Fluss entstehen ließ. Vor sich hatte aber diese Quelle eine Art kleinen See, wo offenbar der heilige Johannes der Täufer gewirkt hat. (3) Nun sprach zu uns diessr heilige Priester: »Bis heute wird dieser Garten nicht anders genannt in der griechischen Sprache als *kepos tu hagiu Iohanni*, d. h. was ihr auf Latein ›Garten des heiligen Johannes‹ nennt. Auch viele Brüder, heilige Mönche, kommen aus verschiedenen Orten, um sich an diesem Ort zu waschen.« (4) Erneut wurde auch an dieser Quelle, wie jeweils an allen Orten, ein Gebet gemacht und diese Lesung vorgetragen; gesprochen wurde auch ein passender Psalm, und alles, was zu tun unser Brauch war, wo immer wir an heilige Orte kamen, machten wir auch dort. (5) Auch das sagte uns der heilige Priester, dass bis zum heutigen Tag immer zu Ostern alle,

semper cata pascha, quicumque essent baptizandi in ipso
vico, id est in ecclesia, quae appellatur »opu Melchisedech«,
omnes in ipso fonte baptizarentur, sic redirent mature
ad candelas cum clericis et monachis dicendo psalmos
vel antiphonas et sic a fonte usque ad ecclesiam sancti
Melchisedech deducerentur mature omnes, qui fuissent
baptizati. (6) Nos ergo accipientes de presbytero eulogias,
id est de pomario sancti Iohannis baptistae, similiter et de
sanctis monachis, qui ibi monasteria habebant in ipso horto
pomario, et gratias semper Deo agentes profecti sumus iter
nostrum, quo ibamus.

XVI (1) Ac sic ergo euntes aliquandiu per vallem Iordanis
super ripam fluminis ipsius, quia ibi nobis iter erat
aliquandiu, ad subito vidimus civitatem sancti prophetae
Heliae, id est Thesbe, unde ille habuit nomen »Helias
Thesbites«. Inibi est ergo usque in hodie spelunca, in
qua sedit ipse sanctus, et ibi est memoria sancti Gethae,
cuius nomen in libris Iudicum legimus. (2) Ac sic ergo et
ibi gratias Deo agentes iuxta consuetudinem perexivimus
iter nostrum. Item euntes in eo itinere vidimus vallem de
sinistro nobis venientem amoenissimam, quae vallis erat
ingens, mittens torrentem in Iordanem infinitum. Et ibi in
ipsa valle vidimus monasterium cuiusdam fratris nunc, id
est monachi. (3) Tunc ego, ut sum satis curiosa, requirere
coepi, quae esset haec vallis, ubi sanctus monachus nunc
monasterium sibi fecisset; non enim putabam hoc sine
causa esse. Tunc dixerunt nobis sancti, qui nobiscum iter

die in diesem Weiler zu taufen sind, d. h. in der Kirche, die *hopu Melchisedek* heißt [s. o. XIII 4], in dieser Quelle getauft werden; dann kämen sie am frühen Morgen mit Leuchtern in Begleitung der Kleriker und Mönche zurück, unter Sprechen von Psalmen oder Antiphonen[L]; so werden alle von der Quelle bis zur Kirche des heiligen Melchisedek in der Frühe geführt, die getauft wurden. (6) Wir also empfingen vom Priester *eulogiae*[M] [Abschiedsgaben], d. h. vom Obstgarten des heiligen Johannes des Täufers, gleichermaßen auch gleichermaßen von den heiligen Mönchen, die dort in diesem Obstgarten ihre Mönchswohnstätten[M] hatten, dankten immer Gott und brachen auf unseren Weg auf, den wir gehen wollten.

Die Stadt Tischbe [Khan Mar Elyas]

XVI (1) Als wir so eine Zeitlang durch das Jordantal am Ufer dieses Flusses dahingingen, weil der Weg dort einige Zeit führte, sahen wir plötzlich die Stadt des heiligen Propheten Elia, d. h. Tischbe, woher er den Namen »Elia der Tischbiter« hatte [1Kön 17,1]. Dort also ist bis heute jene Höhle, in welcher dieser Heilige saß, und dort ist auch das Grabmal des heiligen Getha [Jeftah], dessen Namen wir in den Büchern der Richter lesen [Ri 12,7]. (2) Und so dankten wir auch dort Gott nach dem Brauch und setzten unseren Weg fort. Und so sahen wir, als wir auf diesem Weg zogen, zu unserer Linken ein sehr liebliches Tal; dieses Tal war riesig und ließ einen unermesslichen Strom in den Jordan ergießen. Dort in diesem Tal sahen wir jetzt die Mönchswohnstatt[M] eines bestimmten Bruders, d. h. eines Mönches. (3) Da begann ich, die ich ganz neugierig bin, zu fragen, was das für ein Tal sei, wo der heilige Mönch nun seine Mönchswohnstatt gemacht habe; ich glaubte nicht, dass dies ohne Grund sei. Da sagten uns die Heiligen, die mit uns unterwegs waren, d. h. die

faciebant, id est loci notores: »Haec est vallis Corra, ubi sedit sanctus Helias Thesbites temporibus Achab regis, qua famis fuit, et iusso Dei corvus ei escam portabat, et de eo torrente aquam bibebat. Nam hic torrens, quem vides de ipsa valle percurrentem in Iordanem, hic est Corra.« (4) Ac sic ergo nihilominus Deo gratias agentes, qui nobis non merentibus singula, quae desiderabamus, dignabatur ostendere, itaque ergo ire coepimus iter nostrum sicut singulis diebus. Ac sic ergo facientes iter singulis diebus ad subito de latere sinistro, unde e contra partes Phoenicis videbamus, apparuit nobis mons ingens et altus infinitum, qui tendebatur in longo […]

{[…] non grande […] est Denn<aba> […] civitas […] in Ausitide in finibus Arabiae. ubi stilquilinum […] vidimus episcopum […] ingressi sumus ad ecclesiam, quae est in ipsa civitate. Ut facta oratione rogavimus ut nobis singula loca ostenderet. Sicut et […] facere dignatus est. Nam statim duxit nos ad ipsum locum, ubi fuit stilquilinium – id est ubi sedit sanctus Iob –, quod erat tunc ante portam civitatis. Nunc autem quattuor muri additi sunt in […] civitatis cum porta propterea quoniam ut ipsud sterquilinium intra civitatem includere possit. Qui locus sterquilinii nunc quidem satis mundus est; nam religiose adtendent […] columnas quattuor quae sufferunt tectum in giro […]

Kenner des Ortes: »Dies ist das Tal Korra, wo der heilige Elia, der Tischbiter, zu Zeiten des Königs Ahab saß, als die Hungersnot herrschte; und auf Geheiß Gottes brachte ihm ein Rabe Speise und aus diesem Bach trank er, denn dieser Bach, den du aus diesem Tal in den Jordan einmünden siehst, der ist Korra.« [1Kön 17,3–6; »Korra« in der Septuaginta[B], hebräisch Krit]. (4) Und so dankten wir nichtsdestoweniger Gott, der geruhte, uns, ohne dass wir es verdienten, alles zu zeigen, was wir ersehnten, und begannen dann, wie an allen Tagen, unsere Weiterreise. Und als wir nun Tag für Tag unterwegs waren, zeigte sich uns plötzlich zur Linken, von wo wir uns gegenüber Gegenden Phönikiens sahen, ein riesiger und unermesslich hoher Berg, der sich weithin erstreckte [...]

Das Grabmal des Hiob
{Im *Codex Arretinus* fehlt eine Seite, der Neufund von 2005 [s. S. 14] überliefert in dieser Lücke Folgendes:

[...] nicht groß [...] ist Dennaba [...] die Stadt [...] in Ausitis im Gebiet von Arabia, wo wir den Misthaufen [Hiob 2,8 in der Septuaginta[B], hebräisch »Asche«; s. S. 17] [...] gesehen haben, den Bischof [...] wir sind eingetreten in die Kirche, die in dieser Stadt ist. Nachdem das Gebet gemacht worden war, haben wir gebeten, dass er uns die einzelnen Stätten zeigt. So hat auch [...] geruht, es zu machen. Sofort nämlich führte er uns zu diesem Ort, wo der Misthaufen war – d. h. wo der heilige Hiob saß –, der damals vor dem Tor der Stadt gelegen hatte. Jetzt aber sind vier Mauern hinzugefügt worden in [...] der Stadt mit einem Tor, dessentwegen dieser Misthaufen innerhalb der Stadt eingeschlossen werden konnte. Dieser Ort des Misthaufens ist jetzt ganz kahl, denn mit großer Verehrung pflegen [...] vier Säulen, die im Kreis ein Dach tragen [...]

[…] auxilio […] venissemus […] ingressi sim(us) […]ti area
erit […]a area […] de ultra ut […] eade<m> Nimiu<m>
connectatis […]sinna. Hoc aut satis mirati sumus. Ibi erant
tota conmembra quae […] habebat et porticus grandis. Et
omnis fabrica ipsius sine materia tectus erat valde fortis,
nam de lapide firmissimo, ac si trabes facti sunt infixa vi
fabricam totam ipsam sustinent de arcu in arcu, quoniam
fretus arcus habet ita tamen ut duodenos pedes inter se
habeant illi arcus. Ingressi sumus hora forsitan decima, facta
est oratio et singula quae consueveramus facere ubicumque
ad loca desiderata veniebamus. Et quoniam sexta feria erat,
nocte[…]}

(5) Qui sanctus monachus, vir ascitis, necesse habuit post tot
annos, quibus sedebat in eremum, movere se et descendere
ad civitatem Carneas, ut commoneret episcopum vel
clericos temporis ipsius, iuxta quod ei fuerat revelatum, ut
foderent in eo loco, qui ei fuerat ostensus, sicut et factum
est. (6) Qui fodientes in eo loco, qui ostensus fuerat,
invenerunt speluncam, quam sequentes fuerunt forsitan
per passus centum, quo ad subito fodientibus illis adparuit
lapis; quem lapidem cum perdisco pervissent, invenerunt
sculptum in coperculo ipsius ›Iob‹. Cui Iob ad tunc in
eo loco facta est ista ecclesia, quam videtis, ita tamen, ut
lapis cum corpore non moveretur in alio loco, sed ibi, ubi
inventum fuerat corpus, positum esset, et ut corpus subter
altarium iaceret. illa autem ecclesia, quam tribunus nescio
qui faciebat, sic stat inperfecta usque in hodie. (7) Ac sic
ergo nos alia die mane rogavimus episcopum, ut faceret

[...] zu Hilfe [...] wir kamen [...] wir traten ein [...] eine
Gegend war [...] eine Gegend [...] von jenseits [...] dieselbe
Nimium verbunden [...]sinna. Darüber aber haben wir uns
ganz gewundert. Dort waren alle Mitglieder, die [...] hatte
eine große Säulenhalle. Und das ganze Material von ihr war
ohne Bauholz sehr fest abgedeckt, nämlich aus sehr starkem
Stein, und wo Balken gemacht worden waren, tragen sie mit
ihrer festen Kraft dieses ganze Bauwerk selbst von Bogen zu
Bogen, weil es feste Bögen so hat, dass jene Bögen dennoch
je 12 Fuß zwischen sich haben. Eingetreten sind wir etwa zur
10. Stunde[Z], ein Gebet wurde gemacht und alles, was zu tun
unser Brauch war, wo immer wir zu den ersehnten Orten
kamen. Und weil es der Samstag[Z] war, in der Nacht [...]}

(5) Dieser heilige Mönch, ein Asket[M], hielt es für notwen-
dig, nach so vielen Jahren, die er in der Wüste gesessen hatte,
aufzubrechen und in die Stadt Karneas [vgl. o. XIII 2] hin-
abzusteigen, um den Bischof und die Kleriker dieser Zeit zu
ermahnen, gemäß dem, was ihm enthüllt worden war, an
dem Ort zu graben, der ihm gezeigt worden war, so wie es
auch geschehen ist. (6) Als diese dort gruben, wo es gezeigt
worden war, fanden sie eine Höhle, der sie etwa 100 Doppelschritt[Z] nachgingen, wo sich ihnen beim Graben plötzlich ein Stein zeigte, und als sie diesen Stein freigelegt hatten, fanden sie auf seiner Oberfläche eingemeißelt: »Hiob«.
Diesem Hiob wurde damals hier diese Kirche errichtet, die
ihr seht, so jedoch, dass der Stein mit dem Leichnam nicht
an einen anderen Platz gebracht, sondern dort, wo man den
Leichnam gefunden hatte, in Ruhe liegen gelassen wurde
und der Leichnam unter dem Altar liegt. Jene Kirche aber,
die ein Tribun – ich weiß nicht, wer – erbauen ließ, steht bis
heute noch unvollendet da. (7) Und so baten wir am Morgen des nächsten Tages den Bischof, das Opfer darzubrin-

oblationem, sicut et facere dignatus est, et benedicens nos episcopus profecti sumus. Communicantes ergo et ibi, gratias agentes Deo semper, regressi sumus in Ierusolimam, iter facientes per singulas mansiones, per quas ieramus <ante> tres annos.

XVII (1) Item in nomine Dei, transacto aliquanto tempore, cum iam tres anni pleni essent, a quo in Ierusolimam venisse, visis etiam omnibus locis sanctis, ad quos orationis gratia me tenderam, et ideo iam revertendi ad patriam animus esset, volui iubente Deo, ut et ad Mesopotamiam Siriae accedere ad visendos sanctos monachos, qui ibi plurimi et tam eximiae vitae esse dicebantur, ut vix referri possit, nec non etiam et gratia orationis ad martyrium sancti Thomae apostoli, ubi corpus illius integrum positum est, id est apud Edessam, quem se illuc missurum, posteaquam in caelis ascendisset, Deus noster Iesus testatus est per epistolam, quam ad Aggarum regem per Ananiam cursorem misit, quae epistolam cum grandi reverentia apud Edessam civitatem, ubi est ipsud martyrium, custoditur. (2) Nam mihi credat volo affectio vestra, quoniam nullus Christianorum est, qui non se tendat illuc gratia orationis, quicumque tamen usque ad loca sancta, id est in Ierusolimis, accesserit; et hic locus de Ierusolima vicesima et quinta mansione est. (3) Et quoniam de Antiochia propius est Mesopotamiam, fuit

gen, wie er es auch zu tun geruhte, und nachdem uns der Bischof gesegnet hatte, brachen wir auf. Wir nahmen auch dort an der Kommunion[L] teil, dankten ständig Gott und kehrten dann nach Jerusalem zurück, wobei wir unseren Weg über alle Halte machten, durch die wir schon 3 Jahre zuvor gezogen waren.

MESOPOTAMIEN

Aufbruch nach Mesopotamien

XVII (1) Und so im Namen Gottes, als schon einige Zeit vergangen war und 3 Jahre voll waren, seit ich nach Jerusalem gekommen war, und ich schon alle heiligen Stätten gesehen hatte, zu denen ich um des Gebetes willen gezogen war, und als da mir schon in den Sinn gekommen war, in die Heimat zurückzukehren, da wollte ich auf Geheiß Gottes noch nach Mesopotamien in Syrien ziehen, um die heiligen Mönche zu sehen, die es dort – wie man sagte – in großer Zahl und von so heiligem Lebenswandel gibt, dass man es kaum berichten kann, und auch um des Gebetes willen am Märtyrergrabmal[M] des heiligen Apostels Thomas, wo sein ganzer Leichnam bestattet ist, d. h. bei Edessa [Urfa / Şanlıurfa]; dass er ihn dorthin senden werde, wenn er in den Himmel aufgestiegen sei, hat unser Gott Jesus Christus durch den Brief[B] bezeugt, den er an den König Abgar durch den Läufer Ananias sandte – ein Brief, der mit großer Ehrfurcht in der Stadt Edessa bewahrt wird, wo dieses Märtyrergrabmal ist. (2) Es mag mir nämlich eure liebe Gemeinschaft glauben, dass es keinen unter den Christen gibt, der nicht dorthin um des Gebetes willen zieht, unter all denen, die zu den heiligen Stätten, d. h. nach Jerusalem, gekommen sind; dieser Ort ist von Jerusalem aus am 25. Halt. (3) Und weil er von Antiochia [Antakya] näher an

mihi iubente Deo oportunum satis, ut, quemadmodum revertebar Constantinopolim, quia per Antiochiam iter erat, inde ad Mesopotamiam irem, sicut et factum est Deo iubente.

XVIII (1) Itaque ergo in nomine Christi Dei nostri profecta sum de Antiochia ad Mesopotamiam habens iter per mansiones seu civitates aliquot provinciae Siriae Celen, quae est Antiochiae, et inde ingressa fines provinciae Augustofratensis perveni ad civitatem Gerapolim, quae est metropolis ipsius provinciae, id est Augustofratensis. Et quoniam haec civitas valde pulchra et opulenta est atque abundans omnibus, necesse me fuit ibi facere stativam, quoniam iam inde non longe erant fines Mesopotamiae. (2) Itaque ergo proficiscens de Ierapolim in quintodecimo miliario in nomine Dei perveni ad fluvium Euphraten, de quo satis bene scriptum est esse »flumen magnum Euphraten« et ingens, et quasi terribilis est; ita enim decurrit habens impetum, sicut habet fluvius Rhodanus, nisi quod adhuc maior est Euphrates. (3) Itaque ergo quoniam necesse erat eum navibus transire, et navibus non nisi maioribus, ac sic immorata sum ibi forsitan plus media die; et inde in nomine Dei transito flumine Euphraten ingressa sum fines Mesopotamiae Siriae.

XIX (1) Ac sic denuo faciens iter per mansiones aliquot perveni ad civitatem, cuius nomen in scripturis positum legimus, id est Batanis, quae civitas usque in hodie est. Nam et ecclesia cum episcopo vere sancto et monacho et confessore habet et martyria aliquanta. Ipsa etiam civitas

Mesopotamien ist, war es für mich auf Geheiß Gottes ganz günstig, auf meiner Heimreise nach Konstantinopel, da der Weg über Antiochia ging, von dort nach Mesopotamien zu gehen, wie es auch auf Geheiß Gottes geschehen ist.

Der Euphrat

XVIII (1) Und so brach ich also im Namen unseres Gottes Christus von Antiochia nach Mesopotamien auf, wobei ich durch mehrere Halte oder Städte der Provinz Koilesyrien zog, welche die Provinz Antiochias ist; und von dort betrat ich das Gebiet der Provinz Augusta Euphratensis, kam zur Stadt Hierapolis, der Hauptstadt dieser Provinz, d. h. von Augusta Euphratensis. Und weil diese Stadt sehr schön und wohlhabend ist und Überfluss an allem hat, musste ich dort Quartier machen, weil von dort das Gebiet von Mesopotamien nicht mehr weit ist. (2) Als ich demnach von Hierapolis am 15. Meilenstein aufbrach, kam ich im Namen Gottes zum Fluss Euphrat, über den ganz richtig geschrieben steht, es gebe »einen großen Fluss Euphrat« [Gen 15,18], und er ist riesig und wahrhaft schrecklich; er stürzt nämlich mit solcher Wucht herab, wie sie der Fluss Rhône hat [s. S. 12], nur ist der Euphrat noch größer. (3) Weil man ihn daher auf Schiffen überqueren musste, und zwar nur auf größeren, so verweilte ich dort vielleicht mehr als ½ Tag; als ich dann im Namen Gottes den Euphrat überschritten hatte, betrat ich das Gebiet Mesopotamiens in Syrien.

Die Stadt Edessa [Urfa / Şanlıurfa]

XIX (1) Und als ich so mehrere Halte weiter zog, kam ich zu einer Stadt, deren Namen wir in den [Heiligen] Schriften lesen, d. h. Batanis [nicht in der Bibel erwähnt]; diese Stadt besteht bis heute. Sie hat nämlich eine Kirche mit einem wahrhaft heiligen Bischof, Mönch und Bekenner und ei-

abundans multitudine hominum est; nam et miles ibi sedet cum tribuno suo. (2) Unde denuo proficiscens, pervenimus in nomine Christi Dei nostri Edessam. Ubi cum pervenissemus, statim perreximus ad ecclesiam et ad martyrium sancti Thomae. Itaque ergo iuxta consuetudinem factis orationibus et cetera, quae consuetudo erat fieri in locis sanctis, nec non etiam et aliquanta ipsius sancti Thomae ibi legimus. (3) Ecclesia autem, ibi quae est, ingens et valde pulchra et nova dispositione, ut vere digna est esse domus Dei; et quoniam multa erant, quae ibi desiderabam videre, necesse me fuit ibi stativa triduana facere. (4) Ac sic ergo vidi in eadem civitate martyria plurima nec non et sanctos monachos, commanentes alios per martyria, alios longius de civitate in secretioribus locis habentes monasteria. (5) Et quoniam sanctus episcopus ipsius civitatis, vir vere religiosus et monachus et confessor, suscipiens me libenter ait mihi: »Quoniam video te, filia, gratia religionis tam magnum laborem tibi imposuisse, ut de extremis porro terris venires ad haec loca, itaque ergo, si libenter habes, quaecumque loca sunt hic grata ad videndum Christianis, ostendimus tibi.« Tunc ergo gratias agens Deo primum et sic ipsum rogavi plurimum, ut dignaretur facere, quod dicebat.

(6) Itaque ergo duxit me primum ad palatium Aggari regis et ibi ostendit mihi archiotypam ipsius ingens, simillimam, ut ipsi dicebant, marmoream, tanti nitoris ac si de margarita esset; in cuius Aggari vultu parebat de contra vere fuisse

nige Märtyrergrabmale[M]. Diese Stadt hat eine Vielzahl von
Einwohnern, auch Soldaten lagern dort mit ihrem Tribu-
nen. (2) Von dort wieder aufbrechend, kamen wir im Namen Christi, unseres Gottes, nach Edessa. Als wir dort angekommen waren, eilten wir sogleich zur Kirche und zum
Märtyrergrabmal des heiligen Thomas. Als wir dort nach
dem Brauch Gebete gemacht hatten, lasen wir dort außer
anderem, was an heiligen Orten zu machen unser Brauch
war, auch aus den Schriften des heiligen Thomas[B] selbst.
(3) Die Kirche, die es dort gibt, ist riesig, sehr schön und
neu erbaut, so dass sie wahrhaft würdig ist, ein Gotteshaus
zu sein; und weil es viel gab, was ich dort zu sehen ersehnte, musste ich dort 3 Tage lang Quartier machen. (4) Und
ich sah in dieser Stadt zahlreiche Märtyrergrabmale und
auch heilige Mönche, von denen die einen bei den Märtyrergrabmalen wohnten, die anderen weiter außerhalb der
Stadt in zurückgezogeneren Orten ihre Mönchswohnstätten[M] hatten. (5) Und weil der heilige Bischof dieser Stadt,
ein wahrhaft religiöser Mann, Mönch und Bekenner, mich
gastfreundlich aufnahm und sagte: »Weil ich sehe, dass du,
Tochter, um der Religion willen so große Mühe auf dich
genommen hast, dass du von den entfentesten Orten hierher kamst, deshalb also wollen wir dir, wenn du willst, alle
Orte zeigen, die den Christen zu sehen willkommen sind.«
Darum dankte ich zuerst Gott und dann ihm und bat ihn
vielfach, er möge das zu tun geruhen, was er gesagt hatte.

Der Palast des Abgar
(6) Daher führte er mich zuerst zum Palast des Königs Abgar
und zeigte mir dort dessen riesige Statue, die ihm sehr ähnlich war, wie diese Leute sagten, aus Marmor, von so hellem
Glanz, als ob sie aus Perlen wäre; in seiner, des Abgars Miene
zeigte sich, dass dieser Mann ganz weise und ehrenvoll ge-

hunc virum satis sapientem et honoratum. Tunc ait mihi
sanctus episcopus: »Ecce rex Aggarus, qui antequam videret
Dominum, credidit ei, quia esset vere filius Dei.« Nam
erat et iuxta archiotypa similiter de tali marmore facta,
quam dixit filii ipsius esse Magni, similiter et ipsa habens
aliquid gratiae in vultu. (7) Item perintravimus in interiori
parte palatii; et ibi erant fontes piscibus pleni, quales ego
adhuc nunquam vidi, id est tantae magnitudinis et vel tam
perlustres aut tam boni saporis. Nam ipsa civitas aliam
aquam penitus non habet nunc nisi eam, quae de palatio
exit, quae est ac si fluvius ingens argenteus. (8) Et tunc
retulit mihi de ipsa aqua sic sanctus episcopus dicens:
»Quodam tempore, posteaquam scripserat Aggarus rex ad
Dominum et Dominus rescripserat Aggaro per Ananiam
cursorem, sicut scriptum est in ipsa epistola; transacto ergo
aliquanto tempore superveniunt Persae et girant civitatem
istam. (9) Sed statim Aggarus epistolam Domini ferens ad
portam cum omni exercitu suo publice oravit. Et post dixit:
›Domine Iesu, tu promiseras nobis, ne aliquis hostium
ingrederetur civitatem istam, et ecce nunc Persae inpugnant
nos.‹ quod cum dixisset tenens manibus levatis epistolam
ipsam apertam rex, ad subito tantae tenebrae factae sunt,
foras civitatem tamen ante oculos Persarum, cum iam
prope plicarent civitati, ita ut usque tertium miliarium
de civitate essent; sed ita mox tenebris turbati sunt, ut
vix castra ponerent et pergirarent in miliario tertio totam
civitatem. (10) Ita autem turbati sunt Persae, ut nunquam
viderent postea, qua parte in civitate ingrederentur, sed
custodirent civitatem per giro clusam hostibus in miliario

wesen war. Da sagte mir der heilige Bischof: »Siehe, König
Abgar, der schon, bevor er den Herrn sah, ihm glaubte, dass
er wahrhaft Gottes Sohn sei!« Und daneben war noch eine
gleichermaßen aus solchem Marmor geschaffene Statue, von
der er sagte, es sei die Statue seines Sohnes Magnus; sie hatte
gleichermaßen in ihrem Antlitz einen Ausdruck der Gnade.
(7) Und so traten wir in das Innere des Palastes; dort waren
Quellen, voll von Fischen, wie ich sie bisher niemals gesehen habe, d. h. von solcher Größe, so herrlich und von so
gutem Geschmack! Diese Stadt nämlich hat im Inneren gar
kein anderes Wasser als dieses, das wie ein riesiger silberner
Strom aus dem Palast kommt. (8) Und dann berichtete mir
der heilige Bischof über dieses Wasser und sagte: »Einst, als
der König Abgar an den Herrn geschrieben und der Herr
an Abgar durch den Läufer Ananias zurückgeschrieben hatte,
so wie es in diesem Brief[B] geschrieben steht; als also einige
Zeit vergangen war, überfallen und umzingeln die Perser diese Stadt. (9) Da trug sofort Abgar den Brief des Herrn zum
Tor und betete mit seinem ganzen Heer öffentlich. Danach
sagte er: ›Herr Jesus, du hattest uns versprochen, dass kein
Feind diese Stadt betreten werde, und siehe, nun bekämpfen
uns die Perser!‹ Als der König, der in den erhobenen Händen diesen geöffneten Brief hielt, dies gesagt hatte, gab es
plötzlich eine solche Finsternis außerhalb der Stadt, doch vor
den Augen der Perser, die sich schon der Stadt so näherten,
dass sie bis zum 3. Meilenstein[Z] vor der Stadt waren; und sie
wurden bald so von der Finsternis verwirrt, dass sie kaum
das Lager aufschlagen und die ganze Stadt im Abstand des
3. Meilensteins[Z] umgeben konnten. (10) So aber sind die
Perser verwirrt worden, dass sie später nie eine Seite fanden,
wo sie in die Stadt hätten eindringen können, sondern die
Stadt umzingelten, die in einem Umkreis des 3. Meilensteins[Z] von Feinden umschlossen war; und sie umlagerten

tamen tertio, quam tamen custodierunt mensibus aliquod.
(11) Postmodum autem, cum viderent se nullo modo posse
ingredi in civitatem, voluerunt siti eos occidere, qui in
civitate erant. Nam monticulum istum, quem vides, filia,
super civitate hac, in illo tempore ipse huic civitati aquam
ministrabat. Tunc videntes hoc Persae averterunt ipsam
aquam a civitate et fecerunt ei decursum contra ipso loco,
ubi ipsi castra posita habebant. (12) In ea ergo die et in
ea hora, qua averterant Persae aquam, statim hii fontes,
quos vides in eo loco, iusso Dei a semel eruperunt; ex ea
die hi fontes usque in hodie permanent hic gratia Dei.
Illa autem aqua, quam Persae averterant, ita siccata est in
ea hora, ut nec ipsi haberent vel una die quod biberent,
qui obsedebant civitatem, sicut tamen et usque in hodie
apparet; nam postea nunquam nec qualiscumque humor
ibi apparuit usque in hodie. (13) Ac sic iubente Deo, qui
hoc promiserat futurum, necesse fuit eos statim reverti ad
sua, id est in Persida. Nam et postmodum quotienscumque
voluerunt venire et expugnare hanc civitatem hostes, haec
epistola prolata est et lecta est in porta, et statim nutu Dei
expulsi sunt omnes hostes.« (14) Illud etiam retulit sanctus
episcopus: »Eo quod hii fontes ubi eruperunt, ante sic fuerit
campus intra civitatem subiacens palatio Aggari. Quod
palatium Aggari quasi in editiori loco positum erat, sicut
et nunc paret, ut vides. Nam consuetudo talis erat in illo
tempore, ut palatia, quotiensque fabricabantur, semper
in editioribus locis fierent. (15) Sed postmodum quam hii
fontes in eo loco eruperunt, tunc ipse Aggarus filio suo
Magno, id est isti, cuius archiotypa vides iuxta patre posita,
hoc palatium fecit in eo loco, ita tamen, ut hii fontes intra
palatium includerentur.«

sie einige Monate lang. (11) Später aber, als sie sahen, dass sie auf keine Weise in die Stadt eindringen könnten, wollten sie jene durch Durst töten, denn dieser kleine Berg, den du da siehst, Tochter, über dieser Stadt, versorgte zu jener Zeit die Stadt mit Wasser. Dies sahen die Perser, leiteten nun dieses Wasser von der Stadt weg und führten seinen Lauf zu dem Ort, an dem sie ihr Lager aufgeschlagen hatten. (12) An dem Tag und in der Stunde, als die Perser das Wasser abgeleitet hatten, brachen sogleich diese Quellen, die du an diesem Ort siehst, auf Geheiß Gottes auf einmal hervor; seit diesem Tag bleiben diese Quellen durch Gottes Gnade bis heute. Jenes Wasser aber, das die Perser abgeleitet hatten, vertrocknete in jener Stunde, so dass sie, die sie die Stadt belagerten, nicht einen Tag zu trinken hatten, wie es sich ja bis heute noch zeigt; später nämlich wurde niemals Feuchtigkeit, auch nicht die geringste, dort sichtbar, bis heute. (13) Und so mussten sie auf Geheiß Gottes, der versprochen hatte, dass dies geschehen werde, sofort in ihr Land, d. h. in die Persis, zurückkehren. Und auch später, sooft Feinde kommen und die Stadt erobern wollten, wurde dieser Brief hinausgetragen und im Tor verlesen, und sofort wurden auf das Nicken Gottes alle Feinde vertrieben.« (14) Auch das erzählte der heilige Bischof: »Wo diese Quellen hervorsprudelten, war vorher ein Feld innerhalb der Stadt, das unterhalb von Abgars Palast lag. Dieser Palast Abgars war an einem höheren Platz gelegen, was sich jetzt noch zeigt, wie du siehst. Es war nämlich zu jener Zeit Brauch, dass Paläste, wenn sie gebaut wurden, immer an höheren Orten angelegt wurden. (15) Aber nachdem diese Quellen hier hervorgebrochen waren, da hatte dieser Abgar seinem Sohn Magnus – d. h. dem, dessen Statue du neben dem Vater aufgestellt siehst [s. o. XIX 6] – diesen Palast an diesem Ort erbaut, so jedoch, dass diese Quellen innerhalb des Palastes eingeschlossen wurden.«

(16) Postea ergo quam haec omnia retulit sanctus episcopus, ait ad me: »Eamus nunc ad portam, per quam ingressus est Ananias cursor cum illa epistola, quam dixeram.« Cum ergo venissemus ad portam ipsam, stans episcopus fecit orationem et legit nobis ibi ipsas epistolas et denuo benedicens nos facta est iterato oratio. (17) Illud etiam retulit nobis sanctus ipse dicens: »Eo quod ex ea die, qua Ananias cursor per ipsam portam ingressus est cum epistolam Domini, usque in praesentem diem custodiatur, ne quis immundus, ne quis lugubris per ipsam portam transeat, sed nec corpus alicuius mortui eiciatur per ipsam portam.« (18) Ostendit etiam nobis sanctus episcopus memoriam Aggari vel totius familiae ipsius valde pulchra, sed facta more antiquo. Duxit etiam nos et ad illum palatium superiorem, quod habuerat primitus rex Aggarus, et si qua praeterea loca erant, monstravit nobis. (19) Illud etiam satis mihi grato fuit, ut epistolas ipsas sive Aggari ad Dominum sive Domini ad Aggarum, quas nobis ibi legerat sanctus episcopus, acciperem mihi ab ipso sancto. Et licet in patria exemplaria ipsarum haberem, tamen gratius mihi visum est, ut et ibi eas de ipso acciperem, ne quid forsitan minus ad nos in patria pervenisset; nam vere amplius est, quod hic accepi. Unde si Deus noster Iesus iusserit et venero in patria, legitis vos, dominae animae meae.

XX (1) Ac sic ergo facto ibi triduano necesse me fuit adhuc in ante accedere usque ad Charris, quia modo sic dicitur.

Die Briefe von Abgar und Jesus

(16) Nachdem also der heilige Bischof dies alles berichtet
hatte, sagte er zu mir: »Gehen wir nun zum Tor, durch das
der Läufer Ananias mit jenem Brief eingetreten ist, von
dem ich gesprochen habe.« Als wir also zu diesem Tor gekommen waren, machte der Bischof stehend ein Gebet, las
uns dort diese Briefe vor, segnete uns erneut und es wurde
noch ein Gebet gemacht. (17) Auch das erzählte uns noch
dieser Heilige und sagte: »Seit dem Tag, an dem der Läufer
Ananias dieses Tor mit dem Brief des Herrn betreten hat,
wird bis zum heutigen Tag darauf geachtet, dass kein Un-
reiner, kein Trauernder durch dieses Tor geht und dass auch
kein Leichnam hinausgetragen werde durch dieses Tor.«
(18) Es zeigte uns auch der heilige Bischof das Grabmal des
Abgar oder seiner ganzen Familie, das sehr schön, aber nach
alter Art gemacht ist. Er führte uns auch zu jenem höheren Palast, den zuerst der König Abgar gehabt hatte, und
wenn außerdem noch besondere Orte waren, zeigte er sie
uns. (19) Auch das war mir ganz angenehm, dass ich diese
Briefe, sei es den des Abgar an den Herrn oder sei es den
des Herrn an Abgar, die uns der heilige Bischof vorgelesen
hatte, von diesem Heiligen für mich erhielt. Und mag ich
auch in der Heimat Abschriften von diesen Briefen haben,
so schien es mir doch angenehmer, sie auch dort von ihm zu
empfangen, wenn sie etwa weniger vollständig zu uns in die
Heimat gekommen sein sollten, denn wahrhaft ist der Text
vollständiger, den ich hier erhielt. Wenn daher unser Gott
Jesus es befiehlt und ich in meine Heimat komme, werdet
auch ihr ihn lesen, meine lieben Damen.

Haran [Altınbaşak]

XX (1) Als ich nun dort 3 Tage verweilt hatte, war es notwen-
dig, weiter bis nach Haran [»Charra«] zu ziehen, wie es jetzt

Nam in scripturis sanctis dicta est ›Charra‹, ubi moratus est sanctus Abraham, sicut scriptum est in Genesi, dicente Domino ad Abraham: »Exi de terra tua et de domo patris tui et vade in Charram« et reliqua. (2) Ibi ergo cum venissem, id est in Charra, ibi statim fui ad ecclesiam, quae est intra civitate ipsa. Vidi etiam mox episcopum loci ipsius vere sanctum et hominem Dei, et ipsum et monachum et confessorem, qui mox nobis omnia loca ibi ostendere dignatus est, quae desiderabamus. (3) Nam duxit nos statim ad ecclesiam, quae est foras civitatem in eo loco, ubi fuit domus sancti Abrahae, id est in ipsis fundamentis et de ipso lapide, ut tamen dicebat sanctus episcopus. Cum ergo venissemus in ipsa ecclesia, facta est oratio et lectus ipse locus de Genesi, dictus etiam unus psalmus, et iterata oratione et sic benedicens nos episcopus egressi sumus foras. (4) Item dignatus est nos ducere ad puteum illum, unde portabat aquam sancta Rebecca. Et ait nobis sanctus episcopus: »Ecce puteus, unde potavit sancta Rebecca camelos pueri sancti Abrahae, id est Eleazari«; et singula ita nobis dignabatur ostendere.

(5) Nam ecclesia, quam dixi foras civitatem, dominae sorores venerabiles, ubi fuit primitus domus Abrahae, nunc et martyrium ibi positum est, id est sancti cuiusdam monachi nomine Helpidi. Hoc autem nobis satis gratum evenit, ut pridie martyrium die ibi veniremus, id est sancti ipsius Helpidii, nono K<al>. Maias, ad quam diem necesse

genannt wird. In den Heiligen Schriften wird es nämlich
»Charra« genannt, wo der heilige Abraham gewohnt hatte,
wie in der Genesis geschrieben steht, als der Herr zu Abraham sprach: »Geh aus deinem Vaterland und von deiner
Verwandtschaft und geh nach Charra« usw. [vgl. Gen 12,1,
wo aber Charra nicht erwähnt ist]. (2) Als ich dorthin kam,
d. h. nach Haran, ging ich sogleich in die Kirche, die in
dieser Stadt liegt, sah auch bald den Bischof dieses Ortes,
einen wahren Heiligen und Gottesmann, auch Mönch und
Bekenner, der bald geruhte, uns alle Orte dort zu zeigen,
die wir ersehnten. (3) Er führte uns nämlich sofort in die
Kirche, die vor der Stadt an dem Ort liegt, wo das Haus des
heiligen Abraham gestanden hat, d. h. auf denselben Fun-
damenten und demselben Stein, wie jedenfalls der heilige
Bischof sagte. Als wir nun in diese Kirche kamen, wurde ein
Gebet gemacht und diese Stelle aus der Genesis vorgelesen;
auch wurde ein Psalm gesprochen und nach einem erneu-
ten Gebet segnete uns der Bischof und wir gingen hinaus.
(4) Und so geruhte er, uns zu jenem Brunnen zu führen, von
dem die heilige Rebekka Wasser holte. Und es sagte uns der
heilige Bischof: »Siehe, der Brunnen, aus dem die heilige Rebekka die Kamele des Knechtes des heiligen Abraham, d. h.
des Eliëser [Gen 15,2], tränkte.« [Gen 24,11–20]; er geruhte,
uns alles Einzelne zu zeigen.

Der Martyriusmfesttag des heiligen Helpidius
(5) Die Kirche nämlich, die, wie ich sagte, vor der Stadt ist,
meine Damen, ehrwürdige Schwestern, wo einst das Haus
Abrahams war, dort ist jetzt auch ein Märtyrergrabmal[M] errichtet, d. h. des heiligen Mönches namens Helpidius. Das
aber traf sich für uns ganz angenehm, dass wir dorthin am
Tag vor dem Martyriumsfest ankamen, d. h. dem des heiligen Helpidius, am 23. April, an welchem Tag von überall-

fuit undique et de omnibus Mesopotamiae finibus omnes monachos in Charra descendere, etiam et illos maiores, qui in solitudine sedebant, quos ascites vocant, per diem ipsum, qui ibi satis granditer attenditur, et propter memoriam sancti Abrahae, quia domus ipsius fuit, ubi nunc ecclesia est, in qua positum est corpus ipsius sancti martyris. (6) Itaque ergo hoc nobis ultra spem grate satis evenit, ut sanctos et vere homines Dei monachos Mesopotamenos ibi videremus, etiam et eos, quorum fama vel vita longe audiebatur, quos tamen non aestimabam me penitus posse videre, non quia inpossibile esset Deo etiam et hoc praestare mihi, qui omnia praestare dignabatur, sed quia audieram eos, eo quod extra diem paschae et extra diem hanc non eos descendere de locis suis, quoniam tales sunt, ut et virtutes faciant multas, et quoniam nesciebam, quo mense esset dies hic martyrii, quem dixi. Itaque Deo iubente sic evenit, ut ad diem, quem nec sperabam, ibi venirem. (7) Fecimus ergo et ibi biduum propter diem martyrii et propter visionem sanctorum illorum, qui dignati sunt ad salutandum libenti satis animo me suscipere et alloqui, in quo ego non merebar. Nam et ipsi statim post martyrii diem nec visi sunt ibi, sed mox de nocte petierunt eremum et unusquisque eorum monasteria sua, qui ubi habebat.

(8) In ipsa autem civitatem extra paucos clericos et sanctos monachos, si qui tamen in civitate commorantur, penitus nullum Christianum inveni, sed totum gentes sunt. Nam sicut nos cum grandi reverentia attendimus locum illum,

her und von allen Teilen Mesopotamiens alle Mönche nach
Haran kommen mussten, auch die älteren, die in der Ein-
samkeit zu sitzen pflegten und die man *ascites* [Asketen[M]]
nennt, an diesem Tag, der dort ganz festlich begangen wird,
auch wegen des Grabmals des heiligen Abraham, weil es sein
Haus war, wo jetzt die Kirche steht, in welcher der Leichnam dieses heiligen Märtyrers beigesetzt ist. (6) Und so traf
es sich für uns wider Erwarten ganz angenehm, dass wir die
heiligen Mönche und wahren Gottesmänner aus Mesopotamien dort sehen konnten, auch jene, von deren Ruf und
Leben man weithin hörte, die je sehen zu können ich niemals geglaubt habe, nicht weil es Gott unmöglich wäre, mir
auch das zu gewähren, ihm, der geruhte, alles zu gewähren,
sondern weil ich von ihnen gehört hatte, sie kämen außer
zu Ostern und an diesem Tag nicht aus ihren Orten hierher,
weil sie so sind, dass sie auch viele Wunder machen, und weil
ich nicht wusste, in welchem Monat hier der Martyriumsfesttag gefeiert wird, von dem ich sprach. Auf Geheiß Gottes
geschah es, dass ich gerade an dem Tag, den ich nicht erhoff-
te, dorthin kam. (7) Wir hielten uns dort 2 Tage auf wegen
des Martyriumsfesttags und wegen des Sehens jener Heiligen, die ganz freundlichen Sinnes mich zu ihrer Begrüßung
zu empfangen und mich anzusprechen geruhten, was ich
nicht verdient hatte. Diese aber wurden freilich gleich nach
dem Martyriumsfesttag nicht mehr dort gesehen, sondern
machten sich noch in der Nacht in die Wüste auf, und zwar
ein jeder zu seiner Mönchswohnstatt[M], wo er eben wohnte.

Nahor und Betuël

(8) In dieser Stadt fand ich außer wenigen Klerikern und
heiligen Mönchen, soweit welche in der Stadt wohnen, fast
keinen Christen, vielmehr sind alle Heiden. Denn so wie wir
mit großer Ehrfurcht an den Ort eilten, wo einst das Haus

ubi primitus domus sancti Abrahae fuit, pro memoria illius,
ita et illae gentes forte ad mille passus de civitate cum grandi
reverentia adtendunt locum, ubi sunt memoriae Naor et
Bathuhelis. (9) Et quoniam episcopus illius civitatis valde
instructus est de scripturis, requisivi ab eo dicens: »Rogo
te, domine, ut dicas mihi, quod desidero audire.« Et ille
ait: »Dic, filia, quod vis, et dicam tibi, si scio.« Tunc ego
dixi: »Sanctum Abraham cum patre Thara et Sarra uxore
et Loth fratris filio scio per scripturas in eo loco venisse;
Naor autem vel Bathuhelem non legi, quando in isto loco
transierint, nisi quod hoc solum scio, quia postmodum puer
Abraae, ut peteret Rebeccam, filiam Bathuhelis, filii Naor,
filio domini sui Abrahae, id est Ysaac, in Charra venerit.«
(10) Tunc ait mihi sanctus episcopus: »Vere, filia, scriptum
est, sicut dicis, in Genesi sanctum Abraam hic transisse
cum suis; Naor autem cum suis vel Bathuhelem non dicit
scriptura canonis, quo tempore transierint. Sed manifeste
postmodum hic transierunt et ipsi; denique et memoriae
illorum hic sunt forte ad mille passus de civitate. Nam vere
scriptura hoc testatur, quoniam ad accipiendam sanctam
Rebeccam huc venerit puer sancti Abrahae et denuo
sanctus Iacob hic venerit, quando accepit filias Laban Siri.«
(11) Tunc ego requisivi, ubi esset puteus ille, ubi sanctus
Iacob potasset pecora, quae pascebat Rachel, filia Laban Siri.
Et ait mihi episcopus: »In sexto miliario est hinc locus ipse

des heiligen Abraham war, in Erinnerung an ihn, ebenso eilen auch jene Heiden ungefähr 1 Meile^Z aus der Stadt hinaus mit großer Ehrfurcht zu jenem Ort, wo die Grabmäler des Nahor und des Betuël sind. (9) Und weil der Bischof dieser Stadt in den [Heiligen] Schriften sehr gut unterrichtet ist, fragte ich ihn und sagte: »Ich bitte dich, Herr, dass du mir sagst, was ich zu hören ersehne.« Und jener sprach: »Sage, Tochter, was du willst, und ich werde es dir sagen, wenn ich es weiß.« Daraufhin sagte ich: »Dass der heilige Abraham mit seinem Vater Terach, mit seiner Frau Sara und seinem Brudersohn Lot hierher gekommen ist, das weiß ich aus den [Heiligen] Schriften [Gen 11,31]; von Nahor und von Betuël las ich nicht, wann sie an diesen Ort gekommen sind; ich weiß nur das eine, dass später der Knecht des Abraham, um Rebekka, die Tochter des Betuël [Gen 22,23], des Sohnes des Nahor, für den Sohn seines Herrn Abraham, d. h. für den Isaak, zu freien, nach Charra gekommen ist.« [Gen 24,1–67]. (10) Da sprach der heilige Bischof zu mir: »Wahrlich, Tochter, es steht geschrieben, wie du sagst, in der Genesis [Gen 11,31], dass der heilige Abraham mit den Seinen hierher gezogen sei; von Nahor und den Seinen und von Betuël sagt die kanonische Schrift aber nicht, wann sie kamen. Doch ganz sicher sind auch sie später hierher gezogen, schließlich sind ihre Grabmäler hier, ungefähr 1 Meile^Z vor der Stadt. Wahrhaft nämlich bezeugt die [Heilige] Schrift, dass, um die heilige Rebekka zu empfangen, der Knecht des heiligen Abraham hierher kam und dass wiederum der heilige Jakob hierher kam, als er die Töchter des Syrers Laban empfing [Gen 28,1–5].« (11) Dann fragte ich, wo jener Brunnen sei, an dem der heilige Jakob die Tiere getränkt habe, die Rahel weidete, die Tochter des Syrers Laban [Gen 29,10]. Und er sagte mir: »Am 6. Meilenstein^Z von hier ist der Ort, bei einem Weiler, der damals das Gehöft des Syrers Laban war.

iuxta vicum, qui fuit tunc villa Laban Siri, sed cum volueris
ire, imus tecum et ostendimus tibi, nam et multi monachi
ibi sunt valde sancti et ascites et sancta ecclesia est ibi.«
(12) Illud etiam requisivi a sancto episcopo, ubinam esset
locus ille Chaldaeorum, ubi habitaverant primo Thara cum
suis. Tunc ait mihi ipse sanctus episcopus: »Locus ille, filia,
quem requiris, decima mansione est hinc intus in Persida.
Nam hinc usque ad Nisibin mansiones sunt quinque,
et inde usque ad Hur, quae fuit civitas Chaldaeorum,
aliae mansiones sunt quinque; sed modo ibi accessus
Romanorum non est, totum enim illud Persae tenent.
Haec autem pars specialiter Orientalis appellatur, quae est
in confinium Romanorum et Persarum vel Chaldaeorum.«
(13) Et cetera plura referre dignatus est, sicut et ceteri
sancti episcopi vel sancti monachi facere dignabantur,
omnia tamen de scripturis Dei vel sanctis viris gesta, id est
monachis, sive qui iam recesserant, quae mirabilia, fecerint,
sive etiam qui adhuc in corpore sunt, quae cottidie faciant,
hi tamen, qui sunt ascites. Nam nolo aestimet affectio vestra
monachorum aliquando [aliquando] alias fabulas esse nisi
aut de scripturis Dei aut gesta monachorum maiorum.

XXI (1) Post biduo autem, quam ibi feceram, duxit nos
episcopus ad puteum illum, ubi adaquaverat santus Iacob
pecora sanctae Rachel, qui puteus sexto miliario est a
Charris; in cuius putei honorem fabricata est ibi iuxta
sancta ecclesia ingens valde et pulchra. Ad quem puteum
cum venissemus, facta est ab episcopo oratio, lectus etiam
locus ipse de Genesi, dictus etiam unus psalmus competens

Aber wenn du gehen willst, gehen wir mit dir und zeigen
es dir, denn es gibt dort sowohl viele sehr heilige Mönche
als auch Asketen[M] und auch eine heilige Kirche ist dort.«
(12) Auch das erfragte ich noch vom heiligen Bischof, wo
denn jener Ort bei den Chaldäern sei, wo zuerst Terach mit
den Seinen gewohnt habe [Gen 11,28]. Darauf sagte mir
dieser heilige Bischof: »Jener Ort, Tochter, den du suchst,
liegt am 10. Halt von hier innerhalb von Persien. Denn von
hier bis Nisibis [Nusaybin] sind es 5 Halte und von dort bis
nach Hur, der Stadt der Chaldäer, sind es nochmals 5 Halte;
aber jetzt haben die Römer keinen Zutritt dorthin, denn
ganz beherrschen es die Perser. Jener Teil aber wird speziell
Orientalis [Osten, Orient] genannt, der an Römer, Perser
und Chaldäer grenzt.« (13) Und vieles Weitere zu berichten geruhte er, wie auch alle übrigen heiligen Bischöfe und
Mönche geruhten, alles über die Schriften Gottes oder die
Taten heiliger Männer, d. h. Mönche, sei es, dass sie schon
gestorben waren, welche Wunder sie vollbracht, sei es, dass
sie noch ›im Leib sind‹ [leben; vgl. 2Kor 12,3], was sie täglich
vollbringen, die nämlich, die Asketen[M] sind. Denn ich will
nicht, dass eure liebe Gemeinschaft glaubt, unter Mönchen
habe es je andere Gespräche gegeben als über die Schriften
Gottes oder die Taten früherer Mönche.

Der Brunnen Jakobs

XXI (1) Nach zwei Tagen, die ich dort verbrachte, führte
uns der Bischof zu jenem Brunnen, wo der heilige Jakob die
Tiere der heiligen Rahel getränkt hatte [Gen 29,10; s. o. XX
11]. Dieser Brunnen ist am 6. Meilenstein[Z] vor Haran. Zu
Ehren dieses Brunnens ist gleich daneben eine sehr riesige
und schöne heilige Kirche erbaut. Als wir zu diesem Brunnen
kamen, wurde vom Bischof auch ein Gebet gemacht; auch
wurden diese Stelle aus der Genesis gelesen und ein für den

loco atque iterata oratione benedixit nos episcopus.
(2) Vidimus etiam locum iuxta puteum iacentem lapidem
illum infinitum nimis, quem moverat sanctus Iacob a
puteo, qui usque hodie ostenditur. (3) Ibi autem circa puteo
nulli alii commanent nisi clerici de ipsa ecclesia, quae ibi
est, et monachi habentes iuxta monasteria sua, quorum
vitam sanctus episcopus nobis retulit, sed vere inauditam.
Ac sic ergo facta oratione in ecclesia accessi cum episcopo
ad sanctos monachos per monasteria ipsorum et Deo
gratias agens et ipsis, qui dignati sunt me per monasteria
sua, ubicumque ingressa sum, libenti animo suscipere et
alloqui illis sermonibus, quos dignum erat de ore illorum
procedere. Nam et eulogias dignati sunt dare mihi et
omnibus, qui mecum erant, sicut est consuetudo monachis
dare, his tamen, quos libenti animo suscipiunt in monastriis
suis. (4) Et quoniam ipse locus in campo grandi est, de
contra ostensus est mihi a sancto episcopo vicus ingens satis
forte ad quingentos passos de puteo, per quem vicum iter
habuimus. Hic autem vicus, quantum episcopus dicebat,
fuit quondam villa Laban Siri, qui vicus appellatur Fadana.
Nam ostensa est mihi in ipso vico memoria Laban Siri,
soceri Iacob, ostensus est etiam mihi locus, unde furata est
Rachel idola patris sui. (5) Ac sic ergo in nomine Dei pervisis
omnibus faciens vale sancto episcopo et sanctis monachis,
qui nos usque ad illum locum deducere dignati fuerant,
regressi sumus per iter vel mansiones, quas veneramus de
Antiochia.

Ort passender Psalm gesprochen, und nach erneutem Gebet segnete uns der Bischof. (2) Wir sahen auch dort neben dem Brunnen jenen völlig unermesslichen Stein liegen, den der heilige Jakob vom Brunnen gewälzt hatte [Gen 29,10] und der noch heute gezeigt wird. (3) Dort um den Brunnen wohnen keine anderen Leute als Kleriker von dieser Kirche, die dort steht, und Mönche, die in der Nähe ihre Mönchswohnstätten^M haben, über deren Leben uns der heilige Bischof berichtete, ein wahrhaft unglaubliches Leben. Und nach einem Gebet in der Kirche ging ich mit dem Bischof zu den heiligen Mönchen durch ihre Mönchswohnstätten, Gott und ihnen dankend, die mich in ihren Mönchswohnstätten, wo immer ich eintrat, mit gastfreundlichem Sinn aufzunehmen und mit jenen Gesprächen anzusprechen geruhten, die würdig sind, von ihrem Mund auszugehen. Doch geruhten sie auch, mir und allen, die mit mir waren, *eulogiae*^M [Abschiedsgaben] zu geben, wie es Brauch der Mönche ist, denen zu geben, die sie gastfreundlichen Sinnes in ihren Mönchswohnstätten aufnehmen. (4) Da sich dieser Ort in einer großen Ebene befindet, wurde mir vom heiligen Bischof gegenüber ein ganz riesiger Weiler gezeigt, ungefähr ½ Meile^Z vom Brunnen entfernt; durch diesen Weiler zogen wir hindurch. Dieser Weiler aber war, wie uns der Bischof sagte, einst das Gehöft des Syrers Laban; der Weiler heißt nun Fadana. Und im Weiler selbst wurde mir das Grabmal des Syrers Laban gezeigt, des Schwiegervaters des Jakob; gezeigt wurde mir auch der Ort, von wo Rahel die Hausgötter ihres Vaters gestohlen hat [Gen 31,19]. (5) Und als wir so alles im Namen Gottes gesehen hatten, nahmen wir Abschied vom heiligen Bischof und den heiligen Mönchen, die geruht hatten, uns bis an jenen Ort zu führen, und kehrten auf demselben Weg und über dieselben Halte wieder zurück, über die wir aus Antiochia [Antakya] hergekommen waren [a. XVII 3].

XXII (1) Antiochia autem cum fuissem regressa, feci postmodum septimana, quousque ea, quae necessaria erant itineri, pararentur. Et sic proficiscens de Antiochia faciens iter per mansiones aliquot perveni ad provinciam, quae Cilicia appellatur, quae habet civitatem metropolim Tharso, ubi quidem Tharso et eundo Ierusolimam iam fueram. (2) Sed quoniam de Tharso tertia mansione, id est in Isauria, est martyrium sanctae Teclae, gratum fuit satis, ut etiam illuc accedere, praesertim cum tam in proximo esset.

XXIII (1) Nam proficiscens de Tharso perveni ad quandam civitatem supra mare adhuc Ciliciae, quae appellatur Ponpeiopolim. Et inde, iam ingressa fines Hisauriae mansi in civitate, quae appellatur Corico. Ac tertia die perveni ad civitatem, quae appellatur Seleucia Hisauriae. Ubi cum pervenissem, fui ad episcopum vere sanctum ex monacho, vidi etiam ibi ecclesiam valde pulchram in eadem civitate. (2) Et quoniam inde ad sanctam Teclam, qui locus est ultra civitatem in colle sed plano, habebat de civitate forsitan mille quingentos passus, malui ergo perexire illuc, ut stativa, quam factura eram, ibi facerem. Ibi autem ad sanctam ecclesiam nihil aliud est nisi monasteria sine numero virorum ac mulierum. (3) Nam inveni ibi aliquam amicissimam mihi, et cui omnes in oriente testimonium ferebant vitae ipsius, sancta diaconissa nomine Marthana, quam ego apud Ierusolimam noveram, ubi illa gratia orationis ascenderat; haec autem monasteria apotactitum seu virginum regebat.

ZURÜCK NACH KONSTANTINOPEL

Von Antiochia nach Seleukia

XXII (1) Als ich nach Antiochia [Antakya] zurückgekehrt war, machte ich dort eine Woche halt, bis alles, was für die Reise nötig war, hergerichtet war. Und dann brach ich von Antiochia auf und kam nach einigen Halten zu der Provinz, die Kilikien heißt, die in Tarsus ihre Hauptstadt hat, wo ich schon auf dem Hinweg nach Jerusalem gewesen war. (2) Und weil von Tarsus am 3. Halt, d. h. in Isaurien, das Märtyrergrabmal^M der heiligen Thekla ist, war es mir ganz angenehm, auch dorthin zu gehen, zumal es so nahe war.

XXIII (1) Also brach ich von Tarsus auf und kam zu einer Stadt am Meer, noch in Kilikien, die Pompeiopolis [Viranşehir] heißt. Von dort betrat ich schon Isaurien und übernachtete in einer Stadt, die Korykos [Kızkalesi] heißt, und am 3. Tag kam ich zu einer Stadt, die Seleukia [Silifke] in Isaurien heißt. Als ich dorthin kam, ging ich zum Bischof, einem wahrhaften Heiligen aus dem Mönchtum, und sah auch dort eine sehr schöne Kirche in dieser Stadt. (2) Und weil es von dort zur heiligen Thekla – einem Ort, der außerhalb der Stadt auf einem Hügel liegt, der aber oben flach ist – von der Stadt etwa 1½ Meilen^Z waren, wollte ich lieber dorthin gehen, um dort Quartier zu machen, das ich ja machen wollte. Dort aber gibt es bei der heiligen Kirche nichts anderes als unzählige Mönchswohnstätten^M von Männern und Frauen. (3) Dort aber fand ich meine überaus liebe Freundin, der alle im Orient das Zeugnis ihres [frommen] Lebens gaben, eine heiligen Diakonissin namens Marthana, die ich in Jerusalem kennengelernt hatte, wohin jene um des Gebetes willen gekommen war; sie aber leitete Mönchswohnstätten der Einsiedler^M oder Jungfrau-

Quae me cum vidisset, quod gaudium illius vel meum esse potuerit, nunquid vel scribere possum? (4) Sed ut redeam ad rem, monasteria ergo plurima sunt ibi per ipsum collem et in medio murus ingens, qui includet ecclesiam, in qua est martyrium, quod martyrium satis pulchrum est. Propterea autem murus missus est ad custodiendam ecclesiam propter Hisauros, quia satis mali sunt et frequenter latrunculantur, ne forte conentur aliquid facere circa monasterium, quod ibi est deputatum. (5) Ibi ergo cum venissem in nomine Dei, facta oratione ad martyrium nec non etiam et lecto omnis actus sanctae Teclae, gratias Christo Deo nostro egi infinitas, qui mihi dignatus est indignae et non merenti in omnibus desideria complere. (6) Ac sic ergo facto ibi biduo, visis etiam sanctis monachis vel apotactitis, tam viris quam feminis, qui ibi erant, et facta oratione et communione reversa sum Tharso ad iter meum, ubi facta stativa triduana in nomine Dei profecta sum inde iter meum. Ac sic perveniens eadem die ad mansionem, quae appellatur Mansocrenas, quae est sub monte Tauro, ibi mansi.

(7) Et inde alia die subiens montem Taurum et faciens iter iam notum per singulas provincias, quas eundo transiveram, id est Cappadociam, Galatiam et Bithiniam, perveni Calcedona, ubi propter famosissimum martyrium sanctite Eufimiae ab olim mihi notum iam, quod ibi est, mansi loco. (8) Ac sic ergo alia die transiens mare perveni

en. Als sie mich gesehen hatte, wie groß war da ihre und meine Freude; kann ich das je beschreiben? (4) Aber um zur Sache zurückzukehren. Dort gibt es zahlreiche Mönchswohnstätten auf diesem Hügel und inmitten eine riesige Mauer, welche die Kirche einschließt, in der ein Märtyrergrabmal^M ist – ein Märtyrergrabmal, das ganz schön ist. Deshalb aber wurde die Mauer zum Schutz der Kirche angelegt wegen der Isaurer, weil sie ganz schlecht sind und oft Raubzüge unternehmen, damit sie nicht etwa versuchten, der Mönchswohnstätte, die dort zugehörig ist, etwas anzutun. (5) Als ich also dorthin im Namen Gottes gekommen war, wurde ein Gebet am Märtyrergrabmal gemacht; auch wurden die ganzen Akten der heiligen Thekla^B gelesen, und unermesslichen Dank sagte ich oft unserem Gott Christus, der geruht hatte, mir Unwürdiger und Verdienstloser in allem meine Sehnsüchte zu erfüllen. (6) Als ich 2 Tage dort zugebracht, auch die heiligen Mönche und Einsiedler^M gesehen, Männer wie Frauen, die dort weilten, auch Gebet und Kommunion^L gemacht hatte, kehrte ich zu meinem Weg nach Tarsus zurück, wo ich 3 Tage lang Quartier machte und dann im Namen Gottes von hier meinen Weg weiter nahm. Und als ich so an demselben Tag zu dem Halt kam, der Mansokrene heißt und am Fuß des Taurus liegt, blieb ich dort.

Chalkedon und Konstantinopel
(7) Und von dort stieg ich am nächsten Tag auf den Berg Taurus und zog auf schon bekanntem Weg jeweils durch alle Provinzen, die ich schon auf dem Herweg durchzogen hatte, d. h. Kappadokien, Galatien und Bithynien, und kam nach Chalkedon [Kadıköy], wo ich wegen des sehr berühmten Märtyrergrabmals^M der heiligen Euphemia, das mir seit langem bekannt war und das dort liegt, vor Ort

Constantinopolim, agens Christo Deo nostro gratias, quod mihi indignae et non merenti praestare dignatus est tantam gratiam, id est, ut non solum voluntatem eundi, sed et facultatem perambulandi, quae desiderabam, dignatus fuerat praestare et revertendi denuo Constantinopolim. (9) Ubi cum venissem, per singulas ecclesias vel apostolos nec non et per singula martyria, quae ibi plurima sunt, non cessabam Deo nostro Iesu gratias agere, qui ita super me misericordiam suam praestare dignatus fuerat. (10) De quo loco, dominae, lumen meum, cum haec ad vestram affectionem darem, iam propositi erat in nomine Christi Dei nostri ad Asiam accedendi, id est Efesum, propter martyrium sancti et beati apostoli Iohannis gratia orationis. Si autem et post hoc in corpore fuero, si qua praeterea loca cognoscere potuero, aut ipsa praesens, si Deus fuerit praestare dignatus, vestrae affectioni referam aut certe, si aliud animo sederit, scriptis nuntiabo. Vos tantum, dominae, lumen meum, memores mei esse dignamini, sive in corpore sive iam extra corpus fuero.

blieb. (8) So setzte ich erst am nächsten Tag über das Meer und kam nach Konstantinopel, unserem Gott Christus dankend, weil er geruht hatte, mir Unwürdiger und Verdienstloser solche Gunst zu erweisen, d. h. nicht nur den Wunsch zu reisen, sondern auch die Möglichkeit zu gewähren, dorthin zu gehen, wohin ich ersehnte, und wieder nach Konstantinopel zurückzukehren. (9) Als ich dorthin kam, ließ ich nicht ab, in den einzelnen Kirchen, in der Apostelkirche und bei allen Märtyrergrabmalen, die dort sehr zahlreich sind, unserem Gott Jesus Dank zu sagen, der geruht hatte, seine Barmherzigkeit so sehr über mich zu senden. (10) Von diesem Ort aus, meine Damen, mein Licht, war es, als ich dies an eure liebe Gemeinschaft sandte, bereits mein Vorsatz, im Namen unseres Gottes Christus nach [Klein]asien zu gehen, d. h. nach Ephesos [Selçuk], wegen des Märtyrergrabmals des heiligen und seligen Apostels Johannes um des Gebetes willen. Wenn ich aber danach noch ›im Leib bin‹ [lebe] und irgendwelche Stätten noch besichtigen kann, werde ich entweder selbst – wenn Gott geruht, mir dies zu erfüllen – eurer lieben Gemeinschaft berichten oder es – wenn ein anderer Entschluss in meinem Sinn Platz greift – in Schriften bekannt machen. Ihr nur, meine Damen, mein Licht, geruht, meiner zu gedenken, gleich ob ich ›im Leib bin oder außer dem Leib‹ [2Kor 12,3].

XXIV (1) Ut autem sciret affectio vestra, quae operatio singulis diebus cottidie in locis sanctis habeatur, certas vos facere debui, sciens, quia libenter haberetis haec cognoscere. Nam singulis diebus ante pullorum cantum aperiuntur omnia ostia Anastasis et descendent omnes ‹monazontes› et ‹parthenae›, ut hic dicunt, et non solum hii, sed et laici praeter, viri aut mulieres, qui tamen volunt maturius vigilare. Et ex ea hora usque in luce dicuntur ymni et psalmi responduntur, similiter et antiphonae; et cata singulos ymnos fit oratio. Nam presbyteri bini vel terni, similiter et diacones, singulis diebus vices habent simul cum monazontes, qui cata singulos ymnos vel antiphonas orationes dicunt. (2) Iam autem ubi coeperit lucescere, tunc incipiunt matutinos ymnos dicere. Ecce et supervenit episcopus cum clero et statim ingreditur intro spelunca et de intro cancellos primum dicet orationem pro omnibus; commemorat etiam ipse nomina, quorum vult, sic benedicet cathecuminos. Item dicet orationem et benedicet fideles. Et post hoc exeunte episcopo de intro cancellos omnes ad manum ei accedunt, et ille eos uno et uno benedicet exiens iam, ac sic fit missa iam luce.

DIE LITURGIE VON JERUSALEM

DIE LITURGISCHE WOCHE

Die Werktags-Vigilien[L]

XXIV (1) Damit eure liebe Gemeinschaft weiß, welche Verrichtung an den einzelnen Tagen täglich an den heiligen Stätten abgehalten wird, musste ich euch in Kenntnis setzen, weil ich weiß, dass ihr es gerne kennenlernen wolltet. An den einzelnen [Werk}tagen nämlich werden jeweils vor dem Hahnenschrei alle Tore der Auferstehungs-Kirche[K] geöffnet; alle *monazontes* [Mönche] und *parthenae* [Jungfrauen], wie man hier [auf Griechisch] sagt, steigen herab, und nicht nur diese, sondern außerdem auch Laien, Männer und Frauen, soweit sie am Morgen an den Vigilien teilnehmen wollen. Und von dieser Stunde[Z] an bis zum Hellwerden spricht man Hymnen[L] und respondiert man Psalmen, gleichermaßen auch Antiphonen[L]; und bei jedem Hymnus gibt es ein Gebet, denn je zwei oder drei Priester, gleichermaßen auch Diakone, wechseln sich an den einzelnen Tagen zugleich mit den Mönchen darin ab, zu den einzelnen Hymnen und Antiphonen Gebete zu sprechen. (2) Sobald es hell zu werden anfängt, beginnen sie, die Morgen-Hymnen zu sprechen. Und siehe, da kommt der Bischof mit dem Klerus dazu, betritt sofort die Höhle[K] und spricht innerhalb des Gitterraums[K] ein Gebet für alle; er erwähnt auch die Namen jener, die er will, und segnet so die Taufanwärter. Und so spricht er ein Gebet und segnet die Gläubigen. Und wenn dann der Bischof aus dem Inneren des Gitterraums heraustritt, nähern sich alle ihm zum Handkuss und er segnet einen um den anderen beim Hinausgehen, und so geschieht der Messeschluss nunmehr schon bei Tageslicht.

(3) Item hora sexta denuo descendent omnes similiter ad Anastasim et dicuntur psalmi et antiphonae, donec commonetur episcopus; similiter descendet et non sedet, sed statim intrat intra cancellos intra Anastasim, id est intra speluncam, ubi et mature, et inde similiter primum facit orationem, sic benedicet fideles, et sic exiens de <intro> cancellos similiter ei ad manum acceditur. Ita ergo et hora nona fit sicuti et ad sexta.

(4) Hora autem decima, quod appellant hic licinicon, nam nos dicimus lucernare, similiter se omnis multitudo colliget ad Anastasim, incenduntur omnes candelae et cerei et fit lumen infinitum. Lumen autem de foris non affertur, sed de spelunca interiori eicitur, ubi noctu ac die semper lucerna lucet, id est de intro cancellos. Dicuntur etiam psalmi lucernares, sed et antiphonae diutius. Ecce et commonetur episcopus et descendet et sedet susum, nec non etiam et presbyteri sedent locis suis, dicuntur ymni vel antiphonae. (5) Et ad ubi perdicti fuerint iuxta consuetudinem, levat se episcopus et stat ante cancellum, id est ante speluncam, et unus ex diaconibus facit commemorationem singulorum, sicut solet esse consuetudo. Et diacono dicente singulorum nomina semper pisinni plurimi stant respondentes semper: »Kyrie eleyson«, quod dicimus nos: »Miserere Domine«, quorum voces infinitae sunt. (6) Et at ubi diaconus

Die Werktags-Sext[L] und -Non[L]

(3) Und so steigen zur 6. Stunde[Z] erneut alle gleichermaßen zur Auferstehungs-Kirche[K] hinab; es werden Psalmen und Antiphonen[L] gesprochen, bis der Bischof herbeigeholt wird; er steigt gleichermaßen hinab, setzt sich aber nicht hin, sondern betritt sofort das Innere des Gitterraums[K] in der Auferstehungs-Kirche, d. h. in der Höhle[K], wo er in der Frühe ist, und macht dort gleichermaßen ein erstes Gebet, segnet die Gläubigen und verlässt so gleichermaßen wieder das Innere des Gitterraums; man nähert sich ihm zum Handkuss. Ebenso geschieht es zur 9. wie zur 6. Stunde[Z].

Die Werktags-Vesper[L]

(4) Aber zur 10. Stunde[Z], die sie hier *licinicon* nennen – wir sagen *lucernare* [Vesper] –, versammelt sich gleichermaßen die ganze Menge bei der Auferstehungs-Kirche[K], es werden alle Leuchter und Kerzen angezündet und es gibt unermessliches Licht. Das Licht wird aber nicht von außen gebracht, sondern es wird aus der inneren Höhle[K] geworfen, wo nachts und tags immer eine Leuchte leuchtet, d. h. aus dem Inneren des Gitterraums[K]; es werden auch Vesper[L]-Psalmen gesprochen, aber auch Antiphonen[L], längere Zeit hindurch. Und siehe, der Bischof wird geholt, steigt hinab und setzt sich oben hin, ebenso sitzen auch die Priester an ihrem Ort; gesprochen werden Hymnen[L] und Antiphonen[L]. (5) Und sowie sie nach dem Brauch zu Ende gesprochen sind, erhebt sich der Bischof und tritt vor den Gitterraum, d. h. vor die Höhle[K], und einer der Diakone liest die einzelnen Namen vor, wie es Brauch zu sein pflegt. Und während der Diakon die einzelnen Namen verliest, stehen immer zahlreiche kleine Kinder dort und antworten *Kyrie eleison*, was bei uns heißt *miserere Domine* [»Erbarme dich, Herr«]; und ihre Stimmen sind unermesslich. (6) Und sowie der Diakon

perdixerit omnia, quae dicere habet, dicet orationem primum episcopus et orat pro omnibus; et sic orant omnes, tam fideles quam et cathecumini simul. Item mittet vocem diaconus, ut unusquisque, quomodo stat, cathecuminus inclinet caput; et sic dicet episcopus stans benedictionem super cathecuminos. Item fit oratio et denuo mittet diaconus vocem et commonet, ut unusquisque stans fidelium inclinent capita sua; item benedicet fideles episcopus et sic fit missa Anastasi. (7) Et incipient episcopo ad manum accedere singuli. Et postmodum de Anastasim usque ad Crucem <cum> ymnis ducitur episcopus, simul et omnis populus vadet. Ubi cum perventum fuerit, primum facit orationem, item benedicet cathecuminos; item fit alia oratio, item benedicit fideles. Et post hoc denuo tam episcopus quam omnis turba vadent denuo post Crucem et ibi denuo similiter fit sicuti et ante Crucem. et similiter ad manum episcopo acceditur sicut ad Anastasim, ita et ante Crucem, ita et post Crucem. Candelae autem vitreae ingentes ubique plurimae pendent et cereofala plurima sunt tam ante Anastasim quam etiam ante Crucem, sed et post Crucem. Finiuntur ergo haec omnia cum crebris. Haec operatio cottidie per dies sex ita habetur ad Crucem et ad Anastasim.

(8) Septima autem die, id est dominica die, ante pullorum cantum colliget se omnis multitudo, quaecumque esse potest in eo loco, ac si per pascha in basilica, quae est

alle Namen gesagt hat, die er zu sagen hat, spricht zuerst der Bischof ein Gebet und betet für alle, sodann beten alle, sowohl die Gläubigen wie die Taufanwärter zugleich. Und so erhebt der Diakon die Stimme, es möge jeder Taufanwärter, wo er stehe, sein Haupt senken, und so spricht der Bischof stehend den Segen über die Taufanwärter. Und so gibt es ein Gebet und erneut erhebt der Diakon seine Stimme und mahnt, jeder Gläubige möge stehend sein Haupt neigen, und so segnet nun der Bischof die Gläubigen und so geschieht der Messeschluss in der Auferstehungs-Kirche. (7) Und es beginnen alle einzeln zum Bischof zum Handkuss zu gehen. Dann wird der Bischof von der Auferstehungs- bis zur Kreuz-Kirche[K] mit Hymnen[L] geleitet und mit ihm zieht alles Volk. Sobald man dorthin gekommen ist, macht er zuerst ein Gebet; und so segnet er die Taufanwärter; und so gibt es noch ein Gebet; und so segnet er die Gläubigen. Und nachher gehen erneut der Bischof und gleichermaßen die ganze Menge hinter das Kreuz[K], und dort geschieht es gleichermaßen wie vor dem Kreuz. Und gleichermaßen geht man zum Bischof zum Handkuss wie in der Auferstehungs-Kirche und so wie vor dem Kreuz auch hinter dem Kreuz. Riesige gläserne Leuchten hängen überall in großer Zahl herab und zahlreich sind die Kerzenleuchter sowohl vor der Auferstehungs-Kirche als auch vor dem Kreuz und hinter dem Kreuz. Beendet wird alles mit dem Einbruch der Dunkelheit. Diese Verrichtung wird täglich 6 Tage hindurch in der Kreuz- und in der Auferstehungs-Kirche so abgehalten.

Der Sonntag
(8) Am 7. Tag, d. h. am Sonntag, versammelt sich vor Hahnenschrei alles Volk, das dort nur Platz hat, so wie zu Ostern, in der Basilika[K], die an dem Ort der Auferstehung

loco iuxta Anastasim, foras tamen, ubi luminaria pro
hoc ipsud pendent. Dum enim verentur, ne ad pullorum
cantum non occurrant, antecessus veniunt et ibi sedent. Et
dicuntur ymni nec non et antiphonae, et fiunt orationes
cata singulos ymnos vel antiphonas. Nam et presbyteri et
diacones semper parati sunt in eo loco ad vigilias propter
multitudinem, quae se colliget. consuetudo enim talis est,
ut ante pullorum cantum loca sancta non aperiantur.

(9) Mox autem primus pullus cantaverit, statim descendet
episcopus et intrat intro speluncam ad Anastasim.
Aperiuntur ostia omnia et intrat omnis multitudo
ad Anastasim, ubi iam luminaria infinita lucent, et
quemadmodum ingressus fuerit populus, dicet psalmum
quicumque de presbyteris et respondent omnes; post hoc
fit oratio. Item dicit psalmum quicumque de diaconibus,
similiter fit oratio, dicitur et tertius psalmus a quocumque
clerico, fit et tertio oratio et commemoratio omnium.
(10) Dictis ergo his tribus psalmis et factis orationibus tribus
ecce etiam thymiataria inferuntur intro spelunca Anastasis,
ut tota basilica Anastasis repleatur odoribus. Et tunc ubi stat
episcopus intro cancellos, prendet evangelium et accedet
ad ostium et leget resurrectionem Domini episcopus
ipse. Quod cum coeperit legi, tantus rugitus et mugitus
fit omnium hominum et tantae lacrimae, ut quamvis
durissimus possit moveri in lacrimis Dominum pro nobis
tanta sustinuisse. (11) Lecto ergo evangelio exit episcopus et

steht, aber vor dem Tor, wo dafür die Leuchter hängen. Weil
sie nämlich fürchten, sie kämen nicht zum Hahnenschrei
hin, kommen sie vorher und sitzen dort. Es werden Hym-
nen^L sowie Antiphonen^L gesprochen und es gibt Gebete
zwischen den einzelnen Hymnen und Antiphonen. Priester und Diakone stehen nämlich immer an diesem Ort zu
den Vigilien^L wegen der Menge bereit, die sich versammelt.
Es besteht nämlich der Brauch, vor dem Hahnenschrei die
heiligen Orte nicht zu öffnen.

Die Sonntags-Vigilien^L
(9) Sobald aber der erste Hahn gekräht hat, steigt sofort der
Bischof herab und tritt in die Höhle^K der Auferstehungs-
Kirche^K; alle Tore werden geöffnet und die gesamte Menge
geht in die Auferstehungs-Kirche, wo schon unermesslich
[viele] Leuchter brennen; und sobald das Volk eingetreten
ist, spricht einer der Priester einen Psalm und alle antworten; danach gibt es ein Gebet. Und so spricht einer der Diakone einen Psalm, gleichermaßen gibt es ein Gebet, es wird
ein dritter Psalm von einem Kleriker gesprochen, es gibt
ein drittes Gebet und die Namensnennung aller. (10) Wenn
also diese drei Psalmen gesprochen und die drei Gebete geschehen sind, siehe, dann werden die Weihrauchgefäße in
die Höhle der Auferstehungs-Kirche gebracht, damit die
ganze Basilika der Auferstehungs-Kirche von Wohlgerü-
chen erfüllt werde. Und dann ergreift der Bischof, wo er
steht, hinter dem Gitterraum^K, das Evangelium und geht
zum Tor und liest die Auferstehung des Herrn – der Bischof selbst! Wenn er dies zu lesen begonnen hat, entsteht
solches Schluchzen und Wimmern aller Menschen und
solche Tränen, dass selbst der Härteste zu Tränen gerührt
wird, dass der Herr so Großes für uns auf sich genommen
hat! (11) Wenn also das Evangelium gelesen ist, geht der

ducitur cum ymnis ad Crucem et omnis populus cum illo. ibi denuo dicitur unus psalmus et fit oratio. Item benedicit fideles et fit missa. Et exeunte episcopo omnes ad manum accedunt. (12) Mox autem recipit se episcopus in domum suam, et iam ex illa hora revertuntur omnes monazontes ad Anastasim et psalmi dicuntur et antiphonae usque ad lucem et cata singulos psalmos vel antiphonas fit oratio; vicibus enim quotidie presbyteri et diacones vigilant ad Anastasim cum populo. De laicis etiam, viris aut mulieribus, si qui volunt, usque ad lucem loco sunt, si qui nolunt, revertuntur in domos suas et reponent se dormito.

XXV (1) Cum luce autem, quia dominica dies est, et proceditur in ecclesia maiore, quam fecit Constantinus, quae ecclesia in Golgotha est post Crucem, et fiunt omnia secundum consuetudinem, qua et ubique fit die dominica. Sane quia hic consuetudo sic est, ut de omnibus presbyteris, qui sedent, quanti volunt, praedicent, et post illos omnes episcopus praedicat, quae praedicationes propterea semper dominicis diebus fiunt, ut semper erudiatur populus in scripturis et in Dei dilectione; quae praedicationes dum dicuntur, grandis mora fit, ut fiat missa ecclesiae, et ideo ante quartam horam aut forte quintam missa fit. (2) At ubi autem missa facta fuerit ecclesiae iuxta consuetudinem, qua et ubique fit, tunc de ecclesia monazontes cum ymnis

Bischof hinaus und wird mit Hymnen^L zur Kreuz-Kirche^K
geleitet und alles Volk geht mit ihm. Dort wird erneut ein
Psalm gesprochen und es gibt ein Gebet. Und so segnet er
die Gläubigen und der Messeschluss geschieht. Und wenn
der Bischof hinauszieht, treten alle an ihn zum Handkuss
heran. (12) Bald aber zieht sich der Bischof in sein Haus zurück; nunmehr kehren von dieser Stunde^Z an alle Mönche
zur Auferstehungs-Kirche zurück, Psalmen und Antipho-
nen^L werden bis zum Tagesanbruch gesprochen und zwischen den einzelnen Psalmen und Antiphonen gibt es ein
Gebet; abwechselnd feiern nämlich die Priester und Diakone in der Auferstehungs-Kirche mit dem Volk die Vigilien^L.
Auch von den Laien, Männern und Frauen, bleibt, wer da
will, bis Tagesanbruch am Ort; die nicht wollen, kehren
nach Hause zurück und legen sich schlafen.

Der Sonntag vom Morgen bis Abend
XXV (1) Mit dem Hellwerden aber – weil es der Sonntag
ist – zieht man in einer Prozession in die größere [Martyri-
ums-]Kirche^K, die Konstantin erbaut hat, die auf Golgatha
hinter dem Kreuz steht, und alles geht nach dem Brauch
vor sich, wie es überall am Sonntag geschieht. Da es freilich
hier Brauch ist, dass von allen Priestern, die [dem Bischof]
assistieren, predigt, wer will – und nach ihnen allen predigt
der Bischof; diese Predigten finden deshalb immer an allen
Sonntagen statt, damit das Volk immer in den [Heiligen]
Schriften und in der Gottesliebe erzogen werde: Während
diese Predigten gehalten werden, tritt eine große Verzöge-
rung beim Messeschluss in der Kirche ein und deshalb geschieht der Messeschluss nicht vor der 4. oder 5. Stunde^Z.
(2) Wenn aber der Messeschluss in der Kirche nach dem
Brauch geschehen ist, wie es überall geschieht, dann führen
die Mönche den Bischof mit Hymnen^L von der Kirche zur

ducunt episcopum usque ad Anastasim. Cum autem coeperit episcopus venire cum ymnis, aperiuntur omnia ostia de basilica Anastasis, intrat omnis populus, fidelis tamen, nam cathecumini non. (3) Et at ubi intraverit populus, intrat episcopus et statim ingreditur intra cancellos martyrii speluncae. Primum aguntur gratiae Deo, et sic fit orationem pro omnibus; postmodum mittet vocem diaconus, ut inclinent capita sua omnes, quomodo stant, et sic benedicet eos episcopus stans intra cancellos interiores et postmodum egeditur. (4) Egredienti autem episcopo omnes ad manum accedent. Ac sic est, ut prope usque ad quintam aut sextam horam protraitur missa.

Item et ad lucernare similiter fit iuxta consuetudinem cotidianam. Haec ergo consuetudo singulis diebus ita per totum annum custoditur, exceptis diebus sollemnibus, quibus et ipsis quemadmodum fiat infra annotavimus. (5) Hoc autem inter omnia satis praecipuum est, quod faciunt, ut psalmi vel antiphonae apti semper dicantur, tam qui nocte dicuntur, tam qui contra mature, tam etiam qui per diem vel sexta aut nona vel ad lucernare semper ita apti et ita rationabiles, ut ad ipsum rem pertineant, quae agitur. (6) Et cum toto anno semper dominica die in ecclesia maiore procedatur, id est quae in Golgotha est, id est post Crucem, quam fecit Constantinus, una tantum die dominica, id est quinquagesimarum per pentecosten, in Syon proceditur, sicut infra annotatum invenietis, sic

Auferstehungs-Kirche^K. Wenn aber der Bischof mit Hymnen herankommt, werden alle Tore der Basilika der Auferstehungs-Kirche geöffnet, alles Volk tritt ein, allerdings nur die Gläubigen, nicht aber die Taufanwärter. (3) Und wenn das Volk eingetreten ist, tritt der Bischof ein und geht sofort in den Gitterraum^K der Höhle^K der Martyriums-Kirche^K. Zuerst werden Gott Danksagungen dargebracht, dann gibt es ein Gebet für alle; danach erhebt ein Diakon seine Stimme, dass alle ihre Häupter neigen sollen, wie sie eben stehen, und so segnet der Bischof sie, stehend, innerhalb des Inneren des Gitterraums, und nachher schreitet er heraus. (4) Dem hinaus schreitenden Bischof aber nähern sich alle zum Handkuss. Und so kommt es, dass der Messeschluss sich fast bis zur 5. oder 6. Stunde^Z hinauszieht.

Die Sonntags-Vesper^L

Und so geschieht es gleichermaßen zur Vesper^L nach dem [werk]täglichem Brauch. Dieser Brauch also wird an allen Tagen das ganze Jahr hindurch beachtet, mit Ausnahme der Festtage, über deren üblichen Verlauf wir unten Bemerkungen machen werden. (5) Das aber ist ganz besonders bemerkenswert, dass sie darauf hinwirken, dass immer passende Psalmen oder Antiphonen^L gesprochen werden, sowohl die in der Nacht gesprochen werden wie die am Morgen, ebenso wie diejenigen am Tag zur Sext^L oder Non^L oder zur Vesper immer so passend und so bezüglich sind, dass sie sich auf den Gegenstand beziehen, um den es geht. (6) Und während man das ganze Jahr am Sonntag immer in die größere [Martyriums-]Kirche^K zieht – d. h. in die, welche auf Golgatha steht, d. h. hinter dem Kreuz, die Konstantin erbaut hat –, zieht man an einem einzigen Sonntag, d. h. am 50. Tag nach Ostern – zu Pfingsten – zur Zions-Kirche^K, wie ihr unten [XLIII] angegeben finden werdet, jedoch so zur

tamen in Syon, ut, antequam sit hora tertia, illuc eatur, fiat
primum missa in ecclesiam maiorem [...]

[...] »Benedictus, qui venit in nomine Domine« et cetera,
quae secuntur. Et quoniam pro monazontes, qui pedibus
vadent, necesse est lenius iri; ac sic pervenitur in Ierusolima
ea hora, qua incipit homo hominem posse cognoscere,
id est prope luce, ante tamen quam lux fiat. (7) Ubi cum
perventum fuerit, statim sic in Anastase ingreditur episcopus
et omnes cum eo, ubi luminaria iam supra modo lucent.
Dicitur ergo ibi unus psalmus, fit oratio, benedicuntur
ab episcopo primum cathecumini, item fideles. Recipit se
episcopus et vadent se unusquisque ad ospitium suum, ut
se resumant. Monazontes autem usque ad lucem ibi sunt
et ymnos dicunt. (8) At ubi autem resumpserit se populus,
hora incipiente secunda colligent se omnes in ecclesia
maiore, quae est in Golgotha. Qui autem ornatus sit illa
die ecclesiae vel Anastasis aut Crucis aut in Bethleem,
superfluuum fuit scribi. Ubi extra aurum et gemmas aut
sirico nihil aliud vides; nam et si vela vides, auroclava
oleserica sunt, si cortinas vides, similiter auroclave oleserica

Zions-Kirche, dass man, bevor die 3. Stunde^Z eintritt, dorthin geht; vorher aber soll der Messeschluss in der größeren
[Martyriums-]Kirche geschehen […]

{Im *Codex Arretinus* fehlt ein Blatt.}

DAS LITURGISCHE JAHR

Epiphanias (Tag der Erscheinung des Herrn, 6. Januar)
[…] »Gelobt sei, der da kommt in dem Namen des Herrn!«
usw., was folgt [Mt 21,9]. Und weil man zugunsten der
Mönche, die zu Fuß gehen, langsamer gehen muss, kommt
man nach Jerusalem erst zu der [Morgen-]Stunde^Z, wenn
der Mensch den Menschen erkennen zu können beginnt,
das ist nahe am Tageslicht, doch noch bevor es hell wird.
(7) Sobald man dort angekommen ist, betritt der Bischof
sofort die Auferstehungs-Kirche^K und alle mit ihm, wo die
Leuchter schon über das [sonstige] Maß hinaus erstrahlen.
Dort wird nun ein Psalm gesprochen, es gibt ein Gebet,
gesegnet werden vom Bischof zuerst die Taufanwärter, und
so auch die Gläubigen. Der Bischof zieht sich zurück und
ein jeder geht in seine Heimstätte, um sich zu erholen. Die
Mönche aber sind bis Tagesanbruch dort und sprechen
Hymnen^L. (8) Aber sobald sich das Volk erholt hat, zu Beginn der 2. Stunde^Z, versammeln sich alle in der größeren
[Martyriums-]Kirche^K, die auf Golgatha ist. Wie aber an
diesem Tag der Schmuck dieser Kirche oder der Auferste-
hungs-, der Kreuz- oder der [Geburts-]Kirche^K in Bethlehem ist, das zu beschreiben ist überflüssig, wo man außer
Gold und Edelsteinen oder Seide nichts sieht, denn wenn
man die Wandbehänge sieht, sind sie ganz aus Seide mit
Goldstreifen, wenn man die Vorhänge sieht, sind sie gleichermaßen ganz aus Seide mit Goldstreifen. Alle Art von

sunt. Ministerium autem omne genus aureum gemmatum profertur illa die. Numerus autem vel ponderatio de ceriofalis vel cicindelis aut lucernis vel diverso ministerio nunquid vel extimari aut scribi potest? (9) Nam quid dicam de ornatu fabricae ipsius, quam Constantinus sub praesentia matris suae, in quantum vires regni sui habuit, honoravit auro, musivo et marmore pretioso, tam ecclesiam maiorem quam Anastasim vel ad Crucem vel cetera loca sancta in Ierusolima? (10) Sed ut redeamus ad rem, fit ergo prima die missa in ecclesia maiore, quae est in Golgotha. Et quoniam dum praedicant vel legent singulas lectiones vel dicunt ymnos, omnia tamen apta ipsi diei, et inde postmomodum cum missa ecclesiae facta fuerit, itur cum ymnis ad Anastasim iuxta consuetudinem; ac sic fit missa forsitan sexta hora.

(11) Ipsa autem die similiter et ad lucernare iuxta consuetudinem cotidianam fit. Alia denuo die similiter in ipsa ecclesia proceditur in Golgotha, hoc idem et tertia die. Per triduo ergo haec omnis laetitia in ecclesia, quam fecit Constantinus, celebratur usque ad sextam. Quarta die in Eleona, id est in ecclesia, quae est in monte Oliveti, pulchra satis, similiter omnia ita ornantur et ita celebrantur ibi quinta die in Lazariu, quod est ab Ierusolima forsitan ad mille quingentos passus, sexta die in Syon, septima die in Anastase, octava die ad Crucem. Ac sic ergo per octo dies haec omnis laetitia et is ornatus celebratur in omnibus locis

Kultgerät, das man an diesem Tag hervorholt, ist golden
und edelsteinbesetzt. Zahl aber und Gewicht der Kerzenleuchter, der Lämpchen und Leuchter oder des verschiedenen Kultgerätes – wie könnte man das schätzen oder beschreiben? (9) Was soll ich über die Pracht dieses Bauwerks
sagen, das Konstantin im Beisein seiner Mutter [Helena; s.
S. 7] mit allen Kräften seines Reiches schmückte, mit Gold
und Mosaiken und wertvollem Marmor, sowohl die größere [Martyriums-]Kirche als auch die Auferstehungs- und die
Kreuz-Kirche und die übrigen heiligen Orte in Jerusalem?
(10) Doch um zur Sache zurückzukehren, es gibt also am 1.
Tag eine Messe in der größeren [Martyriums-]Kirche gelesen, die auf Golgatha steht. Und während sie predigen oder
die einzelnen Lesungen vortragen oder Hymnen^L sprechen,
so ist doch alles zu diesem Tag passend – und wenn nachher
der Messeschluss in der Kirche geschehen ist, geht man mit
Hymnen^L zur Auferstehungs-Kirche^K nach dem Brauch;
und so geschieht der Messeschluss etwa zur 6. Stunde^Z.

Die 8 Tage nach Epiphanias
(11) An diesem Tag geschieht es gleichermaßen auch zur
Vesper^L nach dem täglichen Brauch. Am folgenden Tag
zieht man erneut gleichermaßen Weise zur Kirche auf Golgatha, ebenso am 3. Tag; 3 Tage lang wird also all diese Festlichkeit in der Kirche gefeiert, die Konstantin erbaut hat,
bis zur Sext^L. Am 4. Tag wird in der Ölbergs-Kirche^K – d. h.
in der Kirche, die auf dem Ölberg liegt und ganz schön ist
– gleichermaßen alles so geschmückt am 5. in der Lazarus-
Kirche^K gefeiert, die von Jerusalem etwa 1½ Meilen^Z entfernt liegt, am 6. Tag in der Zions-Kirche^K, am 7. in der
Auferstehungs-Kirche^K, am 8. bei der Kreuz-Kirche^K. Und
so also wird durch 8 Tage all diese Festfreude und Schmuck
gefeiert an allen heiligen Orten, die ich oben aufgezählt

sanctis, quos superius nominavi. (12) In Bethleem autem per totos octo dies cotidie is ornatus est ipsa laetitia celebratur a presbyteris et ab omni clero ipsius loci et a monazontes, qui in ipso loco deputati sunt. Nam et illa hora, qua omnes nocte in Ierusolima revertuntur cum episcopo, tunc loci ipsius monachi, quicumque sunt, usque ad lucem in ecclesia in Bethleem pervigilant ymnos seu antiphonas dicentes, quia episcopum necesse est hos dies semper in Ierusolima tenere. Pro sollemnitate autem et laetitia ipsius diei infinite turbae se undique colligent in Ierusolima, non solum monazontes, sed et laici, viri aut mulieres.

XXVI (1) Sane quadragesimae de epiphania valde cum summo honore hic celebrantur. Nam eadem die processio est in Anastase, et omnes procedunt et ordine suo aguntur omnia cum summa laetitia ac si per pascha. Praedicant etiam omnes presbyteri et sic episcopus semper de eo loco tractantes evangelii, ubi quadragesima die tulerunt Dominum in templo Ioseph et Maria et viderunt eum Symeon vel Anna prophetissa, filia Fanuhel, et de verbis eorum, quae dixerunt viso Domino, vel de oblatione ipsa, qua optulerunt parentes. Et postmodum celebratis omnibus per ordinem, quae consuetudinis sunt, aguntur sacramenta et sic fit missa.

XXVII (1) Item dies paschales cum venerint, celebrantur sic. Nam sicut apud nos quadragesimae ante pascha ad

habe. (12) In Bethlehem aber wird durch alle 8 Tage hindurch täglich dieser Schmuck und diese Festfreude von den Priestern, dem ganzen Klerus dieses Ortes und den Mönchen gefeiert, die diesem Ort zugeteilt sind. Denn von der Stunde^Z an, zu der alle nachts zusammen mit dem Bischof nach Jerusalem zurückkehren, feiern dann die Mönche dieses Ortes alle zusammen bis Tagesanbruch die Vigilien^L in der Kirche in Bethlehem, Hymnen^L und Antiphonen^L sprechend, weil der Bischof diese Tage immer in Jerusalem verbringen muss. Wegen der Festlichkeit und der Festfreude dieses Tages sammeln sich unermessliche Mengen von überallher in Jerusalem, nicht nur Mönche, sondern auch Laien, Männer und Frauen.

Der 40. Tag nach Epiphanias (Darstellung Jesu im Tempel)
XXVI (1) Freilich wird der 40. Tag nach Epiphanias hier mit höchster Ehre gefeiert, denn an diesem Tag geht die Prozession in die Auferstehungs-Kirche^K; alle ziehen mit und alles wird nach seiner Ordnung mit höchster Festfreude wie beim Osterfest gefeiert. Es predigen auch alle Priester und ebenso der Bischof, immer über die Stelle des Evangeliums, wo am 40. Tag Josef und Maria den Herrn in den Tempel brachten und wo ihn Simeon und die Prophetin Anna sahen, die Tochter Phanuels, und über die Worte, die jene sprachen, als sie den Herrn gesehen hatten, und über diese Darstellung, welche die Eltern vollzogen [Lk 2,21–31]. Und wenn alles der Reihe nach gefeiert ist, wie es Brauch ist, werden die Sakramente gemacht und so geschieht der Messeschluss.

Die 40 Fastentage vor Ostern
XXVII (1) Und so werden die Ostertage, wenn sie gekommen sind, folgendermaßen gefeiert. Während nämlich bei

tenduntur, ita hic octo septimanas attenduntur ante pascha. Propterea autem octo septimane attenduntur, quia dominicis diebus et sabbato non ieiunantur excepta una die sabbati, qua vigiliae paschales sunt et necesse est ieiunari; extra ipsum ergo diem penitus nunquam hic toto anno sabbato ieiunatur. Ac sic ergo de octo septimanis deductis octo diebus dominicis et septem sabbatis, quia necesse est una sabbati ieiunari, ut superius dixi, remanent dies quadraginta et unum, qui ieiunantur, quod hic appellant eortae, id est quadragesimas. (2) Singuli autem dies singularum ebdomadarum aguntur sic, id est ut die dominica de pullo primo legat episcopus intra Anastase locum resurrectionis Domini de evangelio, sicut et toto anno dominicis diebus fit, et similiter usque ad lucem aguntur ad Anastasem et ad Crucem, quae et toto anno dominicis diebus fiunt. (3) Postmodum mane sicut et semper dominica die proceditur et aguntur, quae dominicis diebus consuetudo est agi, in ecclesia maiore, quae appellatur Martyrio, quae est in Golgotha post Crucem. Et similiter missa de ecclesia facta ad Anastase itur cum ymnis, sicut semper dominicis diebus fit. Haec ergo dum aguntur, facit se hora quinta; lucernare hoc idem hora sua fit sicut semper ad Anastasem et ad Crucem, sicut et singulis locis sanctis fit; dominica enim die nona fit. (4) Item secunda feria similiter de pullo primo ad Anastasem itur sicut et toto anno, et aguntur usque ad mane, que semper. denuo ad tertia itur ad Anastasim et aguntur, quae toto anno ad

uns 40 Tage vor Ostern beachtet werden, beachtet man
hier 8 Wochen vor Ostern. Deshalb aber werden 8 Wochen beachtet, weil an Sonntagen und am Samstag nicht
gefastet wird, mit Ausnahme des einen Samstags, an dem
die Vigilien[L] des Osterfestes sind und an dem man fasten
muss. Außer an diesem einen wird sonst an keinem Samstag im ganzen Jahr hier gefastet. Wenn man also von den 8
Wochen 8 Sonntage und 7 Samstage abzieht, weil man ja
an einem Samstag fasten muss, wie ich oben gesagt habe,
bleiben 41 Tage übrig, an denen gefastet wird, was sie hier
heortae nennen, d. h. 40 [Fasten]tage. (2) Jeder Tag aber in
jeder Woche wird so gefeiert, dass am Sonntag bei erstem
Hahnenschrei der Bischof in der Auferstehungs-Kirche[K]
die Stelle der Auferstehung Christi aus dem Evangelium
vorliest, wie es im ganzen Jahr am Sonntag geschieht, und
gleichermaßen wird bis Tagesanbruch bei der Auferste-
hungs- und der Kreuz-Kirche[K] alles so gefeiert, wie es im
ganzen Jahr an Sonntagen geschieht. (3) Nachher wird am
Morgen eine Prozession wie immer am Sonntag abgehalten; auch wird durchgeführt, was durchgeführt zu werden
an Sonntagen Brauch ist, und zwar in der größeren Kirche, die Martyriums-Kirche[K] heißt und hinter dem Kreuz[K]
auf Golgatha ist. Und gleichermaßen zieht man, nachdem
der Messeschluss in der Kirche geschehen ist, zur Auferstehungs-Kirche mit Hymnen[L], wie es immer an Sonntagen
getan wird. Während nun dies geschieht, naht die 5. Stunde[Z]. Auch die Vesper[L] geschieht zu ihrer Stunde wie immer
bei der Auferstehungs-Kirche, in der Kreuz-Kirche[K] und
wie es an jedem heiligen Ort geschieht; am Sonntag wird
die Non[L] gefeiert. (4) Und so zieht man am Montag beim
ersten Hahnenschrei gleichermaßen zur Auferstehungs-
Kirche wie das ganze Jahr und alles geschieht so wie immer.
Erneut zieht man zur 3. Stunde[Z] zur Auferstehungs-Kirche

sextam solent agi, quoniam in diebus quadragesimarum et hoc additur, ut et ad tertiam eatur. Item ad sextam et nonam et lucernare ita aguntur, sicut consuetudo est per totum annum agi semper in ipsis locis sanctis. (5) Similiter et tertia feria similiter omnia aguntur sicut et secunda feria. Quarta feria autem similiter itur de noctu ad Anastase et aguntur ea, quae semper, usque ad mane; similiter et ad tertiam et ad sexta; ad nonam autem, quia consuetudo est semper, id est toto anno, quarta feria et sexta feria ad nona in Syon procedi, quoniam in istis locis, excepto si martirorum dies evenerit, semper quarta et sexta feria etiam et a cathecuminis ieiunatur; et ideo ad nonam in Syon proceditur. Nam si fortuito in quadragesimis martyrorum dies evenerit quarta feria aut sexta feria, atque ad nona in Syon proceditur. (6) Diebus vero quadragesimarum, ut superius dixi, quarta feria ad nona in Sion proceditur iuxta consuetudinem totius anni et omnia aguntur, quae consuetudo est ad nonam agi, praeter oblatio. Nam ut semper populus discat legem, et episcopus et presbyter praedicant assidue. Cum autem facta fuerit missa, inde cum ymnis populus deducet episcopum usque ad Anastasem; inde sic venitur, ut, cum intratur in Anastase, iam et hora lucernari sit; sic dicuntur ymni et antiphonae, fiunt orationes et fit missa lucernaris in Anastase et ad Crucem. (7) Missa autem lucernari in isdem diebus, id est quadragesimarum, serius fit semper quam per toto anno. Quinta feria autem similiter omnia aguntur sicut secunda feria et tertia feria. Sexta feria autem similiter omnia aguntur sicut quarta feria, et similiter ad nonam in Syon itur et similiter inde cum ymnis usque ad Anastase adducetur episcopus. Sed sexta feria vigiliae

und man führt durch, was man im ganzen Jahr zur Sext^L zu tun pflegt, weil an den 40 [Fasten]tagen noch hinzugefügt wird, dass man auch zur Terz^L hingeht. Und so wird zur Sext^L und zur Non^L und zur Vesper^L so gehandelt, wie es immer das ganze Jahr hindurch an diesen heiligen Stätten Brauch ist. (5) Gleichermaßen wird alles am Dienstag gleichermaßen wie am Montag gefeiert. Am Mittwoch aber zieht man nachts gleichermaßen zur Auferstehungs-Kirche und alles wird wie immer gemacht bis zum Morgen, gleichermaßen zur Terz und Sext. Zur Non aber, weil es Brauch ist, immer, d. h. das ganze Jahr, am Mittwoch und am Freitag zur Non^L zur Zions-Kirche^K zu ziehen, weil an diesen Orten mit Ausnahme von Märtyrertagen immer am Mittwoch und Freitag auch von den Taufanwärtern gefastet wird; also geht man zur Non zur Zions-Kirche. Wenn nämlich zufällig in die 40 [Fasten]tage ein Märtyrertag fällt, auf einen Mittwoch oder Freitag, dann geht man nicht zur Non zur Zions-Kirche. (6) An den 40 [Fasten]tagen geht man, wie ich oben sagte, am Mittwoch zur Non zur Zions-Kirche nach dem Brauch des ganzen Jahres, und alles wird gemacht, wie es zur Non Brauch ist, außer der Opferung. Damit nämlich das Volk immer das Gesetz lerne, predigen der Bischof und die Priester ununterbrochen. Wenn aber Messeschluss geschehen ist, geleitet das Volk mit Hymnen^L den Bischof zur Auferstehungs-Kirche; dabei kommt man so an, dass beim Eintritt in die Auferstehungs-Kirche schon die Vesper-Stunde da ist; dann spricht man Hymnen und Antiphonen^L, es gibt Gebete und es gibt eine Vesper-Messe in der Auferstehungs- und bei der Kreuz-Kirche. (7) Der Vesper-Messeschluss aber findet an diesen Tagen, d. h. in den 40 [Fasten]tagen, später statt als im ganzen Jahr. Am Donnerstag wird alles gleichermaßen wie am Montag und Dienstag abgehalten. Am Freitag wird alles gleichermaßen

in Anastase celebrantur ab ea hora, qua de Sion ventum
fuerit cum ymnis, usque in mane, id est de hora lucernarii,
quemadmodum intratum fuerit in alia die mane, id est
sabbato. Fit autem oblatio in Anastase maturius, ita ut fiat
missa ante solem. (8) Tota autem nocte vicibus dicuntur
psalmi responsorii, vicibus antiphonae, vicibus lectiones
diversae, quae omnia usque in mane protrahuntur. Missa
autem, quae fit sabbato ad Anastase, ante solem fit, hoc est
oblatio, ut ea hora, qua incipit sol procedere, et missa in
Anastase facta sit. Sic ergo singulae septimanae celebrantur
quadragesimarum.

(9) Quod autem dixi, maturius fit missa sabbato, id est ante
solem, propterea fit, ut citius absolvant hi, quos dicunt hic
›ebdomadarios‹. Nam talis consuetudo est hic ieiuniorum
in quadragesimis, ut hi, quos appellant ›ebdomadarios‹, id
est qui faciunt septimanas, dominica die, quia hora quinta
fit missa, ut manducent. Et quemadmodum prandiderint
dominica die, iam non manducant nisi sabbato mane, mox
communicaverint in Anastase. Propter ipsos ergo, ut citius

abgehalten wie am Mittwoch und gleichermaßen geht man
zur Non zur Zions-Kirche und ebenso wird von dort mit
Hymnen der Bischof zur Auferstehungs-Kirche geführt.
Am Freitag aber werden die Vigilien in der Auferstehungs-
Kirche von der Stunde an gefeiert, zu der man von der Zions-Kirche mit Hymnen gekommen ist, bis zum Morgen,
d. h. von der Vesper-Stunde an, bis man in den Morgen
des nächsten Tages eingetreten ist, d. h. in den Samstag.
Die Opferung geschieht aber in der Auferstehungs-Kirche
schon früher, so dass der Messeschluss vor Sonnenaufgang
stattfindet. (8) In der ganzen Nacht aber spricht man abwechselnd Psalmen im Wechselsprechen[L], dann abwechselnd Antiphonen oder verschiedene Lesungen, was sich
alles bis in den Morgen hinein ausdehnt. Der Messeschluss
aber, der am Samstag in der Auferstehungs-Kirche stattfindet, findet vor Sonnenaufgang statt, d. h. die Opferung, so
dass zu der Stunde, zu der die Sonne aufzugehen beginnt,
der Messeschluss in der Auferstehungs-Kirche geschieht.
So also werden die einzelnen Wochen der 40 [Fasten]tage
gefeiert.

Die Fastenbräuche

(9) Was ich aber gesagt habe, dass der Messeschluss am
Samstag früher geschieht, d. h. vor Sonnenaufgang, das geschieht deshalb, damit diejenigen früher mit dem Fasten
aufhören können, die sie hier *ebdomadarii* [»Wochen«-
Faster] nennen. Denn es besteht hier folgender Brauch in
den 40 [Fasten]tagen, dass diejenigen, die man *ebdomadarii*
nennt, d. h. diejenigen, die das Wochenfasten machen, am
Sonntag, wenn zur 5. Stunde[Z] der Messeschluss geschieht,
etwas essen. Und sobald sie am Sonntag gegessen haben,
essen sie nichts mehr bis Samstag früh, sobald sie in der
Auferstehungs-Kirche[K] an der Kommunion[L] teilgenommen

absolvant, ante sole fit missa in Anastase sabbato. Quod autem dixi, propter illos fit missa mane, non quod illi soli communicent, sed omnes communicant, qui volunt eadem die in Anastase communicare.

XXVIII (1) Ieiuniorum enim consuetudo hic talis est in quadragesimis, ut alii, quemadmodum manducaverint dominica die post missa, id est hora quinta aut sexta, iam non manducent per tota septimana nisi sabbato veniente post missa Anastasis hi, qui faciunt ebdomadas. (2) Sabbato autem quod manducaverint mane, iam nec sera manducant, sed ad aliam diem, id est dominica, prandent post missa ecclesiae hora quinta vel plus et postea iam non manducant nisi sabbato veniente, sicut superius dixi. (3) Consuetudo enim hic talis est, ut omnes, qui sunt, ut hic dicunt, aputactite, viri vel feminae, non solum diebus quadragesimarum, sed et toto anno, qua manducant, semel in die manducant. Si qui autem sunt de ipsis aputactites, qui non possunt facere integras septimanas ieiuniorum, sicut superius diximus, in totis quadragesimis in medio quinta feria cenant. Qui autem nec hoc potest, biduanas facit per totas quadragesimas; qui autem nec ipsud, de sera ad seram manducant. (4) Nemo autem exigit, quantum debeat facere, sed unusquisque ut potest id facit; nec ille laudatur, qui satis fecerit, nec ille vituperatur, qui minus. Talis est enim hic consuetudo. Esca autem eorum quadragesimarum diebus

haben. Wegen dieser Leute also, damit sie rascher das Fasten beenden können, geschieht der Messeschluss in der Auferstehungs-Kirche[K] vor Sonnenaufgang am Samstag. Was ich aber gesagt habe, ihretwegen findet der Messeschluss in der Frühe statt, nicht etwa, dass sie allein, sondern dass alle an der Kommunion[L] teilnehmen, die eben an diesem Tag in der Auferstehungs-Kirche an der Kommunion teilnehmen wollen.

XXVIII (1) Der Fastenbrauch ist hier in den 40 [Fasten]tagen folgender: Die einen, wenn sie am Sonntag nach dem Messeschluss gegessen haben, d. h. in der 5. oder 6. Stunde[Z], essen nunmehr die ganze Woche nichts, außer wenn der Samstag kommt, nach dem Messeschluss in der Auferstehungs-Kirche[K]; das sind die, welche das Wochenfasten einhalten. (2) Am Samstag aber, wenn sie am Morgen gegessen haben, essen sie nicht mehr zu Abend, sondern erst am nächsten Tag, d. h. am Sonntag, frühstücken sie nach dem Messeschluss in der Kirche um die 5. Stunde[Z] oder später, und nachher essen sie nicht mehr, außer am Samstag, wie ich oben [XXVIII 1] gesagt habe. (3) Es ist hier Brauch, dass alle *aputactites*, wie hier [die Einsiedler[M]] heißen, Männer und Frauen, nicht nur an den 40 Tagen der Fastenzeit, sondern im ganzen Jahr, wenn sie essen, nur einmal am Tag essen. Wenn aber einige von diesen Einsiedlern nicht das Wochenfasten durchhalten können, wie wir oben sagten, dann essen sie während der 40 [Fasten]tage in der Mitte am Donnerstag; wer auch das nicht kann, macht ein zweitägiges Fasten durch die ganzen 40 [Fasten]tage; wer auch das nicht kann, isst [zwar tagsüber nichts, aber] von Abend zu Abend. (4) Niemand aber verlangt, wie viel man leisten muss, sondern jeder handelt, wie er kann, und keiner wird gelobt, der ganz [aufwändig] handelt, und keiner getadelt, der weniger tut. So nämlich ist es

haec est, ut nec panem, qui delibari non potest, nec oleum gustent, nec aliquid, quod de arboribus est, sed tantum aqua et sorbitione modica de farina. Quadragesimarum sic fit, ut diximus.

XXIX (1) Et completo earum septimanarum vigiliae in Anastase sunt de hora lucernarii sexta feria, qua de Syon venitur cum psalmis, usque in mane sabbato, qua oblato fit in Anastase. Item secunda septimana et tertia et quarta et quinta et sexta similiter fiunt ut prima de quadragesimis.

(2) Septima autem septimana cum venerit, id est quando iam due superant cum ipsa, ut pascha sit, singulis diebus omnia quidem sic aguntur sicut et ceteris septimanis quae transierunt; tantummodo quod vigiliae, quae in iliis sex septimanis in Anastase factae sunt, septima autem septimana, id est sexta feria, in Syon fiunt vigiliae iuxta consuetudinem ea, qua in Anastase factae sunt per sex septimanas. Dicuntur autem totis vigiliis apti psalmi semper vel antiphonae tam loco quam diei. (3) At ubi autem ceperit se mane facere sabbato illucescente, offeret episcopus et facit oblationem mane sabbato. Iam ut fiat missa, mittit vocem archidiaconus et dicit: »Omnes hodie hora septima in Lazario parati simus.« Ac sic ergo cum

hier Brauch. Das Essen in den 40 [Fasten]tagen ist so, dass sie weder Brot – das nicht einmal probiert werden darf – noch Öl kosten noch sonst etwas, was von Bäumen stammt; vielmehr [ernähren sie sich] nur mit Wasser und mit mäßiger Mehlsuppe. In den 40 [Fasten]tagen geschieht es so, wie wir gesagt haben.

XXIX (1) Wenn die Zeit dieser [Fasten-]Wochen vollendet ist, finden die Vigilien[L] in der Auferstehungs-Kirche[K] am Freitag von der Vesper[L]-Zeit an statt, wenn man von der Zions-Kirche[K] mit Psalmen ankommt, bis zum Morgen des Samstags, wo die Opferung in der Auferstehungs-Kirche[K] stattfindet. Und so geschieht es in der 2., 3., 4., 5. und 6. Woche gleichermaßen wie in der 1. Woche der 40 [Fasten]tage.

Der Lazarus-Samstag (Samstag vor dem Sonntag vor Ostern)
(2) Wenn aber die 7. Woche kommt, d. h. wenn mit ihr zusammen nur mehr 2 übrig sind, bis Ostern kommt, wird an allen Tagen alles genau so wie in den anderen Wochen durchgeführt, die vorübergegangen sind; nur dass die Vigilien[L], die in jenen 6 Wochen in der Auferstehungs-Kirche[K] abgehalten worden sind, aber in der 7. Woche, d. h. Freitag, dass aber die Vigilien in der Zions-Kirche[K] nach demselben Brauch stattfinden, wie sie in den 6 Wochen in der Auferstehungs-Kirche gemacht worden sind. Gesprochen aber werden bei allen Vigilien immer sowohl zum Ort als auch zum Tag passende Psalmen und Antiphonen[L]. (3) Sobald aber der Morgen sich zu heben beginnt, wenn der Samstag heraufleuchtet, opfert der Bischof und bringt das Opfer am Samstagmorgen dar. Und sobald nun der Messeschluss geschehen soll, erhebt der Erzdiakon seine Stimme und spricht: »Alle seien wir heute zur 7. Stunde[Z] an der Lazarus-Kirche[K] bereit!« Und so kommen alle also, wenn die 7. Stunde[Z] sich

ceperit se hora septima facere, omnes ad Lazarium veniunt.
Lazarium autem, id est Bethania, est forsitan secundo
miliario a civitate. (4) Euntibus autem de Ierusolima in
Lazarium forsitan ad quingentos passus de eodem loco
ecclesia est in strata in eo loco, in quo occurrit Domino
Maria, soror Lazari. Ibi ergo cum venerit episcopus,
occurrent illi omnes monachi, et populus ibi ingreditur,
dicitur unus ymnus et una antiphona et legitur ipse locus
de evangelio, ubi occurrit soror Lazari Domino. Et sic facta
oratione et benedictis omnibus inde iam usque ad Lazarium
cum ymnis itur. (5) In Lazario autem cum ventum fuerit,
ita se omnis multitudo colligit, ut non solum ipse locus,
sed et campi omnes in giro pleni sint hominibus. Dicuntur
ymni etiam et antiphonae apti ipsi diei et loco; similiter
et lectiones aptae diei, quaecumque leguntur. Iam autem,
ut fiat missa, denuntiatur pascha, id est subit presbyter
in altiori loco et leget illum locum, qui scriptus est in
evangelio: »Cum venisset Iesus in Bethania ante sex dies
paschae« et cetera. Lecto ergo eo loco et annuntiata pascha
fit missa. (6) Propterea autem ea die hoc agitur, quoniam,
sicut in evangelio scriptum est, ante sex dies paschae factum
hoc fuisset in Bethania; de sabbato enim usque in quinta
feria, qua post cena noctu comprehenditur Dominus, sex
dies sunt. Revertuntur ergo omnes ad civitatem rectus ad
Anastase et fit lucernare iuxta consuetudinem.

zu erfüllen beginnt, in die Lazarus-Kirche[K]. Die Lazarus-Kirche, d. h. Betanien, ist etwa am 2. Meilenstein[Z] von der Stadt [Jerusalem] aus. (4) Wenn man von Jerusalem zur Lazarus-Kirche geht, sieht man etwa ½ Meile[Z] davon entfernt an der Straße eine Kirche an dem Ort, an dem Maria, die Schwester des Lazarus, dem Herrn begegnet war. Wenn also der Bischof dorthin kommt, treten ihm alle Mönche entgegen, das Volk zieht ein, gesprochen werden ein Hymnus[L] und eine Antiphon[L] und gelesen wird diese Stelle aus dem Evangelium, wo die Schwester des Lazarus dem Herrn begegnet [Joh 11,20]. Und wenn das Gebet gemacht ist und alle gesegnet sind, geht man von dort mit Hymnen zur Lazarus-Kirche. (5) Wenn man aber zur Lazarus-Kirche gekommen ist, versammelt sich alle Menge so, dass nicht nur dieser Ort selbst, sondern auch alle Felder ringsum voll von Menschen sind. Gesprochen werden auch zu diesem Tag und Ort passende Hymnen und Antiphonen; gleichermaßen sind die Lesungen, welche auch immer gelesen werden, zum Tag passend. Und wenn nunmehr der Messeschluss geschehen soll, wird das Osterfest angekündigt, d. h. es tritt ein Priester auf einen höheren Platz und liest jene Stelle vor, die im Evangelium geschrieben steht: »Als Jesus nach Betanien gekommen war, 6 Tage vor dem Osterfest« usw. [Joh 12,1]. Wenn also diese Stelle gelesen und das Osterfest angekündigt ist, geschieht der Messeschluss. (6) Deshalb aber geschieht dies an diesem Tag, weil, wie es im Evangelium geschrieben steht, dies 6 Tage vor dem Passa-[Oster-]fest in Betanien geschehen war; vom Samstag [Sabbat] nämlich bis zum Donnerstag, an dem nach dem Abendmahl nachts der Herr ergriffen wird, sind es 6 Tage. Es kehren also alle zur Stadt zurück, geradewegs zur Auferstehungs-Kirche und es geschieht die Vesper[L] nach dem Brauch.

XXX (1) Alia ergo die, id est dominica, qua intratur in
septimana paschale, quam hic appellant »septimana maior«,
celebratis de pullorum cantu his, quae consuetudinis
sunt in Anastase vel ad Crucem usque ad mane agi; die
ergo dominica mane proceditur iuxta consuetudinem in
ecclesia maiore, quae appellatur Martyrium. Propterea
autem Martyrium appellatur, quia in Golgotha est, id est
post Crucem, ubi Dominus passus est, et ideo Martyrio.
(2) Cum ergo celebrata fuerint omnia iuxta consuetudinem
in ecclesia maiore, et antequam fiat missa, mittet vocem
archidiaconus et dicit primum: »Ista septimana omne, id est
die crastino, hora nona omnes ad Martyrium conveniamus,
id est in ecclesia maiore.« Item mittet vocem alteram
et dicet: »Hodie omnes hora septima in Eleona parati
simus.« (3) Facta ergo missa in ecclesia maiore, id est ad
Martyrium, deducitur episcopus cum ymnis ad Anastase,
et ibi completis, quae consuetudo est diebus dominicis fieri
in Anastase post missa Martyrii, et iam unusquisque hiens
ad domum suam festinat manducare, ut hora inquoante
septima omnes in ecclesia parati sint, quae est in Eleona,
id est in monte oliveti, ubi est spelunca illa, in qua docebat
Dominus.

XXXI (1) Hora ergo septima omnis populus ascendet in
monte oliveti, id est in Eleona, in ecclesia; sedet episcopus,
dicuntur ymni et antiphonae aptae diei ipsi vel loco,

Der Sonntag vor Ostern (Palmsonntag)

XXX (1) Am nächsten Tag also, d. h. am Sonntag, da man in die Osterwoche eintritt, die man hier die »Große Woche« nennt, – nachdem man vom Hahnenschrei an gefeiert hat, was Brauch ist, in der Auferstehungs- und an der Kreuz-Kirche[K] bis zum Morgen; am Sonntag also zieht man morgens nach dem Brauch in die größere Kirche, die Martyriums-Kirche[K] genannt wird. Deshalb aber heißt sie Martyriums-Kirche, weil sie auf Golgatha steht, d. h. hinter dem Kreuz, wo der Herr gelitten hat, und deshalb Martyriums-Kirche. (2) Wenn also alles nach dem Brauch in der größeren Kirche gefeiert ist und bevor noch der Messeschluss geschehen soll, erhebt der Erzdiakon seine Stimme und sagt zuerst: »In dieser ganzen Woche, d. h. von morgen an, kommen wir alle um die 9. Stunde[Z] in der Martyriums-Kirche zusammen, d. h. in der größeren Kirche!« Und so spricht er ein anderes Wort und sagt: »Heute sind wir alle zur 7. Stunde[Z] in der Ölbergs-Kirche[K] bereit!« (3) Wenn also der Messeschluss in der größeren Kirche, d. h. in der Martyriums-Kirche geschehen ist, wird der Bischof mit Hymnen[L] zur Auferstehungs-Kirche geleitet; wenn dort alles erfüllt ist, was nach dem Brauch an Sonntagen in der Auferstehungs-Kirche nach dem Messeschluss aus der Martyriums-Kirche zu geschehen pflegt, eilt schon jeder in sein Haus zum Essen, damit alle zu Beginn der 7. Stunde[Z] in der Kirche bereit seien, die in der Ölbergs-Kirche ist, d. h. der, die auf dem Ölberg ist, wo jene Höhle sich befindet, in welcher der Herr lehrte.

XXXI (1) Zur 7. Stunde[Z] also steigt alles Volk auf den Ölberg, d. h. in die Ölbergs-Kirche[K], darunter auch der Bischof; es werden zu diesem Tag und Ort passende Hymnen[L] und Antiphonen[L] gesprochen, gleichermaßen auch Lesun-

lectiones etiam similiter. Et cum ceperit se facere hora nona, subitur cum ymnis in Inbomon, id est in eo loco, de quo ascendit Dominus in caelis, et ibi seditur; nam omnis populus semper praesente episcopo iubetur sedere, tantum quod diacones soli stant semper. Dicuntur et ibi ymni vel antiphonae aptae loco aut diei; similiter et lectiones interpositae et orationes. (2) Et iam cum coeperit esse hora undecima, legitur ille locus de evangelio, ubi infantes cum ramis vel palmis occurrerunt Domino dicentes: »Benedictus, qui venit in nomine Domini.« Et statim levat se episcopus et omnis populus, porro inde de summo monte Oliveti totum pedibus itur. Nam totus populus ante ipsum cum ymnis vel antiphonis respondentes semper: »Benedictus, qui venit in nomine Domini.« (3) Et quotquot sunt infantes in hisdem locis, usque etiam qui pedibus ambulare non possunt, quia teneri sunt, in collo illos parentes sui tenent, omnes ramos tenentes alii palmarum, alii olivarum; et sic deducetur episcopus in eo typo, quo tunc Dominus deductus est. (4) Et de summo monte usque ad civitatem et inde ad Anastase per totam civitatem totum pedibus omnes, sed et si quae matrone sunt aut si qui domini, sic deducunt episcopum respondentes et sic lente et lente, ne lassetur populus, porro iam sera pervenitur ad Anastase. Ubi cum ventum fuerit, quamlibet sero sit, tamen fit lucernare, fit denuo oratio ad Crucem et dimittitur populus.

gen. Und wenn die 9. Stunde[Z] sich zu erfüllen begonnen
hat, geht man mit Hymnen zum Himmelfahrtsort[K], d. h.
an den Platz, von dem der Herr in den Himmel aufstieg,
und dort setzt man sich nieder, denn alles Volk wird immer
in Gegenwart des Bischofs sitzen geheißen, nur die Diakonen stehen immer. Gesprochen werden auch Hymnen
und zum Ort und Tag passende Antiphonen[L]; gleichermaßen auch eingefügte Lesungen und Gebete. (2) Und wenn
schon die 11. Stunde[Z] beginnt, wird jene Stelle aus dem
Evangelium gelesen, wo die Kinder mit Zweigen und Palmen dem Herrn begegneten und sagten: »Gepriesen sei, der
da kommt im Namen des Herrn!« [Mt 21,8–9]. Und sofort
erhebt sich der Bischof und alles Volk, und geht nun alles
vom Gipfel des Ölbergs zu Fuß herab. Das gesamte Volk
nämlich zieht vor ihm mit Hymnen und Antiphonen, immer antwortend: »Gepriesen sei, der da kommt im Namen
des Herrn!« (3) Und was an Kindern in jenen Gegenden
lebt, bis zu denen herab, die noch nicht auf eigenen Füßen gehen können, weil sie zart sind, die halten sich am
Hals ihrer Eltern fest – alle halten Zweige, teils von Palmen,
teils von Ölbäumen –, und so wird der Bischof herabgelei-
tet nach der Art, in welcher der Herr geführt worden ist.
(4) Und vom Gipfel des Berges bis zur Stadt und von da bis
zur Auferstehungs-Kirche[K] durch die ganze Stadt hindurch
geht alles zu Fuß, selbst die Frauen und die vornehmen
Herren; so geleiten sie den Bischof unter Wechselsprechen[L]
und so langsam und langsam, dass das Volk nicht ermü-
det, kommt man endlich schon spät zur Auferstehungs-
Kirche. Sobald man dorthin gekommen ist, geschieht, wie
spät auch immer es ist, die Vesper[L], dann gibt es erneut das
Gebet an der Kreuz-Kirche[K], dann wird das Volk [aus der
Messe] entlassen.

XXXII (1) Item alia die, id est secunda feria, aguntur, quae
consuetudinis sunt de pullo primo agi usque ad mane ad
Anastase, similiter et ad tertia et ad sexta aguntur ea, quae
totis quadragesimis. Ad nona autem omnes in ecclesia
maiore, id est ad Martyrium, colligent se et ibi usque ad
horam primam noctis semper ymni et antiphonae dicuntur;
lectiones etiam aptae diei et loco leguntur; interpositae
semper orationes. (2) Lucernarium etiam agitur ibi, cum
ceperit hora esse; sic est ergo, ut nocte etiam fiat missa ad
Martyrium. Ubi cum factum fuerit missa, inde cum ymnis
ad Anastase ducitur episcopus. In quo autem ingressus fuerit
in Anastase, dicitur unus ymnus, fit oratio, benedicuntur
cathecumini, item fideles, et fit missa.

XXXIII (1) Item tertia feria similiter omnia fiunt sicut
secunda feria. Illud solum additur tertia feria, quod nocte
sera, posteaquam missa facta fuerit ad Martyrium et itum
fuerit ad Anastase et denuo in Anastase missa facta fuerit,
omnes illa hora noctu vadent in ecclesia, quae est in monte
Eleona. (2) In qua ecclesia cum ventum fuerit, intrat
episcopus intra spelunca, in qua spelunca solebat Dominus
docere discipulos, et accipit codicem evangelii, et stans ipse
episcopus leget verba Domini, quae scripta sunt in evangelio
in cata Matheo, id est ubi dicit: »Videte, ne quis vos seducat.«
Et omnem ipsam allocutionem perleget episcopus. At ubi

Der Montag vor Ostern

XXXII (1) Und so geschieht am nächsten Tag, dem Montag, was Brauch ist, vom ersten Hahnenschrei bis zum Morgen in der Auferstehungs-Kirche^K, gleichermaßen zur Terz^L und Sext^L, was während der ganzen 40 [Fasten]tage geschieht. Zur Non^L aber versammeln sich alle in der größeren Kirche, d. h. in der Martyriums-Kirche^K, und dort werden bis zur 1. Nachtstunde^Z immer Hymnen^L und Antiphonen^L gesprochen, auch zu Tag und Ort passende Lesungen vorgetragen, dazwischen gelegt immer Gebete. (2) Auch die Vesper^L wird dort abgehalten, wenn die Stunde dafür beginnt; so ist es also, dass der Messeschluss erst in der Nacht bei der Martyriums-Kirche geschieht. Sobald der Messeschluss geschehen ist, wird der Bischof mit Hymnen zur Auferstehungs-Kirche geführt. Sowie er die Auferstehungs-Kirche betreten hat, wird ein Hymnus gesprochen, es gibt ein Gebet, gesegnet werden die Taufanwärter und so auch die Gläubigen und der Messeschluss geschieht.

Der Dienstag vor Ostern

XXXIII (1) Und so geschieht gleichermaßen alles am Dienstag wie am Montag. Nur dies wird am Dienstag hinzugefügt, dass in später Nacht, nachdem der Messeschluss in der Martyriums-Kirche^K geschehen ist, man zur Auferstehungs-Kirche^K gegangen ist und erneut der Messeschluss geschehen ist, alle in dieser Nachtstunde in die [Ölbergs-]Kirche^K gehen, die auf dem Ölberg steht. (2) Wenn man in diese Kirche gekommen ist, tritt der Bischof in die Höhle^K, in welcher der Herr seine Schüler zu lehren pflegte, und erhält den Codex^B des Evangeliums; stehend liest dieser Bischof die Worte des Herrn, die geschrieben sind im Evangelium nach Matthäus, d. h. wo er sagt: »Seht zu, dass euch nicht jemand verführe!« [Mt 24,4]. Und diese ganze Ansprache

autem illa perlegerit, fit oratio, benedicuntur cathecumini, item et fideles, fit missa et revertuntur a monte unusquisque ad domum suam satis sera iam nocte.

XXXIV (1) Item quarta feria aguntur omnia per tota die a pullo primo sicut secunda feria et tertia feria, sed posteaquam missa facta fuerit nocte ad Martyrium et deductus fuerit episcopus cum ymnis ad Anastase, statim intrat episcopus in spelunca, quae est in Anastase, et stat intra cancellos; presbyter autem ante cancellum stat et accipit evangelium et legit illum locum, ubi Iudas Scariothes ivit ad Iudeos, definivit, quid ei darent, ut traderet Dominum. Qui locus at ubi lectus fuerit, tantus rugitus et mugitus est totius populi, ut nullus sit, qui moveri non possit in lacrimis in ea hora. Postmodum fit oratio, benedicuntur cathecumini, postmodum fideles, et fit missa.

XXXV (1) Item quinta feria aguntur ea de pullo primo, quae consuetudinis est usque ad mane ad Anastase; similiter ad tertia et ad sexta. Octava autem hora iuxta consuetudinem ad Martyrium colliget se omnis populus, propterea autem temporius quam ceteris diebus, quia citius missa fieri necesse est. Itaque ergo collecto omni populo aguntur, quae

verliest der Bischof. Aber sobald er dies verlesen hat, gibt es ein Gebet, gesegnet werden die Taufanwärter, und so auch die Gläubigen, dann geschieht der Messeschluss und man kehrt vom Berg jeder in sein Haus zurück zu schon ganz später Nacht.

Der Mittwoch vor Ostern

XXXIV (1) Und so geschieht am Mittwoch alles am ganzen Tag vom ersten Hahnenschrei an so wie am Montag und Dienstag, aber nachdem in der Nacht der Messeschluss in der Martyriums-Kirche[K] geschehen und der Bischof mit Hymnen[L] zur Auferstehungs-Kirche[K] geleitet worden ist, tritt er sofort in die Höhle[K], die in der Auferstehungs-Kirche ist, und steht innerhalb des Gitterraums[K]; der Priester aber steht vor dem Gitter, erhält das Evangelium und liest jene Stelle, wo Judas Iskariot zu den Juden ging und festlegte, was sie ihm geben sollten, damit er den Herrn verrate [Mt 26,14–15]. Sobald aber diese Stelle verlesen ist, erhebt sich ein solches Klagen und Jammern des ganzen Volkes, dass es niemanden gibt, der in dieser Stunde nicht zu Tränen gerührt würde. Danach gibt es ein Gebet, gesegnet werden die Taufanwärter, danach die Gläubigen und es geschieht der Messeschluss.

Der Donnerstag vor Ostern (Gründonnerstag)

XXXV (1) Und so geschieht alles am Donnerstag vom ersten Hahnenschrei, was Brauch ist, bis zum Morgen in der Auferstehungs-Kirche[K], gleichermaßen zur Terz[L] und zur Sext[L]. Zur 8. Stunde[Z] aber versammelt sich nach dem Brauch bei der Martyriums-Kirche[K] alles Volk, und zwar deshalb früher als an den anderen Tagen, weil der Messeschluss früher geschehen muss. Wenn also alles Volk versammelt ist, wird deshalb alles, was geschehen muss, durchgeführt: Es gibt an

agenda sunt; fit ipsa die oblatio ad Martyrium et facitur missa hora forsitan decima ibidem. Antea autem quam fiat missa, mittet vocem archidiaconus et dicet: »Hora prima noctis omnes in ecclesia, quae est in Eleona, conveniamus, quoniam maximus labor nobis instat hodie nocte ista.« (2) Facta ergo missa Martyrii venitur post Crucem, dicitur ibi unus ymnus tantum, fit oratio et offeret episcopus ibi oblationem et communicant omnes. Excepta enim ipsa die una per totum annum nunquam offeritur post Crucem nisi ipsa die tantum. Facta ergo et ibi missa itur ad Anastase, fit oratio, benedicuntur iuxta consuetudinem cathecumini et sic fideles et fit missa. Et sic unusquisque festinat reverti in domum suam, ut manducet, quia statim ut manducaverint, omnes vadent in Eleona in ecclesia ea, in qua est spelunca, in qua ipsa die Dominus cum apostolis fuit. (3) Et ibi usque ad hora noctis forsitan quinta semper aut ymni aut antiphonae aptae diei et loco, similiter et lectiones dicuntur; interpositae orationes fiunt; loca etiam ea de evangelio leguntur, in quibus Dominus allocutus est discipulos eadem die sedens in eadem spelunca, quae in ipsa ecclesia est. (4) Et inde iam hora noctis forsitan sexta itur susu in Imbomon cum ymnis in eo loco, unde ascendit Dominus in caelis. Et ibi denuo similiter lectiones et ymni et antiphonae aptae diei dicuntur; orationes etiam ipsae quaecumque fiunt, quas dicet episcopus, semper et diei et loco aptas dicet.

diesem Tag die Opferung in der Martyriums-Kirche und es erfolgt dann der Messeschluss um die 10. Stunde^Z. Bevor aber der Messeschluss geschieht, erhebt der Erzdiakon seine Stimme und sagt: »In der 1. Nachtstunde^Z wollen wir alle in die [Ölbergs-]Kirche^K, die auf dem Ölberg ist, zusammenkommen, weil uns heute in dieser Nacht eine sehr große Mühe bevorsteht.« (2) Wenn der Messeschluss in der Martyriums-Kirche geschehen ist, zieht man hinter das Kreuz, dort wird nur ein Hymnus^L gesprochen, es gibt ein Gebet, der Bischof bringt dort das Opfer dar und alle nehmen an der Kommunion^L teil. Mit Ausnahme dieses einen Tages wird im ganzen Jahr hinter dem Kreuz nie ein Opfer dargebracht, nur an diesem Tag. Wenn also auch dort der Messeschluss geschehen ist, geht man zur Auferstehungs-Kirche, es gibt ein Gebet, gesegnet werden gemäß dem Brauch die Taufanwärter und ebenso die Gläubigen, und es geschieht der Messeschluss. Dann eilt jeder zurück in sein Haus, um zu essen, weil sie sofort nach dem Essen alle auf den Ölberg in jene [Ölbergs-]Kirche gehen, in der die Höhle^K ist, in der an diesem Tag der Herr mit den Aposteln gewesen ist. (3) Und dort werden ungefähr bis zur 5. Nachtstunde^Z immer entweder Hymnen^L oder zu Tag und Ort passende Antiphonen^L; gleichermaßen werden auch Lesungen vorgetragen; es gibt eingefügte Gebete; auch werden jene Stellen aus dem Evangelium gelesen, in denen der Herr an diesem Tag zu seinen Jüngern gesprochen hat, als er in der Höhle saß, die jetzt in dieser Kirche ist. (4) Und von dort zieht man um die 6. Nachtstunde^Z zum Himmelfahrtsort^K mit Hymnen^L hinauf an den Ort, von wo der Herr in den Himmel aufgefahren ist. Und dort werden erneut gleichermaßen Lesungen, Hymnen^L und zum Tag passende Antiphonen^L gesprochen, und auch alle die Gebete, welche immer der Bischof spricht, sagt er immer passend zu Tag und Ort.

XXXVI (1) Ac sic ergo cum ceperit esse pullorum cantus, descenditur de Imbomon cum ymnis et acceditur eodem loco, ubi oravit Dominus, sicut scriptum est in evangelio: »Et accessit quantum iactum lapidis et oravit« et cetera. In eo enim loco ecclesia est elegans. Ingreditur ibi episcopus et omnis populus, dicitur ibi oratio apta loco et diei, dicitur etiam unus ymnus aptus et legitur ipse locus de evangelio, ubi dixit discipulis suis: »Vigilate, ne intretis in temptationem.« Et omnis ipse locus perlegitur ibi et fit denuo oratio. (2) Et iam inde cum ymnis usque ad minimus infans in Gessamani pedibus cum episcopo descendent, ubi prae iam magna turba multitudinis et fatigati de vigiliis et ieiuniis cotidianis lassi, quia tam magnum montem necesse habent descendere, lente et lente cum ymnis venitur in Gessamani. Candelae autem ecclesiasticae super ducente paratae sunt propter lumen omni populo. (3) Cum ergo perventum fuerit in Gessamani, fit primum oratio apta, sic dicitur ymnus; item legitur ille locus de evangelio, ubi comprehensus est Dominus. Qui locus ad quod lectus fuerit, tantus rugitus et mugitus totius populi est cum fletu, ut forsitan porro ad civitatem gemitus populi omnis auditus sit. Et iam ex illa hora itur ad civitatem pedibus cum ymnis, pervenitur ad portam ea hora, qua incipit quasi homo hominem cognoscere; inde totum per mediam civitatem omnes usque ad unum, maiores atque minores, divites, pauperes, toti ibi parati, specialiter illa die nullus recedit a vigiliis usque in mane. Sic deducitur episcopus a Gessemani usque ad portam et inde per totam civitate

XXXVI (1) Und nun, wenn das Hahnenschreien beginnt, steigt man vom Himmelfahrtsort[K] herab mit Hymnen[L] und geht zu dem Ort, wo der Herr gebetet hat, wie geschrieben steht im Evangelium: »Und er ging auf Steinwurfweite hin und betete« usw. [Lk 22,41]. An diesem Ort steht nämlich eine prächtige Kirche [die Ölbergs-Kirche[K]]. Es betritt sie der Bischof und alles Volk, man spricht ein zu Ort und Tag passendes Gebet, man spricht auch einen passenden Hymnus[L] und liest diese Stelle aus dem Evangelium, wo er zu seinen Jüngern sagte: »Wachet, damit ihr nicht in Versuchung kommt!« [Mt 26,41; Mk 14,38]. Und diese ganze Stelle wird verlesen und erneut gibt es ein Gebet. (2) Und hierauf steigen sie mit Hymnen alle bis auf die kleinsten Kinder zu Fuß nach Gethsemane mit dem Bischof herab, wo man – infolge der großen Menge, erschöpft von den Wachen und müde vom täglichen Fasten – nur langsam und langsam, weil man einen so mächtigen Berg hinabsteigen muss, mit Hymnen[L] nach Gethsemane kommt. Mehr als 200 Kirchenleuchter stehen als Lichter für alles Volk bereit. (3) Sobald man nun nach Gethsemane gekommen ist, gibt es zuerst ein passendes Gebet, dann wird ein Hymnus gesprochen; und so wird jene Stelle aus dem Evangelium gelesen, wo der Herr ergriffen wurde. Wenn diese Stelle gelesen ist, erhebt sich ein solches Klagen und Schreien des ganzen Volkes unter Tränen, dass man wohl weithin bis zur Stadt das Klagen des ganzen Volkes hört. Und nunmehr in dieser Stunde geht man zu Fuß mit Hymnen[L] zur Stadt, man kommt zum Tor in der Stunde, zu welcher der Mensch den Menschen zu erkennen beginnt, dann ganz hindurch durch die Stadt, alle ohne Ausnahme, groß und klein, reich und arm, alle sind dort bereit, und gerade an diesem Tag geht niemand von den Vigilien[L] bis zum Morgen weg. So wird der Bischof von Gethsemane bis zum Tor geleitet und von

usque ad Crucem. (4) Ante Crucem autem at ubi ventum fuerit, iam lux quasi clara incipit esse. Ibi denuo legitur ille locus de evangelio, ubi adducitur Dominus ad Pilatum, et omnia, quaecumque scripta sunt Pilatum ad Dominum dixisse aut ad Iudeos, totum legitur. (5) Postmodum autem alloquitur episcopus populum confortans eos, quoniam et tota nocte laboraverint et adhuc laboraturi sint ipsa die, ut non lassentur, sed habeant spem in Deo, qui eis pro eo labore maiorem mercedem redditurus sit. Et sic confortans eos, ut potest ipse, alloquens dicit eis: »Ite interim nunc unusquisque ad domumcellas vestras, sedete vobis et modico, et ad horam prope secundam diei omnes parati estote hic, ut de ea hora usque ad sextam sanctum lignum crucis possitis videre ad salutem sibi unusquisque nostrum credens profuturum. De hora enim sexta denuo necesse habemus hic omnes convenire in isto loco, id est ante Crucem, ut lectionibus et orationibus usque ad noctem operam demus.«

XXXVII (1) Post hoc ergo missa facta de Cruce, id est antequam sol procedat, statim unusquisque animosi vadent in Syon orare ad columnam illam, ad quem flagellatus est Dominus. Inde reversi sedent modice in domibus suis et statim toti parati sunt. Et sic ponitur cathedra episcopo in Golgotha post Crucem, quae stat nunc; residet episcopus in cathedra; ponitur ante eum mensa sublinteata; stant in giro mensa diacones et affertur loculus argenteus deauratus,

da durch die ganze Stadt bis zur Kreuz-Kirche[K]. (4) Aber
wenn man vor das Kreuz gekommen ist, beginnt schon ein
fast helles Tageslicht. Dort wird nun erneut vorgelesen, und
zwar die Stelle aus dem Evangelium, wo der Herr zu Pilatus
geführt wird [Mt 27,2], und alles, was – wie geschrieben
steht – Pilatus zum Herrn oder zu den Juden gesagt hat,
wird ganz vorgelesen. (5) Dann aber spricht der Bischof das
Volk an und stärkt die Leute, da sie sich die ganze Nacht
gemüht hätten und sich noch an diesem Tag mühen würden, dass sie nicht nachließen, sondern Hoffnung setzten
auf Gott, der ihnen für diese Mühe größeren Lohn abstat-
ten werde. Und so sie stärkend, wie er kann, sagt er zu ihnen: »Geht nun ein jeder in eure Häuserchen, ruht euch
ein wenig aus, und zur 2. Tagesstunde[Z] seid ihr alle wieder
bereit hier zur Stelle, damit ihr von dieser Stunde an bis zur
6. Stunde[Z] das heilige Holz des Kreuzes sehen könnt, zum
eigenen Heil, wie jeder von uns glaubt; um die 6. Stunde[Z]
müssen wir wieder alle an diesem Ort zusammenkommen,
d. h. vor dem Kreuz, um uns den Lesungen und Gebeten
bis zur Nacht zu widmen.«

Der Freitag vor Ostern (Karfreitag)

XXXVII (1) Wenn dann die Entlassung [nach der Messe]
vom Kreuz weg geschehen ist, d. h. bevor die Sonne auf-
geht, dann eilt ein jeder voll Eifer zur Zions-Kirche[K], um
bei jener Säule zu beten, an welcher der Herr gegeißelt wurde. Von dort heimgekehrt, erholen sie sich etwas in ihren
Häusern und sind sofort wieder alle bereit. Und dann wird
für den Bischof ein Stuhl auf Golgatha hinter das Kreuz
gestellt, das jetzt da steht, der Bischof lässt sich auf dem
Stuhl nieder, vor ihm wird ein mit Leinen bedeckter Tisch
aufgestellt, im Kreis um den Tisch stehen die Diakone, man
bringt ein silbernes, vergoldetes Kästchen, in dem das heili-

in quo est lignum sanctum crucis, aperitur et profertur, ponitur in mensa tam lignum crucis quam titulus. (2) Cum ergo positum fuerit in mensa, episcopus sedens de manibus suis summitates de ligno sancto premet, diacones autem, qui in giro stant, custodent. Hoc autem propterea sic custoditur, quia consuetudo est, ut unus et unus omnis populus veniens, tam fideles quam cathecumini, acclinantes se ad mensam osculentur sanctum lignum et pertranseant. Et quoniam nescio quando dicitur quidam fixisse morsum et furasse de sancto ligno, ideo nunc a diaconibus, qui in giro stant, sic custoditur, ne qui veniens audeat denuo sic facere. (3) Ac sic ergo omnis populus transit unus et unus toti acclinantes se, primum de fronte, sic de oculis tangentes crucem et titulum, et sic osculantes crucem pertranseunt, manum autem nemo mittit ad tangendum. At ubi autem osculati fuerint crucem, pertransierint, stat diaconus, tenet anulum Salomonis et cornu illud, de quo reges unguebantur. Osculantur et cornu, attendunt et anulum <de hora plus> minus secunda; <ac sic ergo> usque ad horam sextam omnis populus transit, per unum ostium intrans, per alterum [per alterum] perexiens, quoniam hoc in eo loco fit, in quo pridie, id est quinta feria, oblatio facta est. (4) At ubi autem sexta hora se fecerit, sic itur ante Crucem, sive pluvia sive estus sit, quia ipse locus subdivanus est, id est quasi atrium valde grandem et pulchrum satis, quod est inter Cruce et Anastase. Ibi ergo omnis populus se colliget, ita ut nec aperiri possit. (5) Episcopo autem cathedra ponitur ante Cruce, et de sexta usque ad nona aliud nihil fit nisi

ge Holz des Kreuzes liegt, öffnet es und hebt das Kreuzholz heraus und legt sowohl das Holz als auch die Inschrift auf den Tisch. (2) Wenn es also auf den Tisch gelegt ist, erfasst der Bischof sitzend mit den Händen die Enden des heiligen Holzes; die Diakonen aber, die im Kreise stehen, bewachen es. Dies aber wird deshalb so bewacht, weil es Brauch ist, dass jeder einzelne vom Volk, gleich ob Gläubige oder Taufanwärter, kommt, sich zu dem Tisch neigt, das heilige Holz küsst und dann weitergeht. Und weil irgendwann einmal einer zugebissen und vom heiligen Holz etwas gestohlen haben soll, deshalb wird es nun von den Diakonen, die im Kreis stehen, bewacht, dass keiner der Kommenden wieder so zu handeln wagt. (3) Und so geht das ganze Volk vorüber, einer nach dem anderen, und alle neigen sich, berühren zuerst mit der Stirn, dann mit den Augen Kreuz und Inschrift, und das Kreuz küssend gehen sie vorbei, die Hand aber streckt niemand zur Berührung aus. Aber wenn sie das Kreuz geküsst haben und vorbeigegangen sind, steht ein Diakon da und hält den Ring des Salomon und jenes Horn, mit dem die Könige gesalbt wurden. Und sie küssen das Horn und betrachten den Ring von etwa der 2. Stunde^Z an; und so zieht bis zur 6. Stunde^Z das ganze Volk vorüber – durch eine Tür eintretend, durch die andere hinausgehend –, da dies an demselben Ort geschieht, wo am Vortag, d. h. am [Grün-]Donnerstag, die Opferung dargebracht worden ist. (4) Sobald aber die 6. Stunde^Z gekommen ist, geht man vor das Kreuz, ob es regnet oder heiß ist, weil dieser Platz unter freiem Himmel liegt, d. h. gleichsam ein sehr großes und ganz schönes Atrium^K zwischen der Kreuz- und der Auferstehungs-Kirche^K ist. Dort also sammelt sich alles Volk, so dass nicht geöffnet werden kann. (5) Dem Bischof aber wird der Stuhl vor das Kreuz gestellt und von der 6. bis zur 9. Stunde^Z geschieht

leguntur lectiones sic; id est ita legitur primum de psalmis, ubicumque de passione dixit; legitur et de apostolo sive de epistolis apostolorum vel de actionibus, ubicumque de passione Domini dixerunt; nec non et de evangeliis leguntur loca, ubi patitur; item legitur de prophetis, ubi passurum Dominum dixerunt; item legitur de evangeliis, ubi passionem dicit. (6) Ac sic ab hora sexta usque ad horam nonam semper sic leguntur lectiones aut dicuntur ymni, ut ostendatur omni populo, quia, quicquid dixerunt prophetae futurum de passione Domini, ostendatur tam per evangelia quam etiam per apostolorum scripturas factum esse. Et sic per illas tres horas docetur populus omnis nihil factum esse, quod non prius dictum sit, et nihil dictum esse, quod non totum completum sit. Semper autem interponuntur orationes, quae orationes et ipsae aptae diei sunt. (7) Ad singulas autem lectiones et orationes tantus affectus et gemitus totius populi est, ut mirum sit; nam nullus est neque maior neque minor, qui non illa die illis tribus horis tantum ploret, quantum nec extimari potest, Dominum pro nobis ea passum fuisse. Post hoc cum coeperit se iam hora nona facere, legitur iam ille locus de evangelio cata Iohannem, ubi reddidit spiritum; quo lecto iam fit oratio et missa. (8) At ubi autem missa facta fuerit de ante Cruce, statim omnes in ecclesia maiore ad Martyrium <conveniunt et> aguntur ea, quae per ipsas septimana de hora nona, qua ad Martyrium convenitur, consueverunt agi usque ad

nichts anderes, als dass Lesungen so vorgetragen werden, d. h. zuerst wird aus den Psalmen vorgelesen, wo immer von der Passion die Rede ist; es wird auch aus den Aposteln, sei es den Briefen der Apostel oder der Apostelgeschichte, gelesen, wo immer sie von der Passion des Herrn sprechen, und auch aus den Evangelien werden die Stellen verlesen, wo er leidet. Und so wird aus den Propheten gelesen, wo sie von den zukünftigen Leiden des Herrn sprechen, ebenso aus den Evangelien, wo von der Passion die Rede ist. (6) Und so werden von der 6. bis zur 9. Stunde[Z] immer Lesungen vorgetragen und Hymnen[L] gesprochen, damit allem Volk gezeigt werde, dass alles, was die Propheten über das Leiden des Herrn vorausgesagt haben, nach den Evangelien ebenso wie nach den Schriften der Apostel erfüllt worden sei. Und so wird in diesen 3 Stunden das ganze Volk belehrt, dass nichts geschehen sei, was nicht vorhergesagt war, und nichts vorhergesagt war, was nicht ganz erfüllt worden sei. Immer aber werden Gebete eingeschoben, und zwar Gebete, dir zu diesem Tag passend sind. (7) Bei den einzelnen Lesungen und Gebeten gibt es eine solche Aufregung und ein solches Klagen des ganzen Volkes, dass es staunenswert ist; es gibt nämlich keinen, ob groß oder klein, der nicht an jenem Tag in den 3 Stunden so viel weint, wie man es nicht für möglich halten möchte, eben darüber, dass der Herr für uns dies alles erlitten habe. Und wenn danach die 9. Stunde[Z] sich zu nähern beginnt, wird nunmehr jene Stelle aus dem Evangelium nach Johannes gelesen, wo er den Geist aufgibt [Joh 19,30]. Wenn das gelesen ist, gibt es ein Gebet und den Messeschluss. (8) Sobald aber der Messeschluss vor dem Kreuz geschehen ist, kommen alle sofort in der größeren Kirche, der Martyriums-Kirche[K], zusammen, und man führt dasselbe durch, was schon in dieser Woche um die 9. Stunde[Z], wenn man in der Martyriums-Kirche zusammen-

sero per ipsa septimana. Missa autem facta de Martyrium venitur ad Anastase. Et ibi cum ventum fuerit, legitur ille locus de evangelio, ubi petit corpus Domini Ioseph a Pilato, ponet illud in sepulcro novo. Hoc autem lecto fit oratio, benedicuntur cathecumini, sic fit missa. (9) Ipsa autem die non mittitur vox, ut pervigiletur ad Anastase, quoniam scit populum fatigatum esse; sed consuetudo est, ut pervigiletur ibi. Ac sic qui vult de populo, immo qui possunt, vigilant; qui autem non possunt, non vigilant ibi usque in mane, clerici autem vigilant ibi, id est qui aut fortiores sunt aut iuveniores; et tota nocte dicuntur ibi ymni et antiphonae usque ad mane. Maxima autem turba pervigilant alii de sera, alii de media nocte, qui ut possunt.

XXXVIII (1) Sabbato autem alia die iuxta consuetudinem fit ad tertia, item fit ad sexta; ad nonam autem iam non fit sabbato, sed parantur vigiliae paschales in ecclesia maiore, id est in Martyrium. vigiliae autem paschales sic fiunt, quemadmodum ad nos; hoc solum hic amplius fit, quod infantes, cum baptidiati fuerint et vestiti, quemadmodum exient de fonte, simul cum episcopo primum ad Anastase ducuntur. (2) Intrat episcopus intro cancellos Anastasis, dicitur unus ymnus, et sic facit orationem episcopus pro eis, et sic venit ad ecclesiam maiorem cum eis, ubi iuxta

kommt, zu tun der Brauch ist, bis zum Abend in dieser
Woche. Nach dem Messeschluss in der Martyriums-Kirche
geht man zur Auferstehungs-Kirche^K. Und wenn man dort
angekommen ist, wird jene Stelle aus dem Evangelium vorgelesen, wo Josef [von Arimathäa] den Leib des Herrn von
Pilatus erbittet und in das neue Grab legt [Joh 19,38]. Nach
dieser Lesung gibt es ein Gebet, gesegnet werden die Taufanwärter, dann geschieht der Messeschluss. (9) An diesem
Tag wird nicht verkündigt, dass man bei der Auferstehungs-
Kirche durchwachen solle, weil man weiß, dass das Volk
müde ist; es ist aber Brauch, dass man dort durchwacht.
Wer also vom Volk will, besser, wer kann, all diese wachen,
wer aber nicht kann, der wacht nicht bis zum Morgen, aber
die Kleriker wachen dort, d. h. die stärkeren oder jüngeren;
und die ganze Nacht hindurch werden Hymnen^L und An-
tiphonen^L bis zum Morgen gesprochen. Und eine gewaltige
Menge wacht mit, die einen vom Abend an, die anderen
von Mitternacht, wie sie können.

Der Samstag vor Ostern

XXXVIII (1) Am nächsten Tag, dem Samstag, geschieht
[alles] nach dem Brauch zur Terz^L und so auch zur Sext^L;
zur Non^L aber gibt es keinen am Samstag, sondern es werden die Oster-Vigilien^L in der größeren Kirche, d. h. in
der Martyriums-Kirche^K, vorbereitet. Die Oster-Vigilien^L
aber werden so gehalten wie bei uns, nur das kommt hier
dazu, dass die Infanten^M, wenn sie getauft sind und be-
kleidet, sobald sie aus dem Taufbrunnen herausgehen, zugleich mit dem Bischof zur Auferstehungs-Kirche^K geführt
werden. (2) Es tritt der Bischof in den Gitterraum^K der
Auferstehungs-Kirche^K, es wird ein Hymnus^L gesprochen,
dann macht der Bischof ein Gebet für sie, und daraufhin
kommt er mit ihnen zur größeren [Martyriums-]Kirche, wo

consuetudinem omnis populus vigilat. Aguntur ibi, quae consuetudinis est etiam et aput nos, et facta oblatione fit missa. Et post facta missa vigiliarum in ecclesia maiore statim cum ymnis venitur ad Anastase et ibi denuo legitur ille locus evangelii resurrectionis, fit oratio et denuo ibi offeret episcopus; sed totum ad momentum fit propter populum, ne diutius tardetur, et sic iam dimittetur populus. Ea autem hora fit missa vigiliarum ipsa die, qua hora et aput nos.

XXXIX (1) Sero autem illi dies paschales sic attenduntur, quemadmodum et ad nos, et ordine suo fiunt missae per octo dies paschales, sicut et ubique fit per pascha usque ad octavas. Hic autem ipse ornatus est et ipsa compositio et per octo dies paschae, quae et per epiphania, tam in ecclesia maiore quam ad Anastase aut ad Crucem vel in Eleona, sed et in Bethleem nec non etiam in Lazariu vel ubique, quia dies paschales sunt. (2) Proceditur autem ipsa die dominica prima in ecclesia maiore, id est ad Martyrium, et secunda feria et tertia feria, ubi ita tamen ut semper missa facta de Martyrio ad Anastase veniatur cum ymnis. Quarta feria autem in Eleona proceditur, quinta feria ad Anastase, sexta feria in Syon, sabbato ante Cruce, dominica autem die, id est octavis, denuo in ecclesia maiore, id est ad Martyrium. (3) Ipsis autem octo diebus paschalibus cotidie

nach dem Brauch die ganze Menge die Vigilien[L] feiert. Es
geschieht hier, was auch bei uns Brauch ist, und nach der
Opferung geschieht der Messeschluss. Und nach dem Vigilien-Messeschluss in der größeren [Martyriums-]Kirche[K]
zieht man sofort mit Hymnen[L] zur Auferstehungs-Kirche;
dort wird erneut jene Stelle des Evangeliums von der Auferstehung verlesen; es gibt ein Gebet und erneut opfert der
Bischof; aber alles geschieht schnell wegen des Volkes, dass
es nicht zu lange aufgehalten werde, und so wird das Volk
schon entlassen. Der Vigilien-Messeschluss geschieht an diesem Tag zur gleichen Stunde wie bei uns.

Der Ostersonntag und die 8 Ostertage [»Oktav«]

XXXIX (1) Später aber werden jene Ostertage so gefeiert
wie bei uns und die Messen gehen nach ihrer Ordnung vor
sich durch die 8 Ostertage, wie es überall geschieht zu Ostern bis zum 8. Tag [zur Oktav; s. u. XL 1]. Hier aber ist
derSchmuck und die Ausstattung die 8 Ostertage hindurch,
die auch zu Epiphanias [s. o. XXV 6–10] sowohl in der größeren [Martyriums-] als auch in der Auferstehungs- oder
wie bei der Kreuz-[K] oder in der Ölbergs-Kirche[K], aber auch
in Bethlehem und in der Lazarus-Kirche[K] oder überall, weil
es die Ostertage sind. (2) Man zieht aber an diesem ersten
Sonntag zuerst in die größere Kirche, d. h. in die Martyriums-Kirche, ebenso am Montag und Dienstag, aber immer
so, dass man nach dem Messeschluss in der Martyriums-
Kirche mit Hymnen[L] zur Auferstehungs-Kirche kommt.
Am Mittwoch aber zieht man zur Ölbergs-Kirche, am
Donnerstag zur Auferstehungs-Kirche, am Freitag zur Zions-Kirche[K], am Samstag vor das Kreuz, am Sonntag aber,
d. h. an der Oktav, wieder in die größere Kirche, d. h. in die
Martyriums-Kirche. (3) An diesen 8 Ostertagen steigt täglich nach dem Frühstück der Bischof mit dem ganzen Kle-

post prandium episcopus cum omni clero et omnibus infantibus, id est qui baptidiati fuerint, et omnibus, qui aputactitae sunt viri ac feminae, nec non etiam et de plebe quanti volunt, in Eleona ascendent. Dicuntur ymni, fiunt orationes tam in ecclesia, quae in Eleona est, in qua est spelunca, in qua docebat Iesus discipulos, tam etiam in Imbomon, id est in eo loco, de quo Dominus ascendit in caelis. (4) Et posteaquam dicti fuerint psalmi et oratio facta fuerit, inde usque ad Anastase cum ymnis descenditur hora lucernae; hoc per totos octo dies fit. Sane dominica die per pascha post missa lucernarii, id est de Anastase, omnis populus episcopum cum ymnis in Syon ducet. (5) Ubi cum ventum fuerit, dicuntur ymni apti diei et loco, fit oratio et legitur ille locus de evangelio, ubi eadem die Dominus in eodem loco, ubi ipsa ecclesia nunc in Syon est, clausis ostiis ingressus est discipulis, id est quando tunc unus ex discipulis ibi non erat, id est Thomas, qua reversus est et dicentibus ei aliis apostolis, quia Dominum vidissent, ille dixit: »Non credo, nisi videro.« Hoc lecto fit denuo oratio, benedicuntur cathecumini, item fideles, et revertuntur unusquisque ad domum suam sera hora forsitan noctis secunda.

XL (1) Item octavis paschae, id est die dominica, statim post sexta omnis populus cum episcopo ad Eleona ascendit; primum in ecclesia, quae ibi est, aliquandiu sedetur; dicuntur ymni, dicuntur antiphonae aptae diei et loco,

rus und allen Infanten^M, d. h. die getauft worden sind, und mit allen, die Einsiedler^M sind, Männer und Frauen, und auch vom Volk, so viele wollen, zur Ölbergs-Kirche hinauf. Gesprochen werden Hymnen, es gibt Gebete sowohl in der Kirche, die auf dem Ölberg ist und in der die Höhle^K ist, in der Jesus seine Jünger lehrte, als auch am Himmelfahrts-ort^K, d. h. an dem Ort, von dem der Herr in den Himmel auffuhr. (4) Und nachdem die Psalmen gesprochen sind und das Gebet gemacht worden ist, steigt man von dort zur Auferstehungs-Kirche mit Hymnen zur Vesper^L-Stunde herab; dies geschieht alle 8 Tage hindurch. Freilich geleitet am Ostersonntag, nach dem Vesper-Messeschluss, d. h. von der Auferstehungs-Kirche, alles Volk den Bischof mit Hymnen zur Zions-Kirche. (5) Sobald man dorthin kommt, werden zu Tag und Ort passende Hymnen gesprochen; es gibt ein Gebet und gelesen wird jene Stelle aus dem Evangelium, wo an demselben Tag der Herr an demselben Ort, wo nun diese Kirche auf dem Zion steht, bei geschlossenen Türen zu den Jüngern gekommen ist, d. h. als damals einer der Jünger nicht da war, d. h. Thomas, wieder zurückgekehrt war und da ihm die anderen Apostel gesagt hätten, sie hätten den Herrn gesehen, er nun sagte: »Ich glaube nicht, wenn ich nicht gesehen habe.« [Joh 20,19–25]. Nach dieser Lesung gibt es wieder ein Gebet, gesegnet werden die Taufanwärter, und so auch die Gläubigen, und sie kehren zurück ein jeder in sein Haus, spät etwa um die 2. Nachtstunde^Z.

Der Sonntag nach Ostern

XL (1) Und so steigt am 8. Tag [der »Oktav«], d. h. am Sonntag, sofort nach der Sext^L alles Volk mit dem Bischof zur Ölbergs-Kirche^K empor; zuerst setzt man sich in der Kirche, die dort steht, eine Zeitlang nieder, es werden Hymnen^L gesprochen, es werden zu Tag und Ort passende Antipho-

fiunt orationes similiter aptae diei et loco. denuo inde cum ymnis itur in Imbomon susu, similiter et ibi ea aguntur, quae et illic. Et cum ceperit hora esse, iam omnis populus et omnes aputactite deducunt episcopum cum ymnis usque ad Anastase. Ea autem hora pervenitur ad Anastase, qua lucernarium fieri solet. (2) Fit ergo lucernarium tam ad Anastase quam ad Crucem, et inde omnis populus usque ad unum cum ymnis ducunt episcopum usque ad Syon. Ubi cum ventum fuerit, similiter dicuntur ymni apti loco et diei, legitur denuo et ille locus de evangelio, ubi octavis paschae ingressus est Dominus, ubi erant discipuli, et arguet Thomam, quare incredulus fuisset. Et tunc omnis ipsa lectio perlegitur; postmodum fit oratio; benedictis cathecuminis quam fidelibus iuxta consuetudinem revertuntur unusquisque ad domum suam similiter ut die dominica paschae hora noctis secunda.

XLI (1) A pascha autem usque ad quinquagesima, id est pentecosten, hic penitus nemo ieiunat, nec ipsi aputactitae qui sunt. Nam semper ipsos dies sicut toto anno ita ad Anastase de pullo primo usque ad mane consuetudinaria aguntur, similiter et ad sexta et ad lucernare. Dominicis autem diebus semper in Martyrio, id est in ecclesia maiore, proceditur iuxta consuetudinem et inde itur ad Anastase cum ymnis. Quarta feria autem et sexta feria, quoniam ipsis diebus penitus nemo ieiunat, in Syon proceditur, sed mane; fit missa ordine suo.

nen^L gesprochen, gleichermaßen zu Tag und Ort passende
Gebete. Von dort zieht man wiederum mit Hymnen hinauf zum Himmelfahrtsort^K und hier wird gleichermaßen
gehandelt wie dort. Wenn es dann Zeit wird, geleiten alles
Volk und alle Einsiedler^M den Bischof mit Hymnen bis zur
Auferstehungs-Kirche^K. Man kommt aber zu der Stunde
zur Auferstehungs-Kirche, in der die Vesper^L gehalten zu
werden pflegt. (2) Es gibt also die Vesper ebenso in der
Auferstehungs-Kirche wie beim Kreuz und von dort führt
alles Volk ohne Ausnahme mit Hymnen den Bischof zur
Zions-Kirche^K. Sobald man dort angekommen ist, werden
gleichermaßen zu Ort und Tag passende Hymnen^L gesprochen, erneut wird jene Stelle aus dem Evangelium gelesen,
wo der Herr in der Oster-Oktav [s. o. XXXIX] eingetreten
ist, wo die Jünger waren und er den Thomas getadelt hat,
weil er ungläubig gewesen war [Joh 20,26–29]. Und dann
wird diese ganze Stelle verlesen, nachher gibt es ein Gebet
und nach der Segnung der Taufanwärter wie der Gläubigen, wie es Brauch ist, kehrt ein jeder in sein Haus zurück,
gleichermaßen wie am Ostersonntag zur 2. Nachtstunde^Z.

XLI (1) Von Ostern an bis zum 50. Tag, d. h. Pfingsten,
fastet hier überhaupt niemand, auch nicht die Einsiedler^M,
die hier sind. An diesen Tagen wird, wie im ganzen Jahr, bei
der Auferstehungs-Kirche^K vom ersten Hahnenschrei bis
zum Morgen das Übliche abgehalten und gleichermaßen
zur Sext^L und zur Vesper^L. An den Sonntagen aber geschieht
die Prozession in die Martyriums-Kirche^K, d. h. die größere Kirche nach dem Brauch, und von dort geht man mit
Hymnen^L zur Auferstehungs-Kirche. Am Mittwoch aber
und Freitag zieht man zur Zions-Kirche^K, da an diesen Tagen gar niemand fastet, aber in der Frühe. Es geschieht die
Messe nach ihrer Ordnung.

XLII (1) Die autem quadragesimarum post pascha, id est quinta feria, pridie omnes post sexta, id est quarta feria, in Bethleem vadunt propter vigilias celebrandas. Fiunt autem vigiliae in ecclesia in Bethleem, in qua ecclesia spelunca est, ubi natus est Dominus. Alia die autem, id est quinta feria quadragesimarum, celebratur missa ordine suo, ita ut et presbyteri et episcopus praedicent dicentes apte diei et loco; et postmodum sera revertuntur unusquisque in Ierusolima.

XLIII (1) quinquagesimarum autem die, id est dominica, qua die maximus labor est populo, aguntur omnia sic de pullo quidem primo iuxta consuetudinem: Vigilatur in Anastase, ut legat episcopus locum illum evangelii, qui semper dominica die legitur, id est resurrectionem Domini; et postmodum sic ea aguntur in Anastase, quae consuetudinaria sunt, sicut toto anno. (2) Cum autem mane factum fuerit, procedit omnis populus in ecclesia maiore, id est ad Martyrium, aguntur etiam omnia, quae consuetudinaria sunt agi: Praedicant presbyteri, postmodum episcopus, aguntur omnia legitima, id est offertur iuxta consuetudinem, qua dominica die consuevit fieri; sed eadem adceleratur missa in Martyrium, ut ante hora tertia fiat. Quemadmodum enim missa facta fuerit ad Martyrium, omnis populus usque ad unum cum ymnis ducent episcopum in Syon, sed hora tertia plena in Syon sint. (3) Ubi cum ventum fuerit, legitur ille locus de

Der 40. Tag nach Ostern

XLII (1) Am 40. Tag nach Ostern, d. h. am Donnerstag, gehen alle am Vortag, d. h. am Mittwoch, nach der Sext[L], nach Bethlehem zur Feier der Vigilien[L]. Es gibt aber die Vigilien in der [Geburts-]Kirche[K] in Bethlehem, in der die Höhle ist, wo der Herr geboren wurde. Am nächsten Tag aber, d. h. am Donnerstag, dem 40. Tag nach Ostern, wird die Messe nach ihrer Ordnung so gefeiert, dass die Priester und der Bischof predigen und dabei zu Tag und Ort passend sprechen; und danach kehren sie spät jeder für sich nach Jerusalem zurück.

Der 40. Tag nach Ostern: Pfingsten

XLIII (1) Am 50. Tag [nach Ostern], d. h. am Sonntag, an welchem Tag dem Volk die größte Anstrengung erwächst, geschieht alles vom ersten Hahnenschrei an nach folgendem Brauch: Es gibt die Vigilien[L] in der Auferstehungs-Kirche[K], wobei der Bischof jene Stelle aus dem Evangelium vorliest, die immer am Sonntag gelesen wird, d. h. die Auferstehung des Herrn, und nachher wird so das in der Auferstehungs-Kirche durchgeführt, was Brauch ist, wie im ganzen Jahr. (2) Wenn es aber Morgen geworden ist, zieht das ganze Volk in die größte Kirche, d. h. in die Martyriums-Kirche[K], dort wird alles, was Brauch ist, durchgeführt: Es predigen die Priester, dann der Bischof, alles geschieht nach der Regel, d. h. es wird geopfert nach dem Brauch, wie es am Sonntag zu geschehen pflegt; aber an diesem [Sonntag] wird der Messschluss in der Martyriums-Kirche beschleunigt, damit er vor der 3. Stunde[Z] geschieht. Wenn auf diese Weise der Messeschluss in der Martyriums-Kirche geschehen ist, geleitet alles Volk ohne Ausnahme mit Hymnen[L] den Bischof zur Zions-Kirche[K], damit sie zur vollen 3. Stunde[Z] in der Zions-Kirche sind. (3) Sobald man dorthin

act\<ib>us apostolorum, ubi descendit spiritus, ut omnes linguae intellegerent, quae dicebantur; postmodum fit ordine suo missa. Nam presbyteri de hoc ipsud, quod lectum est, quia ipse est locus in Syon, alia modo ecclesia est, ubi quondam post passionem Domini collecta erat multitudo cum apostolis, qua hoc factum est, ut superius diximus, legunt ibi de actibus apostolorum. Postmodum fit ordine suo missa, offertur et ibi, et iam ut dimittatur populus, mittit vocem archidiaconus et dicet: »Hodie statim post sexta omnes in Eleona parati simus [in] Inbomon.« (4) Revertitur ergo omnis populus unusquisque in domum suam resumere se, et statim post prandium ascenditur mons Oliveti, id est in Eleona, unusquisque quomodo potest, ita ut nullus Christianus remaneat in civitate, qui non; omnes vadent. (5) quemadmodum ergo subitum fuerit in monte oliveti, id est in Eleona, primum itur in Imbomon, id est in eo loco, unde ascendit Dominus in caelis, et ibi sedet episcopus et presbyteri, sed et omnis populus, leguntur ibi lectiones, dicuntur interposite ymni, dicuntur et antiphonae aptae diei ipsi et loco; orationes etiam, quae interponuntur, semper tales pronuntiationes habent, ut et diei et loco conveniunt. Legitur etiam et ille locus de evangelio, ubi dicit de ascensu Domini; legitur et denuo de actus apostolorum, ubi dicit de ascensu Domini in caelis post resurrectionem. (6) Cum autem hoc factum fuerit,

gekommen ist, wird jene Stelle aus der Apostelgeschichte
vorgelesen, wo der Geist herabstieg, auf dass [Menschen]
aller Zungen verstünden, was gesprochen werde [Apg 2,1–
12]; nachher geschieht die Messe nach ihrer Ordnung. Die
Priester nämlich lesen darüber das, was gelesen wird, weil
dies der Ort auf dem Zion ist – nur die Kirche ist eine andere –, wo einst nach der Passion des Herrn sich die Menge
mit den Aposteln versammelt hatte, wo dies, wie wir weiter
oben sagten, geschehen ist, lesen die Priester dort aus der
Apostelgeschichte. Dann gibt es die Messe nach ihrer Ordnung, es wird auch dort geopfert; und wenn das Volk schon
[aus der Messe] entlassen werden soll, erhebt der Erzdiakon
seine Stimme und sagt: »Heute sind wir gleich nach der
Sext^L in der Ölbergs-Kirche^K bereit, am Himmelfahrtsort^K.«
(4) Es kehrt daher alles Volk zurück jeder in sein Haus,
sich zu erholen, und sofort nach dem Frühstück besteigt
man den Ölberg, d. h. zur Ölbergs-Kirche, ein jeder, wie
er kann, so dass kein Christ zurückbleibt in der Stadt, der
nicht [ginge]; alle gehen. (5) Sobald man also auf diese Weise schnell zum Ölberg gekommen ist, d. h. zur Ölbergs-
Kirche^K, geht man zuerst zum Himmelfahrtsort, d. h. dem
Ort, von wo der Herr in den Himmel auffuhr, und dort
setzen sich der Bischof und die Priester; es setzt sich auch
alles Volk; gelesen werden dort Lesungen, gesprochen werden dazwischen eingeschobene Hymnen^L, gesprochen werden auch zu diesem Tag und Ort passende Antiphonen^L;
auch die Gebete, die eingeschoben werden, haben immer
solche Aussagen, dass sie für Tag und Ort geeignet sind.
Gelesen wird auch jene Stelle aus dem Evangelium, wo
von der Himmelfahrt des Herrn die Rede ist [Mk 16,19;
Lk 24,51]; gelesen wird erneut aus der Apostelgeschichte,
wo von der Himmelfahrt des Herrn nach der Auferstehung
die Rede ist [Apg 1,9–11]. (6) Wenn dies aber geschehen ist,

benedicuntur cathecumini, sic fideles, et hora iam nona descenditur inde et cum ymnis itur ad illam ecclesiam, quae et ipsa in Eleona est, id est in qua spelunca sedens docebat Dominus apostolos. Ibi autem cum ventum fuerit, iam est hora plus decima; fit ibi lucernare, fit oratio, benedicuntur cathecumini et sic fideles. Et iam inde descenditur cum ymnis, omnis populus usque ad unum toti cum episcopo ymnos dicentes vel antiphonas aptas diei ipsi; sic venitur lente et lente usque ad Martyrium. (7) Cum autem pervenitur ad portam civitatis, iam nox est et occurrent candelae ecclesiasticae vel ducente propter populo. De porta autem, quoniam satis est usque ad ecclesia maiore id est ad Martirium, porro hora noctis forsitan secunda pervenitur, quia lente et lente itur totum pro populo, ne fatigentur pedibus. Et apertis valvis maioribus, quae sunt de quintana parte, omnis populus intrat in Martyrium cum ymnis et episcopo. Ingressi autem in ecclesia dicuntur ymni, fit oratio, benedicuntur cathecumini et sic fideles; et inde denuo cum ymnis itur ad Anastase. (8) Similiter ad Anastase cum ventum fuerit, dicuntur ymni seu antiphone, fit oratio, benedicuntur cathecumini, sic fideles; similiter fit et ad Crucem. Et denuo inde omnis populus Christianus usque ad unum cum ymnis ducunt episcopum usque ad Syon. (9) Ubi cum ventum fuerit, leguntur lectiones aptae, dicuntur psalmi vel antiphone, fit oratio, benedicuntur

werden die Taufanwärter gesegnet, ebenso die Gläubigen, und um die 9. Stunde^Z nunmehr steigt man von dort herab und geht mit Hymnen^L man zu jener [Ölbergs-]Kirche, die ebenfalls auf dem Ölberg ist, d. h. wo in der Höhle^K sitzend der Herr die Apostel lehrte. Wenn man aber dorthin kommt, ist es schon über die 10. Stunde^Z; es gibt dort Vesper^L und Gebet, gesegnet werden die Taufanwärter und ebenso die Gläubigen. Und schon steigt man von dort mit Hymnen herab, alles Volk, ohne Ausnahme alle, mit dem Bischof, Hymnen und für diesen Tag passende Antiphonen^L sprechend; so kommt man langsam und langsam bis zur Martyriums-Kirche^K. (7) Wenn man aber zum Tor der Stadt kommt, ist es schon Nacht und es kommen Kirchenleuchter, gegen 200, entgegen wegen des Volkes. Vom Tor aber, kommt man, weil bis zur größeren Kirche, d. h. zur Martyriums-Kirche, es ganz [weit] ist, ungefähr in der 2.: Nachtstunde^Z an, weil man langsam und langsam geht, allein zugunsten des Volkes, dass sie nicht an den Füßen ermüden. Und durch die geöffneten großen Tore, die auf der Freitagsseite sind, betritt alles Volk die Martyriums-Kirche mit Hymnen^L und mit dem Bischof. Wenn sie in die Kirche eingetreten sind, werden Hymnen^L gesprochen, es gibt ein Gebet, gesegnet werden die Taufanwärter und auch die Gläubigen; und erneut zieht man erneut mit Hymnen^L zur Auferstehungs-Kirche^K. (8) Gleichermaßen werden, sobald man zur Auferstehungs-Kirche^K gekommen ist, Hymnen und Antiphonen^L gesprochen, es gibt ein Gebet, gesegnet werden die Taufanwärter, ebenso die Gläubigen; gleichermaßen geschieht es beim Kreuz^K. Und wieder geleitet das christliche Volk ohne Ausnahme mit Hymnen^L den Bischof von dort zur Zions-Kirche^K. (9) Sobald man dorthin gekommen ist, werden passende Lesungen vorgetragen, Psalmen oder Antiphonen^L gesprochen, es gibt ein Gebet, ge-

cathecumini et sic fideles, et fit missa. Missa autem facta accedunt omnes ad manum episcopi et sic revertuntur unusquisque ad domum suam hora noctis forsitan media. Ac sic ergo maximus labor in ea die suffertur, quoniam de pullo primo vigilatum est ad Anastase et inde per tota die nunquam cessatum est; et sic omnia, quae celebrantur, protrahuntur, ut nocte media post missa, quae facta fuerit in Sion, omnes ad domos suas revertantur.

XLIV (1) Iam autem de alia die quinquagesimarum omnes ieiunant iuxta consuetudinem sicut toto anno, qui prout potest, excepta die sabbati et dominica, qua nunquam ieiunatur in hisdem locis. Etiam postmodum ceteris diebus ita singula aguntur ut toto anno, id est semper de pullo primo ad Anastase vigiletur. (2) Nam si dominica dies est, primum leget de pullo primo episcopus evangelium iuxta consuetudinem intro Anastase locum resurrectionis Domini, qui semper dominica die legitur, et postmodum ymni seu antiphone usque ad lucem dicuntur in Anastase. Si autem dominica dies non est, tantum quod ymni vel antiphone similiter de pullo primo usque ad lucem dicuntur in Anastase. (3) Aputactitae omnes vadent, de plebe autem qui quomodo possunt vadent, clerici autem cotidie vicibus vadent de pullo primo; episcopus autem albescente vadet semper, ut missa fiat matutina, cum omnibus clericis

segnet werden die Taufanwärter und ebenso die Gläubigen und es gibt eine Messe. Wenn der Messeschluss geschehen ist, gehen alle zur Hand des Bischofs und so kehren sie heim, ein jeder in sein Haus, ungefähr um Mitternacht. Und so wird also an diesem Tag die größte Mühe ertragen, da man vom ersten Hahnenschrei an die Vigilien^L in der Auferstehungs-Kirche^K gefeiert hat und von da an den ganzen Tag niemals ausgeruht hat. Und alles, was gefeiert wird, zieht sich so hinaus, dass um Mitternacht nach dem Messeschluss, der in der Zions-Kirche geschieht, alle in ihre Häuser heimkehren.

Nach Pfingsten

XLIV (1) Aber vom folgenden Tag nach dem 50. Tag [Pfingsten] an fasten alle nach dem Brauch wie im ganzen Jahr, jeder, wie er kann, mit Ausnahme von Samstag und Sonntag, wo an diesen Orten niemals gefastet wird. Auch nachher wird an den übrigen Tagen alles so gehalten wie im ganzen Jahr, d. h. immer werden vom ersten Hahnenschrei an die Vigilien^L in der Auferstehungs-Kirche^K gehalten. (2) Wenn nämlich Sonntag ist, liest zuerst nach dem ersten Hahnenschrei der Bischof das Evangelium nach dem Brauch in der Auferstehungs-Kirche die Stelle von der Auferstehung des Herrn, die immer am Sonntag gelesen wird, und nachher werden Hymnen^L oder Antiphonen^L gesprochen bis Tagesanbruch in der Auferstehungs-Kirche. Wenn aber kein Sonntag ist, werden nur Hymnen oder Antiphonen, gleichermaßen vom ersten Hahnenschrei an bis Tagesanbruch in der Auferstehungs-Kirche gesprochen. (3) Alle Einsiedler^M kommen, vom Volk kommt, wer immer nur kann, die Kleriker aber kommen täglich wechselnd beim ersten Hahnenschrei, der Bischof hingegen bei Tagesbeginn, damit die Matutin-Messe^L stattfinden kann,

excepta dominica die, quia necesse est illum de pullo primo ire, ut evangelium legat in Anastase. denuo ad horam sextam aguntur, quae consuetudinaria sunt, in Anastase, similiter et ad nona, similiter et ad lucernare iuxta consuetudinem, quam consuevit toto anno fieri. Quarta autem et sexta feria semper nona in Syon fit iuxta consuetudinem.

XLV (1) Et illud etiam scribere debui, quemadmodum docentur hi, qui baptidiantur per pascha. Nam qui dat nomen suum, ante diem quadragesimarum dat, et omnium nomina annotat presbyter, hoc est ante illas octo septimanas, quibus dixi hic attendi quadragesimas. (2) Cum autem annotaverit omnium nomina presbyter, postmodum alia die de quadragesimis, id est qua inchoantur octo ebdomadae, ponitur episcopo cathedra media ecclesia maiore, id est ad Martyrium, sedent hinc et inde presbyteri in cathedris et stant clerici omnes. Et sic adducuntur unus et unus conpetens; si viri sunt, cum patribus suis veniunt, si autem feminae, cum matribus suis. (3) Et sic singulariter interrogat episcopus vicinos eius, qui intravit, dicens: »Si bonae vitae est hic, si parentibus deferet, si ebriacus non est aut vanus?« Et singula vitia, quae sunt tamen graviora in homine, requiret. (4) Et si probaverit sine reprehensione

mit allen Klerikern, außer am Sonntag, weil er da beim ersten Hahnenschrei kommen muss, um das Evangelium in
der Auferstehungs-Kirche zu lesen. Erneut wird bis zur 6.
Stunde[Z] alles, was üblich ist, in der Auferstehungs-Kirche
durchgeführt, gleichermaßen zur Non[L], gleichermaßen zur
Vesper[L] nach dem Brauch, wie es im ganzen Jahr zu geschehen pflegt. Am Mittwoch und Freitag aber wird die Non[L]
immer in der Zions-Kirche[K] abgehalten nach dem Brauch.

DIE TAUFE

Die Einschreibung zur Taufe

XLV (1) Auch das muss ich noch beschreiben, wie hier jene
gelehrt werden, die zu Ostern getauft werden. Wer nämlich
seinen Namen bekannt macht, gibt ihn vor den 40 [Fas-
ten]tagen bekannt und der Priester notiert die Namen von
allen, d. h. vor jenen 8 Wochen, in denen hier, wie ich gesagt habe, die 40 [Fasten]tage beachtet werden. (2) Wenn
aber der Priester die Namen von allen notiert hat, wird an
dem auf die 40 [Fasten]tage folgenden Tag, d. h., wenn die
8 Wochen beginnen, dem Bischof ein Stuhl mitten in der
größeren Kirche, d. h. in der Martyriums-Kirche[K] aufgestellt; zu beiden Seiten sitzen die Priester auf Stühlen und
stehen alle Kleriker; und so werden sie hereingeführt, ein
Bewerber nach dem anderen; wenn sie Männer sind, kommen sie mit ihren Vätern, wenn aber Frauen, mit ihren
Müttern. (3) Und dann fragt über jeden einzelnen der Bischof die Nachbarn dessen, der eintritt, und sagt: »Führt er
ein gutes Leben, achtet er die Eltern, ist er nichr trunksüch-
tig oder eitel?« Und nach den einzelnen Lastern, jedoch nur
nach den schwereren am Menschen, forscht er. (4) Wenn
er [der Taufanwärter] aber nachgewiesen hat, dass er in all

esse de his omnibus, quibus requisivit praesentibus testibus,
annotat ipse manu sua nomen illius. Si autem in aliquo
accusatur, iubet illum foras exire dicens: »Emendet se et,
cum emendaverit se, tunc accedet ad lavacrum.« Sic de viris,
sic de mulieribus requirens dicit. Si quis autem peregrinus
est, nisi testimonia habuerit, qui eum noverint, non tam
facile accedet ad baptismum.

XLVI (1) Hoc autem, dominae sorores, ne extimaretis sine
ratione fieri, scribere debui. consuetudo est enim hic talis,
ut qui accedunt ad baptismum per ipsos dies quadraginta,
quibus ieiunatur, primum mature a clericis exorcizentur,
mox missa facta fuerit de Anastase matutina. Et statim
ponitur cathedra episcopo ad Martyrium in ecclesia maiore,
et sedent omnes in giro prope episcopo, qui baptidiandi sunt
tam viri quam mulieres, stant etiam loco patres vel matres,
nec non etiam qui volunt audire de plebe omnes intrant et
sedent, sed fideles. (2) Cathecuminus autem ibi non intrat
tunc, qua episcopus docet illos legem, id est sic: inchoans a
Genese per illos dies quadraginta percurret omnes scripturas,
primum exponens carnaliter et sic illud solvens spiritualiter.
Nec non etiam et de resurrectione, similiter et de fide omnia
docentur per illos dies; hoc autem cathecisis appellatur.
(3) Et iam quando completae fuerint septimanae quinque,
a quo docentur, tunc accipient simbolum; cuius simboli

dem, wonach er [der Bischof] in Gegenwart der Zeugen ge-
fragt hat, ohne Tadel sei, schreibt er mit eigener Hand den
Namen dieses Kandidaten auf. Wenn er aber irgendwo be-
schuldigt wird, befiehlt er ihm hinauszugehen und sagt: »Er
möge sich bessern, und wenn er sich gebessert hat, komme
er zur Taufe!« So fragt er über die Männer, so über die Frau-
en, und spricht dann sein Urteil. Wenn jemand aber ein
Fremder ist und keine Zeugen hat, die ihn kennen, kommt
er nicht so leicht zur Taufe.

Die Katechese der Heiligen Schrift
XLVI (1) Dies Folgende aber muss ich euch noch schreiben,
ehrwürdige Schwestern, damit ihr nicht glaubt, es geschehe
[dies alles] ohne Grund. Der Brauch nämlich ist hier der,
dass jene, die zur Taufe gehen in den 40 Tagen, in denen
gefastet wird, zuerst in der Frühe von den Klerikern einem
Exorzismus unterzogen werden, sobald der Matutin[L]-Mes-
seschluss in der Auferstehungs-Kirche[K] geschehen ist. Und
sofort wird der Stuhl für den Bischof in der Martyriums-
Kirche[K], also in der größeren Kirche, aufgestellt und alle
sitzen im Kreis nahe dem Bischof, die getauft werden wollen, Männer wie Frauen; es stehen an ihrem Platz auch
Väter und Mütter, und auch die zuhören wollen aus dem
Volk, alle treten ein und sitzen, aber nur die Gläubigen.
(2) Ein Taufanwärter aber tritt dort nicht ein, dann, wenn
der Bischof sie das Gesetz lehrt, d. h. so: Beginnend mit
der Genesis, durchläuft er in jenen 40 Tagen alle [Heiligen]
Schriften, die er zuerst im Fleisch [wörtlich] erklärt, dann
im Geist auslegt. Auch über die Auferstehung, gleichermaßen auch über den Glauben wird alles gelehrt in diesen Tagen; dies aber nennt man Katechese. (3) Und wenn schon 5
Wochen voll sind, seitdem sie unterrichtet werden, erhalten
sie das Glaubensbekenntnis, dessen Lehre er ihnen gleicher-

rationem similiter sicut omnium scripturarum ratione
exponet eis singulorum sermonum primum carnaliter et
sic spiritualiter, ita et simbolum exponet. Ac sic est, ut in
hisdem locis omnes fideles sequantur scripturas, quando
leguntur in ecclesia, quia omnes docentur per illos dies
quadraginta, id est ab hora prima usque ad horam tertiam,
quoniam per tres horas fit cathecisin. (4) Deus autem scit,
dominae sorores, quoniam maiores voces sunt fidelium, qui
ad audiendum intrant in cathecisen, ad ea, quae dicuntur
vel exponuntur per episcopum, quam quando sedet et
praedicat in ecclesia ad singula, quae taliter exponuntur.
Missa autem facta cathecisis hora iam tertia statim inde
cum ymnis ducitur episcopus ad Anastase et fit missa ad
tertia; ac sic tribus horis docentur ad die per septimanas
septem. octava enim septimana quadragesimarum, id est
quae appellatur septimana maior, iam non vacat eos doceri,
ut impleantur ea, quae superius sunt.

(5) Cum autem iam transierint septem septimanae, superat
illa una septimana paschalis, quam hic appellant septimana
maior, iam tunc venit episcopus mane in ecclesia maiore
ad Martyrium. Retro in absida post altarium ponitur
cathedra episcopo, et ibi unus et unus vadet, viri cum
patre suo aut mulier cum matre sua, et reddet simbolum
episcopo. (6) Reddito autem simbolo episcopo alloquitur
omnes episcopus et dicet: »Per istas septem septimanas
legem omnem edocti estis scripturarum nec non etiam
de fide audistis; audistis etiam et de resurrectione carnis,

maßen wie er die Lehre aller [Heiligen] Schriften Satz für
Satz ihnen zuerst im Fleisch und dann im Geist erklärt, so
auch das Glaubensbekenntnis erklärt. Und so ist es, dass
in diesen Gegenden alle Gläubigen den [Heiligen] Schriften folgen können, wenn sie in der Kirche verlesen werden,
weil alle unterrichtet werden in diesen 40 Tagen, d. h. von
der 1. bis zur 3. Stunde^Z, weil die Katechese 3 Stunden dau-
ert. (4) Gott aber weiß, ehrwürdige Schwestern, dass die
Stimmen der Gläubigen lauter sind, die, um zuzuhören, zur
Katechese kommen, zu all dem, was vom Bischof gesagt
und erklärt wird, als wenn er sitzt und in der Kirche über
all das predigt, was auf solche Weise erklärt wird. Wenn der
Messeschluss dann um die 3. Stunde^Z geschieht, wird der
Bischof mit Hymnen^L zur Auferstehungs-Kirche^K geleitet
und dort gibt es eine Messe zur 3. Stunde^Z; und so werden
sie 3 Stunden am Tag 7 Wochen hindurch gelehrt. In der 8.
Woche der 40 [Fasten]tage, welche die »Große Woche« genannt wird, ist keine Zeit mehr, sie zu unterrichten, damit
erfüllt werde, was oben gesagt wurde.

Die Katechese des Glaubensbekenntnisses

(5) Wenn aber die 7 Wochen vorübergegangen sind – es
bleibt nur mehr 1 Woche übrig, die Osterwoche, die sie die
»Große Woche« nennen –, kommt nunmehr der Bischof
in der Frühe in die größere Kirche, in die Martyriums-
Kirche^K. In der Apsis wird hinter dem Altar der Stuhl für
den Bischof aufgestellt, und da kommt nun jeder einzeln,
der Mann mit dem Vater und die Frau mit der Mutter
und spricht dem Bischof das Glaubensbekenntnis vor.
(6) Wenn das Glaubensbekenntnis dem Bischof aufgesagt
wurde, spricht der Bischof alle an und sagt: »In diesen 7
Wochen habt ihr das ganze Gesetz der [Heiligen] Schriften
gelernt und habt vom Glauben gehört; ihr habt auch von

sed et simboli omnem rationem, ut potuistis tamen adhuc cathecumini audire; verba autem, quae sunt misterii altioris, id est ipsius baptismi, quia adhuc cathecumini, audire non potestis. Et ne extimetis aliquid sine ratione fieri, cum in nomine Dei baptidiati fueritis, per octo dies paschales post missa facta de ecclesia in Anastase audietis; quia adhuc cathecumini estis, misteri Dei secretiora dici vobis non possunt.«

XLVII (1) Post autem venerint dies paschae, per illos octo dies, id est a pascha usque ad octavas, quemadmodum missa facta fuerit de ecclesia, et itur cum ymnis ad Anastase, mox fit oratio, benedicuntur fideles, et stat episcopus incumbens in cancello interiore, qui est in spelunca Anastasis, et exponet omnia, quae aguntur in baptismo. (2) Illa enim hora cathecuminus nullus accedet ad Anastase; tantum neofiti et fideles, qui volunt audire misteria, in Anastase intrant. Clauduntur autem ostia, ne qui cathecuminus se dirigat. Disputante autem episcopo singula et narrante tantae voces sunt collaudantium, ut porro foras ecclesia audiantur voces eorum. Vere enim ita misteria omnia absolvet, ut nullus non possit commoveri ad ea, quae audit sic exponi. (3) Et quoniam in ea provincia pars populi et Graece et Siriste novit, pars etiam alia per se Graece, aliqua etiam pars tantum Siriste, itaque quoniam episcopus, licet

der Auferstehung des Fleisches und auch den ganzen Inhalt
des Glaubensbekenntnisses gehört, soweit ihr als Taufanwärter dies hören durftet. Die Worte, die zu einem tieferen
Geheimnis gehören, d. h. zur Taufe selbst, könnt ihr nicht
hören, da ihr bisher noch Taufanwärter seid. Und damit
ihr nicht glaubt, dass irgend etwas ohne Grund geschehe
– wenn ihr im Namen Gottes getauft seid, werdet ihr es
während der Oster-Oktav^L nach dem Messeschluss in der
Auferstehungs-Kirche^K hören; weil ihr noch Taufanwärter
seid, dürfen euch die tieferen Mysterien Gottes nicht gesagt
werden.«

Die Katechese der Geheimnisse

XLVII (1) Wenn aber die Ostertage gekommen sind, geht
man in jenen 8 Tagen, d. h. vom Osterfest bis zur Oktav^L,
sobald die Entlassung [nach der Messe] aus der Kirche geschehen ist, mit Hymnen^L zur Auferstehungs-Kirche^K, dort
gibt es ein Gebet, gesegnet werden die Gläubigen und der
Bischof steht nunmehr an das Gitter des inneren Raumes
gelehnt, der in der Höhle^K der Auferstehungs-Kirche^K ist,
und legt alles dar, was in der Taufe geschieht. (2) In jener
Stunde geht kein Taufanwärter zur Auferstehungs-Kirche^K;
nur Neugetaufte und Gläubige, welche die Geheimnisse
hören wollen, gehen in die Auferstehungs-Kirche^K. Ge-
schlossen werden die Tore, damit kein Taufanwärter sich
nähere. Während der Bischof alles einzeln erläutert und erzählt, erheben sich so starke Stimmen der Beifallspender,
dass man ihre Stimmen sogar weit außerhalb der Kirche
hört. Wahrlich, er erklärt alle Geheimnisse so, dass es keinen gibt, der nicht erschüttert würde über das, was er so
erklärt hört. (3) Und weil in dieser Provinz ein Teil des Volkes Griechisch und Syrisch kennt, ein Teil nur Griechisch,
ein anderer Teil nur Syrisch, und weil der Bischof, obwohl

Siriste noverit, tamen semper grece loquitur et nunquam siriste; itaque ergo stat semper presbyter, qui episcopo Graece dicente Siriste interpretatur, ut omnes audiant [ut omnes audiant] quae exponuntur. (4) Lectiones etiam, quaecumque in ecclesia leguntur, quia necesse est Graece legi, semper stat, qui Siriste interpretatur propter populum, ut semper discant. Sane quicumque hic Latini sunt, id est qui nec Siriste nec Graece noverunt, ne contristentur, et ipsis exponitur eis, quia sunt alii fratres et sorores Graecolatini, qui Latine exponunt eis. (5) Illud autem hic ante omnia valde gratum fit et valde admirabile, ut semper tam ymni quam antiphonae et lectiones nec non etiam et orationes, quas dicet episcopus, tales pronuntiationes habeant, ut et diei, qui celebratur, et loco, in quo agitur, aptae et convenientes sint semper.

XLVIII (1) Item dies enceniarum appellantur, quando sancta ecclesia, quae in Golgotha est, quam Martyrium vocant, consecrata est Deo; sed et sancta ecclesia, quae est ad Anastase, id est ill eo loco, ubi Dominus resurrexit post passionem, ea die et ipsa consecrata est Deo. Harum ergo ecclesiarum sanctarum encenia cum summo honore celebrantur quoniam crux Domini inventa est ipsa die. (2) Et ideo propter hoc ita ordinatum est, ut quando primum sanctae ecclesiae suprascriptae consecrabantur, ea dies esset, qua crux Domini fuerat inventa, ut simul omni

er Syrisch kann, nur auf Griechisch spricht und niemals auf
Syrisch, daher also steht immer ein Priester daneben, der,
während der Bischof auf Griechisch spricht, ins Syrische
übersetzt, damit alle verstehen, was dargelegt wird. (4) Die
Lesungen, alle, die in der Kirche vorgetragen werden, weil
sie notwendigerweise auf Griechisch gelesen werden, da
steht immer einer da, der auch sie ins Syrische übersetzt,
wegen des Volkes, damit sie immer verstehen. Die Lateiner
freilich, die hier sind und weder Griechisch noch Syrisch
verstehen, damit sie nicht traurig sind, so wird auch ihnen
erklärt, weil es andere Brüder und Schwestern gibt, die
Griechisch und Lateinisch sprechen und die es ihnen auf
Lateinisch erklären. (5) Das aber ist vor allem hier höchst
willkommen und geradezu bewundernswürdig, dass immer
sowohl Hymnen[L] als auch Antiphonen[L] und Lesungen und
auch Gebete, die der Bischof spricht, solche Gedanken haben, dass sie für den Tag, der gefeiert wird, und den Ort,
an dem die Handlung vor sich geht, immer passend und
geeignet sind.

Das Jahresfest der Kirchenweihe

XLVIII (1) Und so werden die Tage des Jahresfests genannt,
zu dem die heilige Kirche auf Golgatha, die sie Martyriums-
Kirche[K] nennen, Gott geweiht worden ist; aber auch die heilige Kirche der Auferstehungs-Kirche[K], d. h. an dem Ort, wo
der Herr nach der Passion auferstanden ist, wurde auch selbst
an demselben Tag Gott geweiht. Die Jahresfeste dieser beiden heiligen Kirchen werden also mit höchster Ehre gefeiert,
weil das Kreuz des Herrn an diesem Tag gefunden wurde.
(2) Und deshalb ist dies so eingerichtet worden, dass nämlich
der Tag, da die oben genannten Kirchen geweiht wurden,
auch der Tag sei, an dem das Kreuz des Herrn gefunden wurde, damit sie mit aller Festfreude am gleichen Tage gefeiert

laetitia eadem die celebrarentur. Et hoc per scripturas sanctas invenitur, quod ea dies sit enceniarum, qua et sanctus Salomon consummata domo Dei, quam aedificaverat, steterit ante altarium Dei et oraverit, sicut scriptum est in libris Paralipomenon.

XLIX (1) Hi ergo dies enceniarum cum venerint, octo diebus attenduntur. Nam ante plurimos dies incipiunt se undique colligere turbae non solum monachorum vel aputactitum de diversis provinciis, id est tam de Mesopotamia vel Siria vel de Egypto aut Thebaida, ubi plurimi monazontes sunt, sed et de diversis omnibus locis vel provinciis; nullus est enim, qui non se eadem die in Ierusolima tendat ad tantam laetitiam et tam honorabiles dies; seculares autem tam viri quam feminae fideli animo propter diem sanctum similiter se de omnibus provinciis isdem diebus Ierusolima colligunt. (2) Episcopi autem, quando parvi fuerint, hisdem diebus Ierusolima plus quadraginta aut quinquaginta sunt; et cum illis veniunt multi clerici sui. Et – quid plura? – putat se maximum peccatum incurrisse, qui in hisdem diebus tantae sollennitati inter non fuerit, si tamen nulla necessitas contraria fuerit, que hominem a bono proposito retinet. (3) His ergo diebus enceniarum ipse ornatus omnium ecclesiarum est, qui et per pascha vel per epiphania, et ita per singulos dies diversis locis sanctis proceditur ut per pascha vel epiphania. Nam prima et secunda die in ecclesia maiore, quae appellatur Martyrium, proceditur. Item tertia die in Eleona, id est in ecclesia, quae est in ipso monte, a quo ascendit Dominus in caelis post passionem, intra qua ecclesia est spelunca illa, in qua docebat Dominus apostolos in monte Oliveti. Quarta autem die […]

würden. Und dies findet man in den Heiligen Schriften, dass
das Jahresfest der Tag ist, an dem auch der heilige Salomon
nach Vollendung des Gotteshauses, das er erbaut hatte, vor
dem Altar Gottes stand und betete, wie es geschrieben steht
in den Paralipomena [2Chr 6,1–42].

XLIX (1) Wenn also die Tage des Jahresfestes gekommen
sind, werden sie 8 Tage lang gefeiert; schon viele Tage vorher
beginnen sich die Leute von überallher zu sammeln, nicht
nur Mönche und Einsiedler^M aus den verschiedensten Provinzen, d. h. aus Mesopotamien und Syrien, Ägypten und
der Thebaïs, wo es sehr viele Mönche gibt, sondern auch von
all den verschiedensten Orten und Provinzen; es gibt nämlich keinen, der zu solchen Festen und so ehrenvollen Tagen
nicht nach Jerusalem eilen wollte; die Laien aber, Männer
sowohl wie Frauen, sammeln sich gläubigen Herzens wegen
dieses Festtages gleichermaßen aus allen Provinzen in diesen Tagen in Jerusalem. (2) Bischöfe aber sind, wenn es nur
wenige sind, an diesen Tagen mehr als 40 oder 50 in Jerusalem; und mit ihnen kommen viele Kleriker. Was mehr?
Jeder glaubt, eine große Sünde begangen zu haben, der in
diesen Tagen an einem solchen Fest nicht teilnimmt, wenn
dem keine Notwendigkeit entgegensteht, die den Menschen
vom guten Vorsatz abhält. (3) An den Tagen des Jahresfests
haben alle Kirchen denselben Schmuck wie zu Ostern oder
Epiphanias und an jedem Tag zieht man an verschiedenen
Orten in Prozession umher wie zu Ostern oder zu Epiphanias. Denn am 1. und 2. Tag zieht man in die größere Kirche,
die Martyriums-Kirche^K genannt wird. Und so auch am 3.
Tag zur Ölbergs-Kirche, d. h. zu der Kirche, die an dem Ort
ist, wo der Herr nach der Passion in den Himmel auffuhr,
in welcher Kirche auch die Höhle^K ist, in welcher der Herr
seine Apostel auf dem Ölberg lehrte. Am 4. Tag aber […]

ANHANG

LITERATURHINWEISE

Ausgaben, Konkordanzen und Übersetzungen

Reise von Bordeaux
Cuntz, O.: Itineraria Romana I, Leipzig 1929 (Ndr, Stuttgart 1990), 88–102.
Geyer, P. / Cuntz, O.: Itinerarium Burdigalense, in: Itineraria et alia geographica (Corpus Christianorum, Series Latina 175). Turnhout 1965, 1–26 [Standardausgabe].
Stewart, A. / Wilson, C.: Itinerary from Bordeaux to Jerusalem (Palestine Pilgrims' Text Society 5). London 1887.
Wesseling, P.: Vetera Romanorum Itineraria. Amsterdam 1735, 535–617.

Brief des Valerius
Díaz y Díaz, M. C.: Valerius du Bierzo, Lettre, in: Maraval 1982, 321–349 [Standardausgabe].
Garcia, Z.: La lettre de Valérius aux moines du Vierzo sur la bienheureuse Aetheria, in: Analecta Bollandiana 29 (1910) 377–399.
Migne, J.-P.: Patrologia Latina, Bd. LXXXVII. Paris 1863, 421–426.

Reise der Aetheria
Alturo, J.: Deux nouveaux fragments de l'Itinerarium Egeriae, in: Revue Bénédictine 115 (2005) 241–250 [Neufund].
Arce, A.: Itinerario de la virgen Egeria. Madrid 1980, ²1996.
Blackman, D. R. / Betts, G. G.: Concordantia in Itinerarium Egeriae (Alpha–Omega A 96). Hildesheim 1989.
Bernard, J. H.: The Pilgrimage of St Silvia (Palestine Pilgrims' Text Society 16). London 1891.
Dausend, H.: Pilgerbericht der Nonne Aetheria. Düsseldorf 1933.
de Bruyne, D.: Nouveaux fragments de l'Itinerarium Eucheriae, in: Revue Bénédictine 26 (1909) 841–844.
di Zoppola, C. / Candalaresi, A.: Eteria, Diario di viaggio. Turin 1979.
Franceschini, A. / Weber, R.: Itinerarium Egeriae, in: Itineraria et alia geographica (s. o.). Turnout 1965, 27–90 [Standardausgabe].

Gamurrini, G. F.: S. Hilarii tractatus de mysteriis et hymni et S. Silviae Aquitanae peregrinatio ad loca sancta (Biblioteca dell'Accademia storico-giuridica 4). Rom 1887 [Erstausgabe].

Giannarelli, E.: Egeria, diario di viaggio (Letture cristiane del primo millennio 13). Turin 1992.

Gingras, G. E.: Egeria: Diary of a Pilgrimage (Ancient Christian Writers 38). New York 1970.

Hunink, V. / Drijvers, J. W.: In het land van de Bijbel. Reisverslag van Egeria. Hilversum 2011.

Janeras, S.: Egèria, Pèlegrinatge. Barcelona 1986.

Magallón García, A. I.: Concordancia lematizada de los Itinerarios de Egeria y Antonio. Zaragoza 1993.

Maraval, P.: Égérie: Journal de Voyage (Sources Chrétiennes 296). Paris 1982 [Ndr. 2000].

Monteverde, J.: Eteria, Itinerario. Sevilla 1990.

Nicoletta, N.: Egeria, Pellegrinaggio in Terra Santa. Florenz 1991.

Pétré, H.: Ethérie, Journal de voyage. Paris 1948; deutsch: Vretska, K.: Die Pilgerreise der Aetheria. Klosterneuburg bei Wien 1958.

Prinz, O.: Itinerarium Egeriae. Peregrinatio Aetheriae (Sammlung vulgärlateinischer Texte). Heidelberg ⁵1960.

Röwekamp, G. / Thönnes, D.: Egeria, Itinerarium – Reisebericht (Fontes Christiani 20). Freiburg / Br. 1995, ²2000.

Siniscalco, P. / Scarampi, L.: Egeria, Pellegrinaggio in Terra Santa. Rom 1985.

van Oorde, W.: Lexicon Aetherianum. Amsterdam 1930.

Wilkinson, J.: Egeria's Travels. Warminster ³1999.

Studien

Atlas

Talbert, R. J. A. (Hg.): Barrington Atlas of the Greek and Roman World. Princeton 2000.

Allgemein

Cerno, M.: La trasformazione della Terrasanta agli occhi del pellegrino occidentale, in: Itineraria 8/9 (2009/2010) 541–566.

Coleman, S. / Elsner, J.: Pilgrim Voices. Narrative and Authorship in Christian Pilgrimage. New York / Oxford 2002.

Dietz, M.: Wandering Monks, Virgins, and Pilgrims. University Park 2005.

Dirschlmayer, M.: Kirchenstiftungen römischer Kaiserinnen vom 4. bis zum 6. Jh. (Jahrbuch für Antike und Christentum, Ergänzungsbd. Kleine Reihe 13) Münster 2015.

Donner, H.: Pilgerfahrt ins Heilige Land. Stuttgart ²2003.

Drijvers, J. W.: Helena Augusta. Leiden 1992.

Drobner, H. R.: Die Palästina-Itinerarien der alten Kirche, in: Augustinianum 38 (1998) 293–354.

Elm, S.: Perceptions of Jerusalem Pilgrimage as Reflected in Two Early Sources on Female Pilgrimage, in: Studia Patristica 20 (1989) 219–223.

Fortner, S. A. / Rotluff, A.: Auf den Spuren der Kaiserin Helena. Erfurt 2000.

Heszer, C.: Jewish Travel in Antiquity. Tübingen 2011.

Hunt, E. D.: Holy Land Pilgrimage in the Later Roman Empire A.D. 312–460. Oxford 1982.

Jacobs, A. S.: »The Most Beautiful Jewesses in the Land«. Imperial Travel in the Early Christian Holy Land, in: Religion 32 (2002) 205–225.

Kötting, B.: Peregrinatio Religiosa. Münster ²1980.

Lenski, N.: Empresses in the Holy Land, in: Travel, Communication and Geography in Late Antiquity, hg. v. L. Ellis / F. L. Kidner. Aldershot / Burlington 2004, 113–124.

Leyerle, B.: Landscape as Cartography in Early Christian Pilgrimage Narratives, in: Journal of the American Academy of Religion 64 (1996) 119–143.

Limor, O.: The Origins of a Tradition: The Tomb of David on Mount Zion, in: Traditio 44 (1988) 453–462.

Maraval, P.: Le temps du pèlerin (IVᵉ–VIIᵉ s.), in: Le temps Chrétien de la fin de l'Antiquité au Moyen Age IIIᵉ–XIIIᵉ s., hg. v. J. Leroux. Paris 1984, 479–488.

– Lieux saints et pèlerinages d'Orient. Histoire et géographie des origines à la conquête arabe. Paris 1985.

– Un controverse sur les pèlerinages autour d'un texte patristique, in: Revue d'Histoire et de Philosophie Religieuses 66 (1986) 135–146.

– Liturgie et pèlerinage durant les premiers siècles du Christianisme, in: La Maison Dieu 170 (1987) 272–293.

– Saint Jerôme et le pèlerinage, in: Saint Jerôme entre l'Orient et l'Occident (Colloque Chantilly). Paris 1988, 335–353.

Marcone, A.: Viaggi e pellegrinaggi tra tarda antichità e alto medioevo, in: Studi A. Perutelli, hg. v. P. Arduini, Bd. II. Rom 2008, 155–163.

Penth, S.: Die Reise nach Jerusalem. Pilgerfahrten ins Heilige Land (Geschichte erzählt 26). Darmstadt 2010.

Sumption, J.: Pilgrimage. An Image of Medieval Religion. New York 1975.

Talbot, A.-M.: Female Pilgrimage in Late Antiquity and the Byzantine Era, in: Acta Byzantina Fennica N.S. 1 (2002) 73–88.

Wilkinson, J.: Jewish Holy Places and the Origins of Christian Pilgrimage, in: The Blessings of Pilgrimage, hg. v. R. Ousterhout. Urbana 1990, 41–53.

– Jerusalem Pilgrims before the Crusades. Warminster 1977, Neuausg. Oxford 2002.

Zur Reise von Bordeaux

Bowman, G. W.: Mapping History's Redemption: Eschatology and Topography in the Itinerarium Burdigalense, in: Jerusalem, hg. v. L. I. Levine, New York 1999, 133–150.

– A Textual Landscape: The Mapping of a Holy Land in the Fourth-Century Itinerarium of the Bordeaux Pilgrim, in: Unfolding the Orient, hg. v. P. Starkey / J. Starkey. Reading 2001, 7–39.

Douglass, L.: A New Look at the Itinerarium Burdigalense, in: Journal of Early Christian Studies 4,3 (1996) 313–333.

Eckardt, R.: Das Jerusalem des Pilgers von Bordeaux, in: Zeitschrift des deutschen Palästina-Vereins 29 (1906) 72–92.

Elsner, J.: The Itinerarium Burdigalense. Politics and Salvation in the Geography of Constantine's Empire, in: Journal of Roman Studies 90 (2000) 181–195.

Hartmann, R.: Die Palästina-Route des Itinerarium Burdigalense, in: Zeitschrift des deutschen Palästina-Vereins 33 (1910) 169–188.

Iwaszkiewicz, P.: Pielgrzym z Burdigali i jego opis podrózy z Burdigali do Jerozolimy, in: Meander 46 (1991) 63–75.

Matthews, J.: The Cultural Landscape of the Bordeaux Itinerary, in: Ders., Roman Perspectives. Swansea 2010, 181–200.

Meunier, F.: Un pellegrinaggio da Bordeaux a Gerusalemme sulle traccie dell'Itinerarium Burdigalense, in: Bolletino della Societa Geografica Italiana 3. Ser. 2 (1889) 267–278 [Nachvollzug der Reise von Bordeaux].

Milani, C.: Strutture formulari nell'Itinerarium Burdigalense, in: Aevum 17 (1983) 99–108.

Mommert, C.: Das Jerusalem des Pilgers von Bordeaux?, in: Zeitschrift des deutschen Palästina-Vereins 29 (1906) 177–193.

Salway, R. W. B.: There but not there. Constantinople in the Itinerarium Burdigalense, in: Two Romes, hg. v. L. Grig / G. Kelly. Oxford 2012, 293–324.

Talbert, R. J. A.: Rome's World. Cambridge 2010, 273–286 und Karte F.

Weingarten, S.: Was the Pilgrim of Bordeaux a Woman?, in: Journal of Early Christian Studies 7 (1999) 291–297.

Zum Brief des Valerius

Aherne, C. M.: Valerio of Bierzo. Washington 1949.

Díaz y Díaz, M. C.: Valerio del Bierzo. León 2006.

Natalucci, N.: L'Epistola del monaco Valerio e l'Itinerarium Egeriae, in: Giornale Italiano di Filologia 35 (1983) 3–24.

Udaondo Puerto, F. J.: Apuntes para una cronología de Valerio del Bierzo, in: Helmantica 56 (2005) 125–158.

Zur Reise der Aetheria

Atti del Convegno Internazionale sulla Peregrinatio Egeriae nel centenario della pubblicazione del Codex Arretinus 405, hg. v. Accademia Petrarca. Arezzo 1990.

Basevi, C.: Vocabulario litúrgico del Itinerarium Egeria, in: Helmantica 36 (1985) 9–38.

Bastiaensen, A. A. R.: Observations sur le vocabulaire liturgique dans l'itinéraire d'Égérie. Nimwegen 1962.

Baumstark, A.: Das Alter der Peregrinatio Aetheriae, in: Oriens Christianus N.S. 1 (1911) 32–76.

Bouvy, E.: Le pèlerinage d'Euchérie, in: Revue Augustinienne 3 (1903) 521–522.

Cabrol, F.: Étude sur la Peregrinatio Silvae, in: Les églises de Jérusalem, la discipline et la liturgie au IVᵉ s. Paris 1895.

Cardini, F.: La Gerusalemme di Egeria, in: Atti (s. o.), 333–341.

– Egeria, die Pilgerin, in: Heloise und ihre Schwestern, hg. v. F. Bertini. München 1991, 31–62.

Davies, J. G.: Perigrinatio Egeriae and the Ascension, in: Vigiliae Christianae 8 (1954) 94–100.

Devos, P.: La date du voyage d'Égérie, in: Analecta Bollandiana 85 (1967) 165–194.

– Égérie à Édesse, in: Analecta Bollandiana 85 (1967) 381–400.

– Égérie à Bethléem: le 40ᵉ jour après Pâques à Jérusalem, en 383, in: Analecta Bollandiana 86 (1968) 87–108.

– Égérie n'a pas connu d'Église de l'Ascension, in: Analecta Bollandiana 87 (1969) 208–212.

– Une nouvelle Égérie, in: Analecta Bollandiana 101 (1983) 43–66.

– Egeriana (I): Nouvelle édition catalane et commentaires divers, in: Analecta Bollandiana 105 (1987) 159–166.

– Egeriana (II): Études linguistiques et autres, in: Analecta Bollandiana 105 (1987) 415–524.

– Perlustris / praelustris, in: Eulogia. Mélanges A. A. R. Bastiaensen, hg. v. G. J. M. Bartelink u. a. Steenbrugge / Den Haag 1991, 77–88.

– Egeriana III, in: Analecta Bollandiana 109 (1991) 363–381.

– Egeriana IV, in: Analecta Bollandiana 112 (1994) 241–254.

Döblin, A.: Die Pilgerin Aetheria. Frankfurt / Main 1947.

Erkell, H.: Zur sog. Peregrinatio Aetheriae, in: Eranos 56 (1958) 41–58.

Ernout, A.: Les mots grecs dans la Perigrinatio Aetheriae, in: Emerita 20 (1952) 289–307.

Farley, L. R.: Following Egeria. A Visit to the Holy Land through Time and Space. Chesterton 2014.

Férotin, M.: Le véritable auteur de la Perigrinatio Silviae, in: Revue des Questions Historiques 30 (1903) 367–397.

Gamurrini, C. P.: S. Silvae Aquitanae Peregrinatio ad Loca Sancta, in: Studi e Documenti di Storia e Diretto 9 (1888) 97–147.

González-Haba, M.: El Itinerarium Egeriae, un testimonio de la corriente cristiane de oposición a la cultura clásica, in: Estudios Clásicos 20 (1976) 123–131.

Groß, D.: Egeria. In: Die Rezeption der antiken Literatur, hg. v. C. Walde (Der Neue Pauly Suppl. 7). Stuttgart 2010, 271–276.

Janeras, S.: Contributo alla bibliografia Egeriana, in: Atti (s. o.), 355–366.

Kanaan, M.: Jésus et le roi Abgar, in: Connaissance des Pères de l'Église 94 (2004) 12–20.

Klein, H. W.: Zur Latinität des Itinerarium Egeriae, in: Romanica. Festschrift G. Rohlfs, hg. v. H. Lausberg / H. Weinrich. Tübingen 1958, 243–258.

Klein, K.: Vertraute Fremdheit – erlesene Landschaft. Arbeit an Präsenz im Reisebericht der Egeria, in: Habt euch müde schon geflogen? Reise und Heimkehr als kulturanthropologische Phänomene. Marburg 2010, 159–174.

Kohler, C.: Note sur un manuscript de la Bibliothèque d'Arrezo, in: Bibliothèque de l'École de Chartres 45 (1884) 141–151 [Bericht über die Entdeckung des Codex Arretinus].

Lambert, A.: Egeria, soeur de Galla, in: Revue Mabillon (1933) 1–42.

– Egeria. Notes critiques sur la tradition de son nom et celle de l'Itinerarium Egeriae, in: Revue Mabillon (1936) 71–94.

– L'Itinerarium Egeriae, vers 414–16, in: Revue Mabillon (1938) 49–69.

Lamirande, É.: La pèlerine Égérie: une grande dame de l'antiquité chrétienne, in: Église et Théologie 15 (1984) 259–291.

Löfstedt, E.: Philologischer Kommentar zur Peregrinatio Aetheriae. Uppsala 1911.

Manns, F.: Une tradition Judéo-Chrétienne mentionée par Égérie, in: Henoch 10 (1988) 283–291.

Maraval, P.: Égérie et Grégoire de Nysse, pèlerins aux lieux saints de Palestine, in: Atti (s. o.), 315–331.

Meister, K.: De Itinerario Aetheriae abbatissae perperam nomine S. Silviae addicto, in: Rheinisches Museum 64 (1909) 337–392.

Mian, F.: »Caput vallis« al Sinai in Eteria, in: Studii Biblici Franciscani 20 (1970) 209–223.

Milani, C.: Studi sull'Itinerarium Egeriae, in: Aevum 43 (1969) 381–452.

Mohrmann, C.: Missa, in: Vigiliae Christianae 10 (1958) 67–92.

– Égérie et le monachisme, in: Corona gratiarum. Miscellanea E. Dekkers. Steenbrugge / Den Haag 1975, 163–180.

Morin, G.: Un passage énigmatique de S. Jerome contre la pèlerine espagnole Euchéria, in: Revue Bénédictine 30 (1913) 174–186.

Mountford, J. F.: Silvia, Aetheria, or Egeria, in: Classical Quarterly 17 (1923), 40–41.

Mulzer, M.: Mit der Bibel in der Hand? Egeria und ihr »Codex«, in: Zeitschrift des Deutschen Palästina-Vereins 112 (1996) 156–164.

Plant, I. M. (Hg.): Women Writers of Ancient Greece and Rome. An Anthology. London 2004.

Préaux, J.-G.: Panis qui delibari non potest, in: Vigiliae Christianae 15 (1961) 105–115.

Sivan, H.: Holy Land Pilgrimage and Western Audiences, in: Classical Quarterly N.S. 38 (1988) 528–535.

– Who was Egeria? in: Harvard Theological Review 81 (1988) 59–72.

Soldani, Ch.: Il pellegrinaggio di Egeria (Lecturae Novae 4). Ariccia 2015.

Spitzer, L.: The Epic Style of the Pilgrim Aetheria, in: Comparative Literature 1 (1949) 225–258.

Starowieyski, M.: Bibliografia Egeriana, in: Augustinianum 19 (1979) 297–317.

Swanson, D. C.: A Formal Analysis of Egeria's (Silvia's) Vocabulary, in: Glotta 44 (1966/67) 177–254.

Taft, R.: The Liturgy of the Hours in East and West. Collegeville ²1993, 48–56.

Testini, P.: Egeria e il S. Sepulcro di Gerusalemme, in: Atti (s. o.), 215–230.

Timm, S.: Eusebius' Schrift »Peri ton topikon onomaton«. Berlin / Boston 2016.

Väänänen, V.: Le Journal-Épître d'Égérie (Itinerarium Egeriae). Étude linguistique. Helsinki 1987.

Vermeer, G. F. M.: Observations sur le vocabulaire du pèlerinage chez Égérie et chez Antonin de Plaisence (Latinitas Christianorum Primaeva 19). Utrecht 1965.

Weber, C.: Egeria's Norman Homeland, in: Harvard Studies in Classical Philology 92 (1989) 437–456.

Wilson–Kastner, P. (Hg.): A Lost Tradition. Women Writers of the Early Church. Washington D.C. 1981.

Wistrand, E.: Textkritisches zur Peregrinatio Aetheriae. Göteburg 1955.

Ziegler, J.: Die Perigrinatio Aetheriae und das Onomastikon des Eusebius, in: Biblica 12 (1931) 70–84.

– Die Perigrinatio Aetheriae und die hl. Schrift, in: Biblica 12 (1931) 162–198.

REGISTER

Bibelstellen

Namen und Sachen